本书的出版得到 "福建农林大学农村法治研究丛书" 福建农林大学科技创新专项基金项目（社科类） 资助

"投资者—国家争端解决"中的
国家责任问题研究

State Responsibility
in Investor-State Dispute Settlement

陈丹艳

厦门大学出版社
XIAMEN UNIVERSITY PRESS
国家一级出版社
全国百佳图书出版单位

图书在版编目（CIP）数据

"投资者－国家争端解决"中的国家责任问题研究 /
陈丹艳著. -- 厦门：厦门大学出版社，2023.12
ISBN 978-7-5615-9202-1

Ⅰ．①投… Ⅱ．①陈… Ⅲ．①国际投资法学-研究
Ⅳ．①D996.4

中国版本图书馆CIP数据核字(2023)第235251号

责任编辑　甘世恒
美术编辑　李嘉彬
技术编辑　许克华

出版发行　厦门大学出版社
社　　址　厦门市软件园二期望海路 39 号
邮政编码　361008
总　　机　0592-2181111　0592-2181406(传真)
营销中心　0592-2184458　0592-2181365
网　　址　http://www.xmupress.com
邮　　箱　xmup@xmupress.com
印　　刷　厦门市金凯龙包装科技有限公司

开本　720 mm×1 020 mm　1/16
印张　15.25
插页　2
字数　260 千字
版次　2023 年 12 月第 1 版
印次　2023 年 12 月第 1 次印刷
定价　60.00 元

本书如有印装质量问题请直接寄承印厂调换

厦门大学出版社
微信二维码

厦门大学出版社
微博二维码

缩略语

BIT	Bilateral Investment Treaty 双边投资条约
ECHR	European Court of Human Rights 欧洲人权法院
ECT	Energy Charter Treaty 能源宪章条约
FCNT	Friendship Commerce Navigation Treaty 友好通商航海条约
FET	Fair and Equitable Treatment 公平公正待遇
FIPA	Foreign Investment Protection and Promotion Agreement 外国投资保护和促进协定
FTA	Free Trade Agreement 自由贸易协定
ICC	International Chamber of Commerce 国际商会
ICJ	International Court of Justice 国际法院
ICSID	International Centre for Settlement of Investment Disputes 解决投资争端国际中心
IIA	International Investment Agreement 国际投资协定
ILC	International LawCommission 国际法委员会
ISA	Investor-State Arbitration 投资者—国家间仲裁
ISDS	Investor-State Dispute Settlement 投资者—国家争端解决
LCIA	The London Court of International Arbitration 伦敦国际仲裁院

MFN   Most Favoured Nation 最惠国

MIGA   Multilateral Investment Guarantee Agency 多边投资担保机构

NAFTA   North American Free Trade Agreement《北美自由贸易协定》

NPM   Non-Precluded Measures 不排除措施

OECD   Organization for Economic Co-operation and Development 经济合作与发展组织

PCA   Permanent Court of Arbitration 常设仲裁法院

PCIJ   Permanent Court of International Justice 常设国际法院

SCC   Stockholm Chamber of Commerce 斯德哥尔摩商会

UNCITRAL   United Nations Commission on International Trade Law 联合国国际贸易法委员会

UNCTAD   United Nations Conference on Trade and Development 联合国贸易与发展会议

VCLT   Vienna Convention on the Law of Treaties《维也纳条约法公约》

目　录

导 论

　　国际投资法发展之初,旨在突出对"投资者"个人权益的直接保护,建设一个不同于传统以国家为中心的国际法规则体系,一个相对封闭或者说具有自足性(兼具实体到程序规则)的体系。投资者—国家争端解决(Investor-State Dispute Settlement,ISDS)机制是国际投资协定(International Investment Agreement,IIA)旧范式最重大的创举,赋予投资者直接在国际法层面向国家提起诉请的权利。ISDS 机制是让国际仲裁机构作为独立第三方对一国行为进行审查,追究东道国的国家责任。

　　从法理上说,国家责任是一国因国际不法行为所致的国际责任,不法行为是指违反一国国际义务的行为,而国际义务就可能包括国际投资条约产生的义务。而且国家责任法并未排斥国家以外的任何个人或实体基于国际条约所享有的任何权利受到一国不法行为的侵害时追究国家责任的可能性。因此,ISDS 仲裁庭对东道国行为的定性与法律后果处理也确认国家责任的范畴,国家对投资者的赔偿责任也属于国家责任。

　　国家责任法是关于如何履行义务、判断是否违背国家国际义务的初级规则的标准和规则,以及违反初级规则的法律后果(给予补偿和惩罚)的国际责任制度,目前并没有条约法规则,主要以国际习惯法形式存在。在ISDS 中,作为国际习惯法的国家责任法常常被争端双方和各类仲裁庭援引,用以支持各方关于国家责任问题主张或裁决的理由。例如,投资争端提交 ISDS 的国家责任援引条件、ISDS 仲裁中国家责任的构成要件、东道国援引国家责任法的免责事由以及索赔数额的责任救济等问题。ISDS 仲裁庭在处理案件时适用一般国际法的国家责任法,根本原因是案涉 IIA 中较少明确规定有关国家责任的具体规则。

在国际投资法制自由化发展阶段的背景下,ISDS 仲裁庭偏袒保护投资者利益的有失公平做法和缺乏一致性的仲裁裁决严重冲击了国家主权,引发国际社会各方对 ISDS 机制的信任危机,ISDS 机制陷入"正当性危机"(legitimacy crisis)。可以说,ISDS 机制类似国内法上的行政诉讼,是国际法层面的"民告官",但 ISDS 仲裁机制脱胎于传统商事仲裁机制,而作为仲裁一方当事人的国家的公法人性质是不容忽视的,因此,简单用平等主体间的商事争端解决机制来解决涉及一方为公法主体的公法性争端,是不合适的。但是,ISDS 机制引发的"正当性危机"问题之根源来自 IIA 旧范式权利义务不平衡的缺陷:投资者与缔约国权利义务设置失衡以及有关国家责任的规则缺失或模糊等,导致仲裁庭在解释 IIA 时享有极大的自由裁量权,而仲裁庭罔顾缔约国缔结条约时的意图和可预见性的解释做法所致的裁决结果最终引发东道国的寒噤效应,这对国际投资的可持续发展并无益处。ISDS"正当性危机"的化解不仅需要对 ISDS 机制的程序规则进行改革,更需要追根溯源 IIA 实体法的改革。

因此,对 IIA 旧范式进行改革,推进国际投资法制的可持续健康发展,成为国际投资法领域改革与发展的核心。应正视和重视 ISDS 仲裁所具有的公法裁判性质,借鉴和引入公法裁判的理念和/或模式以及原则规则进行改革。作为一般国际法的国家责任法,在对国家追责的问题上有着较为全面、平衡的规则设置,可作为借鉴之一。而对现有 ISDS 仲裁实践中国家责任法适用所产生的问题的研究和反思,也有助于更好地寻找 IIA 新范式规则设置的关键点。

第一章　　国家责任法在 ISDS 中的适用

　　国际投资法制发展的重大创举就是赋予投资者将与东道国间的投资争端直接提交国际仲裁解决的权利,这一机制就是 ISDS 机制。投资者与东道国间的争端会因契约或行政管理等关系而产生,因依产生的场合、起因以及性质的不同,其中许多争端往往会引发国家责任问题。

　　随着 ISDS 案件的增长,争端双方援引国际习惯法上的国家责任规则(以下简称国家责任法①)的情形也不断增多,也引发了许多关注与讨论:从传统国际法上国家—国家争端解决,到国际投资法上投资者—国家争端解决,国家责任法是否还可以适用? 如果可以,又该如何适用? 是否有所区别或者有条件限制? 在国际投资法制追求可持续发展的改革新趋势下,详细了解国家责任法的历史发展,有助于更好地分析 ISDS 适用此类规则已出现的问题,从而反思现有 IIA 权利义务的不平衡性,对 IIA 范式进行可持续发展的改革。

第一节　国家责任法概说

　　国家责任法至今没有条约法渊源,通常认为国际习惯法是一个主要的

----

　　①　国际法上并没有统一的"国家责任法"(the Law of State Responsibility)说法,但国际法领域有这种说法,如国际法院在"加布奇科沃—大毛罗斯项目"案中使用了"law of State responsibility"这一术语。一些英文著作采用此种说法,如 LANOVOY V. Complicity and its Limits in the Law of International Responsibility[M]. Portland:Hart Publishing, 2016. AUST P H. Complicity and the Law of State Responsibility[M]. Cambridge:Cambridge University Press, 2011. 我国也有一些国际法教材使用"国家责任法"这种说法,程晓霞,余民才. 国际法[M]. 5 版. 北京:中国人民大学出版社,2015.

实体法渊源。而就国家责任法的描述主要体现在国际法委员会(Interna-tional Law Commission,ILC)编纂的《国家对国际不法行为的责任的条款草案》(Draft Articles on Responsibility of States for Internationally Wrongful Acts,以下简称《国家责任条款草案》)和《外交保护条款草案》(Draft Articles on Diplomatic Protection)中。《国家责任条款草案》于2001年通过,被广泛承认是国家责任法最重要和最详细描述的文本。《外交保护条款草案》详细规定了外交保护中求偿的国籍问题与用尽当地救济问题。除了这两部草案,国家责任法还见诸双边条约和联合国大会决议,以及大量有关国家责任的仲裁裁决和国际司法判决的法理分析中。①

一、国家责任的概念与发展

国家责任是指,国家违反其承担的国际义务而在国际法上应承担的法律责任。② 国家责任是国际法的一项基本原则,它源自国际法的本质和国家主权与国家平等学说。③ 追究行为国的国家责任,除了可以纠正国家的不法行为、合理赔偿受害国的利益,还能确立维持正常的国际关系秩序所需的正确的行为规范。④

传统国际法理论和实践中,国家责任仅指外国侨民人身及财产受到损害时所引起的东道国的国家责任。⑤ 国家责任法最初的核心在于外国人的待遇问题,就国家给予外国人的待遇要达到何种标准这一问题,有两种对立的理论主张:一种是西方理论主张的"最低国际标准",另一种是拉丁美洲国家提出的"卡尔沃主义",即外国人只能享有和本国人同等的国民待遇。⑥

20世纪60年代,随着民族独立运动的兴起,大批新的民族独立国家拒绝接受所谓的"最低国际标准",传统国家责任制度受到巨大冲击。国家责任的范围也发生了很大的变化,延伸到干涉内政、侵略、侵犯主权及破坏和

---

① 程晓霞,余民才. 国际法[M]. 5版. 北京:中国人民大学出版社,2015:200.

② 王铁崖. 国际法[M]. 北京:法律出版社, 1995:136. 这与ILC《国家责任条款草案》所界定的"国家责任"范围基本一致。

③ SHAW N M. International Law[M].6th ed. Cambridge:Cambridge University Press,2008:778.

④ 王铁崖. 国际法[M]. 北京:法律出版社, 1995:136.

⑤ 程晓霞,余民才. 国际法[M]. 5版. 北京:中国人民大学出版社,2015:199.

⑥ 王铁崖. 国际法[M]. 北京:法律出版社, 1995:137-138.

平等干扰、破坏国际关系的国际不法行为,可以说,扩大到了国际法的所有方面。^① 但最成熟最常用的部分仍是传统有关外国人待遇的国家责任内容。

二、ILC 与《国家责任条款草案》

国际社会对国家责任法的编纂工作可以追溯到 1930 年国际联盟主持召开的海牙国际法编纂会议,但会议未取得成果。^②

ILC 在国家责任法的编纂上有着重要的作用。早在 1949 年第 1 届会议上,ILC 就把国家责任确定为适合编纂的专题之一。ILC 最初对国家责任的审议仍集中在传统对外国人保护的国家责任范畴。随着国际形势的发展,经过近半个世纪的努力,2001 年 8 月,ILC 第 53 届会议终于二读通过了《国家责任条款草案》。2001 年 12 月,联大通过 R56/83 决议,建议政府进一步采纳该草案。

(一)ILC 编纂工作由初级规则向次级规则的重要转向

ILC 于 1955 年第 7 届会议上任命了第一位特别报告员加西亚·阿马多(Garcia Amador)先生,他向委员会提交的六份报告仍局限于传统国家责任的实体规则制定上。^③ 但因发达国家和刚独立的发展中国家间就"最低国际标准"和"国民待遇标准"这种政治性问题的尖锐对立,这一努力完全失败了。这一阶段可以称为 ILC 国家责任编纂的第一阶段。

由于在极具争议性领域难以达成协议,20 世纪 60 年代 ILC 在工作方向和策略上发生了明显的转变。特别报告员罗伯特·阿戈(Roberto Ago)

---

① 邵津.国际法[M].2 版.北京:北京大学出版社,2005;白桂梅.国际法[M].2 版.北京:北京大学出版社,2010.

② 当时曾试图对传统的国家责任专题,即国家对外国人的生命、财产的损害所负的责任进行编纂,由于各国及与会代表对编纂工作的意见分歧较大而失败。程晓霞,余民才.国际法[M].5 版.北京:中国人民大学出版社,2015:200.

③ 国际法委员会.2001 年国际法委员会年鉴(第 2 卷第 2 部分)(A/56/10)[R].纽约:联合国,2001:10.

先生提出"初级规则"(primary rules)和"次级规则"(secondary rules)的划分。① 他指出,要严格区分"据以确定国家对其国际不法行为的责任的原则"(注:此为初级规则)和"国家必须予以遵守否则就会引起责任的义务的规则"(注:此为次级规则),②鉴于第一阶段编纂工作的失败,ILC 认为第二阶段的这种区分转向是必要的,并接受了阿戈的这种划分,编纂工作发生了重大转向。

此后,ILC 又任命了三位报告员,即威廉·里普哈根(Willem Riphagen)、加埃塔诺·阿兰焦-鲁伊斯(G.aetano Arangio-Ruiz)和詹姆斯·克劳福德(James Crawford),他们进行了卓有成效的工作。ILC 最终在 2001 年二读通过了《国家责任条款草案》。ILC 在《国家责任条款草案》评注中明确指出:"本条款……重点是在国家责任的次级规则上:也就是说,根据国际法认定国家应对其违法的作为或不作为负责的一般条件,以及这种责任所引起的法律后果。"③

因此,《国家责任条款草案》所编纂的规则属于次级规则性质领域,涉及

---

① 初级规则(primary rules)、次级规则(secondary rules)采用《国家责任条款草案》案文及其评注的联合国文件的中文官方译本的翻译。国际法委员会.2001 年国际法委员会年鉴(第 2 卷第 2 部分)(A/56/10)[R].纽约:联合国,2001:40-42.有学者认为,可以推断特别报告员阿戈关于初级规则和次级规则之划分的理论渊源来自哈特的初级规则和次级规则的划分。张乃根.试析《国家责任条款》的"国际不法行为"[J].法学家,2007(3):98.

② 初级规则和次级规则的概念是哈特在探讨"法律是什么"这个问题时提出的。哈特认为,法律是初级规则和次级规则的结合。初级规则是科以义务的规则,人们被要求去做或不去做某些行为。而次级规则是寄生在初级规则之上的第二种类型的规则,是人们通过做或说某些事,而引入新的、取消或修改旧的初级规则,或以各式各样的方式确定它们的作用范围,或控制它们的运作。次级规则又可分为承认规则、变更规则和裁判规则。裁判规则是指授权给某些人对于在特定场合中,初级规则是否被违反,作出权威性的决定。哈特.法律的概念[M].2 版.许家馨,等译.北京:法律出版社,2011:74,86-88.阿戈先生指出,"规定某项规则和必须遵守的义务的内容是一回事",而"确定该项义务是否已经被违背,如果违背了应该承担哪些后果,又是另一回事"。国际法委员会.2001 年国际法委员会年鉴(第 2 卷第 2 部分)(A/56/10)[R].纽约:联合国,2001:40-41.贺其治.国家责任习惯法及案例浅析[M].北京:法律出版社,2003:6.

③ ILC 在注释中指出,界定一旦被违背便会引起责任的国际义务的内容,是初级规则的职能。2001 年国际法委员会年鉴(第 2 卷第 2 部分)(A/56/10)[R].纽约:联合国,2001:40.

判断是否违背国家国际义务的初级规则的条件以及由此引发的法律后果（如补偿和惩罚）的内容，草案并不涉及有关国家国际义务的初级规则的内容。

(二)《国家责任条款草案》的内容简介

从《国家责任条款草案》的编纂历史中，我们可以看到其在国家责任法中具有重要意义，它全面地规范了国家因其不法行为违背国际义务而应承担的国家责任，被认为是对这一领域既有国际习惯法的编纂，具有非常重要的参考价值，在国际实践中得到了广泛的援引和适用。①

《国家责任条款草案》是 ILC 对国家责任法的总结和提炼，属于次级规则，适用于所有国家责任领域的一般规定，由 4 个部分构成。第 1 部分"一国的国际不法行为"含 5 章，第 1 章规定了国家责任的基本原则，第 2 章至第 5 章规定了归因、行为不法性、为他国不法行为负责的例外以及排除不法性问题。② 第 2 部分"一国国际责任的内容"共 3 章，第 1 章列明一般原则，第 2 章重点规定了赔偿损害问题，第 3 章规定了严重违背源于一般国际法强制性规范的义务问题。③ 第 3 部分"一国国际责任的履行"分为 2 章，第 1 章涉及援引国家责任的相关问题，第 2 章涉及反措施。④ 第 4 部分"一般规定"规定了贯穿整个国家责任制度的一般性规定，包括特别法优先原则、条

---

① 在《国家责任条款草案》刚通过一读时，国际法院在"加布奇科沃—大毛罗斯项目"案中就援引了当时一读文本中的第 33 条"紧急状态"进行分析，并指出这一案文反映了国际习惯法。Gabčikovo-Nagymaros Project（Hungary/Slovakia），Judgment of 25 September 1997，para.52.

② 第 1 章规定了引起责任的三个基本原则，第 2 章至第 5 章分别规定了将行为归于国家的情况、当事国的某一行为违背其国际义务的情况、一国可能为另一国违背其国际义务的行为负责的一些例外情况以及在哪些情况下可以将违背一国国际义务的行为的不法性排除。

③ 本部分确认国家责任的法律后果特别是涉及停止不法行为和给予赔偿的后果，构成草案所列一国国际责任的实质或内容。第 1 章列举若干一般原则并且比较确切地说明了第 2 部分的范围。第 2 章把重点放在赔偿的形式（恢复原状、补偿、抵偿）和它们之间的关系上。第 3 章记述严重违背源于一般国际法强制性规范的义务时所产生的特殊关系，并且规定了这种违约行为对责任国和其他国家的若干法律后果。

④ 受害国可以作出的反应包括，在若干情况下采取必要的反措施以确保停止不法行为和为其后果提供赔偿。采取反措施的目的是使责任国停止有关行为并提供赔偿。

款未明文规定的国家责任问题、国际组织的责任问题、个人责任以及《联合国宪章》效力问题等规定。①

三、ILC 与《外交保护条款草案》

《外交保护条款草案》是 ILC 对国家责任法(仅涉及国家进行外交保护的国际习惯法)进行编纂的另一成果。

(一)《外交保护条款草案》的编纂过程与结构

1996 年联合国大会通过第 51/160 号决议请 ILC 对"外交保护"专题进行编纂。② 经过十余年不懈努力,经过一读和二读,ILC 于 2006 年通过了关于外交保护的整套条款草案——《外交保护条款草案》。

《外交保护条款草案》全文共 19 条。分为 4 个部分,分别是"一般规定"、"国籍"、"当地救济"和"杂项规定",核心是第 2 部分和第 3 部分。关于国籍问题,草案从一般原则、自然人和法人三方面进行了规定,第 3 部分则规定了用尽当地救济的含义与例外。

(二)《外交保护条款草案》与《国家责任条款草案》的关联

《外交保护条款草案》与《国家责任条款草案》存在着密切联系。起草外交保护条款最初被视为属于国家责任问题的研究范畴。③《国家责任条款草案》第 44 条规定援引国家责任的条件有二,国籍规则与用尽当地救济规则。④《外交保护条款草案》正式赋予第 44 条以内容,详细拟订有关求偿国籍和用尽当地救济的规则。

同《国家责任条款草案》一样,《外交保护条款草案》也维持了对初级规则和次级规则的区分。该规则没有试图规定有关外国人人身和财产待遇及

---

① 第 4 部分包括一些对条款整体适用的一般规定,说明其范围或某些未处理事项。其中条款未明文规定的国家责任事项应遵守其他国际法渊源的可适用的规则,排除了国际组织和国家对国际组织行为的责任问题,不影响以国家名义行事的任何人在国际法中的个人责任的任何问题,不影响《联合国宪章》的效力等。

② 程晓霞,余民才. 国际法[M]. 5 版. 北京:中国人民大学出版社,2015:60.

③ 在 ILC 的工作计划中,外交保护一直被列入国家责任编中. 国际法委员会. 2006 年国际法委员会年鉴(第 2 卷第 2 部分)(A/61/10)[R]. 纽约:联合国,2006:18.

④ 《国家责任条款草案》第 44 条:"在下列情况下不得援引另一国的责任:(a)不是按照涉及国籍的任何可适用的规则提出要求;(b)该项要求适用用尽当地救济办法规则,却未用尽可利用的有效当地救济办法。"

违反这些规则引起对受损害人国籍国责任的初级规则,而是关于提出外交保护诉求必须满足何种条件的次级规则。①

第二节　国家责任法在 ISDS 中的可适用性

国家责任法最初是在国家—国家争端解决实践中形成的,而国际投资法上投资者—国家争端解决明显有别于传统的争端主体,在不同的环境背景下,国家责任法是否还可以适用? 国家责任法的编纂成果和 ISDS 仲裁庭的实践都给出了肯定的答案。

一、从外交保护领域的国家间争端解决到国际投资法领域的 ISDS

外交保护是指,一国国民(自然人或法人)因另一国国际不法行为受到损害,一国通过外交行动或其他和平解决手段援引另一国的责任,以期使该国责任得到履行。②

在国际法初期,个人在国际法上没有主体地位。一国若要保护其在国外受损害的国民,就只能通过一种拟制来实现——对国民的损害视为对国家本身的损害,国家依据自己的权利行使外交保护。③ 如今,情况发生了巨变,个人是许多国际法初级规则的主体,获得了国际法上的权利,国际投资法的发展更是改变了外交保护理论所依赖的传统观念,以双边投资条约(Bilateral Investment Treaty,BIT)为例:在财产权方面给予法人和自然人

---

① 这些次级规则大致是关于诉求的可接受性的规则。国际法委员会. 2006 年国际法委员会年鉴(第 2 卷第 2 部分)(A/61/10)[R]. 纽约:联合国,2006:18.

② 《外交保护条款草案》第 1 条,该条没有试图为外交保护下完整、全面的定义,而是从本条款所用该词语的含义描述外交保护的特征。

③ 《外交保护条款草案》第 1 条评注 3、4。国际法委员会. 2006 年国际法委员会年鉴(第 2 卷第 2 部分)(A/61/10)[R]. 纽约:联合国,2006:20. 这一拟制理论源自瑞士法学家瓦特尔(Vattel),根据其理论,国家为其国民提起诉求,实际上是在维护自己的国际法权利。这种虚拟只不过是达到目的的一种手段,而目的是要保护受损害的国民的权利。

以权利和保护。① BIT 的最大创举是将 ISDS 的解决从外交保护的传统途径中剥离出来,赋予投资者直接寻求国际仲裁解决争端的权利。

1965 年《解决国家与他国国民间投资争端公约》(Convention on the Settlement of Investment Disputes Between States and Nationals of Other States,简称《ICSID 公约》)设立"解决投资争端国际中心"(International Center for Settlement of Investment Disputes,ICSID),更是为投资者—国家间仲裁(Investor-State Arbitration,ISA)提供了一个常设性的国际仲裁机构平台。如今,通过国际仲裁解决国际投资争端已成为国际投资领域的一种常态。因投资者与东道国之间力量悬殊,要想通过缔结仲裁协议或在合同中加入仲裁条款十分困难,越来越多的投资者运用 IIA 发起 ISDS 仲裁。

联合国贸易与发展委员会(United Nations Conference on Trade and Developement,UNCTAD)对依据条约提起的 ISDS 案件的统计数据显示:1987—1996 年 10 年间提起的案件总数仅为 19 件,1997—2001 年 5 年间提起的案件总数为 62 件,2002 年后案件总数开始增多,2018 年高达 93 件,至 2022 年年底,依条约提起的 ISDS 案件总数达到了 1257 件。② (见图 1-1)

随着 ISDS 案件的日益增加,东道国、仲裁庭援引国家责任法的做法不断出现,却也引发了不少争议。有学者认为,一般国际法上有关外交保护的国籍规则并不适用于 ISDS 仲裁中的国籍问题。③ 也有学者认为,国际投资法作为一种特别法,虽然其规则效力优先于一般国际法,但任何法律都不是

---

① 个人是许多国际法初级规则的主体,这在习惯和条约之下都是如此,使之对内免受本国政府之害,对外免受外国政府之害。《外交保护条款草案》第 1 条评注 4。国际法委员会. 2006 年国际法委员会年鉴(第 2 卷第 2 部分)(A/61/10)[R]. 纽约:联合国,2006:20. BIT 最初就是为了消除外交保护的不利、加强对外国投资者利益的保护的目的而签订的,其主要内容是在财产权方面给予法人和自然人权利和保护。陈丹艳. 论"国籍真实联系"标准在国际投资法实践的适用[M]//陈安.国际经济法学刊. 北京:北京大学出版社,2015,22(2):175.

② 图表摘自 2023 世界投资报告,UNCTAD. World Investment Report 2023:Investing in sustainable energy for all[M]. New York and Geneva:United Nations. 2023:78.原始数据来源是 UNCTAD 投资者与国家争端解决数据库,https://investmentpolicy.unctad.org/investment-dispute-settlement.

③ DOUGLAS Z. The International Law of Investment Claims[M]. Cambridge:Cambridge University Press,2009:323-324.

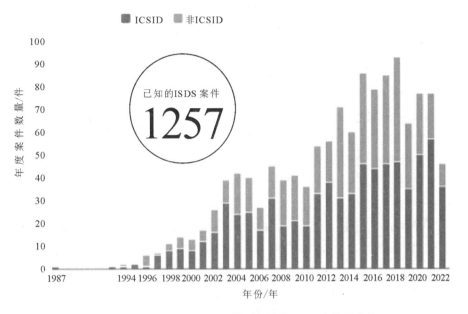

图 1-1　1987—2022 年已知基于条约的 ISDS 案件的趋势

资料来源：贸发会议、投资者与国家争端解决导航

孤立的，作为国际法分支的国际投资法，也必须受到一般国际法或相关分支国际法的影响。[①]

那么，在 ISDS 中是否可以适用国家责任法呢？从法理和实践上看，答案是肯定的。

二、ISDS 中适用国家责任法的法理分析

首先，从法理上分析，ILC 在对国家责任习惯法进行编纂的过程中，不仅没有排除这种可能性，反而充分考虑了相关国际投资法的发展，对 ISDS 出现的相关问题予以回应。

（一）国家责任法的国家义务范围包括国家对投资者的义务

通常认为，《国家责任条款草案》作为国家责任法最重要和最详细描述

---

①　SCHNEIDERMAN D. Legitimacy and Reflexivity in International Investment Arbitration：A New Self-Restraint？［J］. Journal of International Dispute Settlement，2011，2(2)：471.

的文本,构成对国家责任法最权威的表述。仲裁庭和评论家都认为《国家责任条款草案》"准确地反映了国家责任的国际习惯法"。① 国际司法机关和仲裁庭甚至援引 ILC 编纂国家责任法进程中的阶段性成果作为裁判依据。例如,国际法院(International Court of Justice,ICJ)在德黑兰案和尼加拉瓜案中,在个人不法行为归于国家从而导致国家责任以及国家责任的免除条件等问题上,援引 ILC 关于国家责任的研究结论作为其判决的依据之一,而且是几乎完全使用了 ILC 的相关表达,而当时 ILC 只一读通过了《国家责任条款草案》的第 1 部分。② Metalclad v. Mexico 案仲裁庭也援引了《国家责任条款草案》1975 年一读文本作为裁决依据,并称该草案是"当前(国际习惯)法的准确重述"③。

《国家责任条款草案》第 1 条规定,一国要对其国际不法行为承担国家责任。④ 由第 12 条和第 33 条第 1 款的规定可以得出,一国的国际不法行为是指一国的行为不符合其应承担的国际义务,义务的来源可以是国际条约、习惯规则、国际法律秩序的一般原则,抑或国家的单方面承诺行为,义务的对象可能是另一国、若干国家或整个国际社会。⑤

正如第 33 条第 2 款所确认的"本部分不妨碍任何人或国家以外的实体由于一国的国际责任可能直接取得的任何权利",也就是说,并不排斥国家

---

① CRAWFORD J S C.Investment Arbitration and the ILC Articles on State Responsibility[J]. ICSID Review,2010,25(1):128.

② 阿果.关于国际法编纂的一些新思考[J]//黄惠康. 国际法委员会的工作与国际法的编纂与发展. 湖南师范大学社会科学学报,1998(6):27-28.

③ Metalclad Corporation v. United Mexican States(Metalclad v. Mexico),ICSID Case No. ARB(AF)/97/1),Award,30 Aug 2000,para.73.

④ 第 1 条(一国对其国际不法行为的责任)规定:"一国的每一国际不法行为引起该国的国际责任。"

⑤ 第 12 条(违背国际义务行为的发生)规定:一国的行为如不符合国际义务对它的要求,即为违背国际义务,而不论该义务的起源或特性为何。第 33 条(本部分所载述国际义务的范围)规定:(1)本部分规定的责任国义务可能是对另一国、若干国家,或对整个国际社会承担的义务,具体取决于该国际义务的特性和内容及违反义务的情况。ILC 在《国家责任条款草案》注释中指出,国家间的国际法义务是主要来源,这种义务可能是双边条约所产生的义务,也可能是多边条约产生的义务,还可能是因一般国际法强制规范所产生的对整个国际社会所负的义务。国际法委员会. 2001 年国际法委员会年鉴(第 2 卷第 2 部分)(A/56/10)[R]. 纽约:联合国,2001:95-97.

以外的任何个人或实体基于国际条约所享有的任何权利受到一国不法行为的侵害时追究国家责任的可能性。ILC 在《国家责任条款草案》第 28 条评注中也指出,第 1 条内容"包括该国的所有义务而不仅限于对其他国家承担的义务。因此,国家责任扩大到包括违背人权义务和其他违背国际法的情况,在这种情况下,被违背的义务的第一受益人不是国家"。因此,可以说,《国家责任条款草案》也可能与非国家当事方有关联,也可以适用于 ISDS。

(二)IIA 与 ISDS 的性质

IIA 与人权保护条约类似,尽管缔约双方是国家,条约内容规定缔约方的义务——约束其国家行为及所引发的责任,但条约的最终受益者却是缔约国内的个人及其他实体。

ISDS 仲裁,也叫投资条约仲裁,投资者提请仲裁是因其依 IIA 而享有的权利受到东道国行为的侵害,目的是要追究东道国的国家责任并获得赔偿,东道国被诉是因违反了其在 IIA 下应承担的条约义务。[①] ISDS 的公法性质正被越来越多的学者和仲裁庭所认可。ISDS 仲裁具有混合性质——结合了国际公法(内容或实质上)与国际商事仲裁的元素(程序上),但从其本质和功能来看,它是对政府行为的特殊的、国际化的司法审查,它本质上是公法纪律。[②] 仲裁庭裁决东道国行为是否违反 IIA 义务属于国家责任的范畴。国家对投资者承担的 IIA 责任也属于《国家责任条款草案》中的"国家责任"。

三、ISDS 仲裁庭适用国家责任法的实践

近几十年来,ICSID 仲裁庭、北美自由贸易协定(North American Free Trade Agreement,NAFTA)仲裁庭、美国—伊朗仲裁庭,以及国际商会(International Chamber of Commerce,ICC)、伦敦国际仲裁院(The London Court of International Arbitration,LCIA)、斯德哥尔摩商会(Stockholm Chamber of Commerce,SCC)、常设仲裁法院(Permanent Court of Arbitration,PCA)和联合国国际贸易法委员会(United Nations Commission on International Trade Law,UNCITRAL)仲裁庭在处理

---

① 石慧. 投资条约仲裁机制的批判与重构[M]. 北京:法律出版社,2008:5-35.

② SCHILL W S. International Investment Law and Comparative Public Law[C]. New York:Oxford University Press,2010.

ISDS 案件时都有就适用国家责任法作出分析。如 Jan de Nul v. Egypt 案中,仲裁庭表明,"正如申请人所正确指出的,一国是否要对一国家实体行为负责的问题应依国际法来解决,特别是在《国家责任条款草案》中所规定的原则"①。在 Saipem v. Bangladesh 案中,仲裁庭也声明,"在评估争端实体问题时,仲裁庭会依据国际法,特别是 2001 年 ILC 通过的、对国家责任法进行编纂的《国家责任条款草案》,对归因问题作出裁决"②。

《国家责任条款草案》有关国际不法行为及国家责任的规定,有助于 ISDS 仲裁实践中确定投资者与东道国之间权利义务的分担与责任归属。在日渐增多的 ISDS 仲裁案件中,越来越多东道国援引《国家责任条款草案》的相关规则进行抗辩。仲裁庭常常援引《国家责任条款草案》第 1 条至第 3 条(国家责任的一般原则)作为国家责任规则的权威论述,开启有关国家责任认定的裁决工作。根据詹姆斯·克劳福德 2010 年的统计,超过 100 个国际法庭和一些国内法院的裁决中援引了《国家责任条款草案》文本,而 ISDS 仲裁庭的裁决占到这些公开案件的 60%,《国家责任条款草案》59 个条款中有 32 个条款至少被仲裁庭提到一次(在许多案件中它们被多次提到)。③而埃斯梅·雪洛(Esmé Shirlow)和卡比尔·杜加尔(Kabir Duggal)于 2022 年进行的统计表明,《国家责任条款草案》有 40 个条款被提及,其中有关归因规则(第 4 条、第 5 条和第 8 条)和补偿规则的条款最常被援引。④

---

① Jan de Nul N V. and Dredging International N.V. v. Arab Republic of Egypt (Jan de Nul v. Egypt),ICSID Case No. ARB/04/13,Decision on Jurisdiction,16 June 2006,para.84.

② Saipem SpA v. People's Republic of Bangladesh (Saipem v. Bangladesh), ICSID Case No. ARB/05/07,Decision on Jurisdiction and Recommendation on Provisional Measures,21 March 2007.

③ CRAWFORD J S C. Investment Arbitration and the ILC Articles on State Responsibility[J]. ICSID Review,2010,25 (1):128,131.

④ SHIRLOW E, DUGGAL K. The ILC Articles on State Responsibility in Investment Treaty Arbitration[J]. ICSID Review,2022,37 (1-2):379-381.

这很大程度上是因为,现有 IIA 中明确规定国家责任这类次级规则的并不多,①更多地需要仲裁庭在 ISDS 中对国家责任法进行认知并适用。

因此,一个普遍共识是,《国家责任条款草案》有关国家责任法的规则涵盖了国家对个人和法律实体的义务,不仅适用于国家间的争端,也同样适用于 ISDS。

鉴于 ISDS 仲裁的公法性质,仲裁员要加强对相关国际公法规则的学习和适用,更好地处理具有公法性质的争端,国家责任法正是不可忽视的一项重要内容。而随着国际投资法可持续发展改革的进程,仲裁庭在审理案件过程中,也需要注意投资者和国家及其他利益相关者之间的利益平衡,借鉴处理国家与个人关系更为成熟的公法规则,弥补现有 IIA 的不足。

第三节　在 ISDS 中适用国家责任法的重要问题

ISDS 案件中,从管辖权确定之初到确认国家是否违反 IIA 义务,都涉及国家责任法的援引。如危急情况的适用、赔偿问题、IIA 和国家责任法的优先适用问题,但基于国家责任法并没有特别明确的规则,导致仲裁庭对其适用是稍显混乱的。为了更好地在 ISDS 案件中适用国家责任法,有必要对国家责任法有更明确的认知。

一、《国家责任条款草案》与《外交保护条款草案》的性质和作用

根据《国际法院规约》第 38 条的规定,仲裁庭在裁判 ISDS 案件时能适用的国际法渊源有条约、习惯等。那么,《国家责任条款草案》《外交保护条款草案》是哪一种渊源? 对 ISDS 的裁决又起到什么作用?

(一)性质

首先要明确的是,《国家责任条款草案》和《外交保护条款草案》都还不

---

①　Noble Ventures v. Romania 仲裁庭明确指出,"在归因问题上,IIA 没有作任何规定,只能从国际习惯法上找寻相关规则以弥补条约缺漏"。Noble Ventures, Inc. v. Romania(Noble Ventures v. Romania),ICSID Case No. ARB/01/11,Award,12 Oct 2005,para.69.第 29 条至第 39 条有关国家责任形式和赔偿问题的规定也常被仲裁庭援引处理 ISDS 中的赔偿问题。

是一项生效的条约,不具有条约的地位。但它们是 ILC 在对有关国家责任的习惯法进行编纂活动后形成的文本,其内容是已有的国际习惯法(一般原则与规则)。从法理上说,即使其编纂的草案未形成条约,也不代表里面的规则不再享有国际习惯法的地位和失去约束力。

其次,《国家责任条款草案》和《外交保护条款草案》不能被认为是对国家责任这一领域的国际习惯规则的最后定论。因为虽然经历了对习惯规则、原则的梳理、编纂工作,它们毕竟还只是草案,即使是想对一项法律原则进行精确的表述,也容易出现问题。

有些学者批评指出,ISDS 仲裁庭援引《国家责任条款草案》的方式存在矛盾:仲裁庭援引《国家责任条款草案》的做法是希望拥有确定性,从依赖该草案形成的法律结果来看,该草案有着明确的重要性;但这些规则本身是建立在一个融入实践的过程上,它本质上是不确定的。[①] 而 ISDS 仲裁裁决书中,对可以而且应该援引《国家责任条款草案》以形成裁决的条件,往往没有实质性的分析。有学者批评这种做法"未能考虑使用外部规范的正式理由和特定选择的系统性和规范性影响""由于仲裁庭未能仔细考虑使用《国家责任条款草案》的规范和影响不仅削弱了投资条约法理的内部一致性,也会削弱关键的利益相关者对其接受的程度,尤其是被诉国"。[②]

可以肯定的是,《国家责任条款草案》和《外交保护条款草案》在国家责任法中占有重要地位,被认为是对现有国家责任的国际习惯规则的较为权威的表述,具有非常重要的参考价值。

(二)作用

在 ISDS 中,这两个草案,尤其是《国家责任条款草案》,可以说是仲裁庭在判定国家责任问题时很重要的出发点和线索依据。

首先,熟悉国家责任法的编纂历史,特别是要牢记编纂过程中 ILC 战略的改变——避开对初级规则的编纂这一有争议的任务、集中到国家责任的次级规则上来。其次,ILC 编纂的《国家责任条款草案》和《外交保护条款草案》以及相关评注给我们提供了丰富的指导目录。仔细阅读这些文本,可

---

① SCHILL W S. International Investment Law and Comparative Public Law[C]. New York:Oxford University Press,2010.

② KURTZ J. The Paradoxical Treatment of the ILC Articles on State Responsibility in Investor-State Arbitration[J]. ICSID Review,2010,25(1):201-202.

以给 ISDS 仲裁提供有价值的线索。

《国家责任条款草案》第 1 部分和第 2、3 部分的适用范围是不同的,这种差异在 ISDS 仲裁中必须注意。① 第 1 部分阐述了国家责任的一般原则和构成条件,具有通用范围。在 ISDS 仲裁中,由于 IIA 没有相关的规定,这意味着违反一项 IIA 所载的国际义务的一般性问题是可以适用第 1 部分的原则性、通用性规定。而这已经被 ISDS 仲裁庭所接受。而第 2 部分和第 3 部分只涉及违反的后果,特别是第 3 部分是关注其他国家援引一国国家责任,一些 IIA 对这些问题有相关的规定,这就意味着要考虑第 55 条规定的"特别法优先原则",更好地处理国家责任法与 IIA 间的关系,更加恰当地处理问题。

《外交保护条款草案》所处理的求偿国籍和用尽当地救济的问题在 ISDS 中也是十分关键的问题,特别是其第 3 章有关法人的相关规定。有关国籍确认、股东保护等在外交保护领域所引发的新问题,《外交保护条款草案》及其评注都给予了及时的跟进和实证分析,这些内容对于国家责任法规则的相对细化和明晰化是非常有帮助的。而有关国籍确认、股东权益保护、当地救济问题,在 ISDS 中同样是十分重要的问题,涉及国家责任援引时的诉求可接受性问题。因此,不论是基于国际习惯法的补充作用,还是在适用 IIA 相关特别法时,《外交保护条款草案》及其评注都提供了一个相对清晰的参照物,可以更好地理解 IIA 规则的特殊性在哪里,而在 IIA 缺乏特别规定时又该如何适用一般国际法的国家责任法。

二、IIA 和国家责任法的关系

国家责任法和 IIA 的关系,是指 ISDS 仲裁适用 IIA 的规定还是适用国家责任法的一般法规则来解决国家是否违反条约义务并承担国家责任的问题。

(一)国家责任法的"特别法优先原则"

《国家责任条款草案》第 55 条和《外交保护条款草案》第 17 条的规定都

---

① CRAWFORD J S C. Investment Arbitration and the ILC Articles on State Responsibility[J]. ICSID Review, 2010, 25 (1): 129.

反映了"特别法优先原则"。① 也就是说,当《国家责任条款草案》《外交保护条款草案》所规定的事项由国际法特别规则确定时,特别规则将居优先适用地位。也表明,两草案中国家责任条款是一般性的,并不适用于由特殊的国际法规则调整的问题,具有"剩余性质"②。

以《国家责任条款草案》为例,它在确定国家责任方面可以普遍适用,它涉及国家责任的全部领域,可以适用于国家违背所有国际义务的情况,属于一般法。而IIA更多是被视为特别法的性质,③应优先于国际责任法的规定而适用。但这并不意味着IIA完全取代了国家责任法的规定。ICJ在尼加拉瓜案中明确指出:"即使国际习惯法和国际条约法规定了相同的内容,国际习惯法仍继续存在并且适用,与国际条约法相互独立。"④

ILC在评注中指出,仅因处理同一主题事项存在两种不同规定就讨论适用"特别法优先原则"是不够的,还需要断定特别规定和一般规定之间是否存在着某种实际的矛盾,并且特别规定有排除一般规定的意图。⑤

ILC认为,特别法既包括采取"强"的形式(strong forms),也包括采取"弱"的形式(weaker forms),前者包括常被称为独立体系(self-contained regimes),后者如就某一点作出规定(如排除恢复原状的特定条约规定)的

① 《国家责任条款草案》第4部分(一般规定)第55条明确规定,"在并且只在一国际不法行为的存在条件或一国国际责任的内容或履行应由国际法特别规则规定的情况下,不得适用本条款"。《外交保护条款草案》第17条规定"本条款草案在与诸如投资保护条约规定等国际法特别规则不符的情况下,则不适用"。

② 这一术语在UPS v. Canada案裁决中有出现。United Parcel Service of America Inc. v. Government of Canada (UPS v. Canada),UNCITRAL,Award on the Merits,24 May 2007,para.55.

③ 有关BIT的国际法效力问题,学界曾有不同见解,一种观点是主张BIT具有习惯国际法的效力,另一种观点是主张BIT仅仅是缔约双方之间的特别法。曾华群.论双边投资条约实践的"失衡"与革新[J].江西社会科学,2010(6):12.

④ Military and Paramilitary Activities in and against Nicaragua (Nicaragua v. United States of America),Merits,Judgment,ICJ Reports,1986,para.179.

⑤ 从根本上说,还是一个解释问题。国际法委员会.2001年国际法委员会年鉴(第2卷第2部分)(A/56/10)[R].纽约:联合国,2001:287.

特定条约条款。①

(二)ISDS 仲裁的实践

1. IIA 中特殊归因规定与《国家责任条款草案》归因规则

UPS v. Canada 案仲裁庭明确指出,依据第 55 条的规定,在特别法缺失的情况下,处理归因问题的《国家责任条款草案》被国际律师和 ICJ 认为是表达了具有"剩余性质"的国际习惯法。而 NAFTA 就归因问题有特别的规定——NAFTA 第 15 章专门监管垄断和国有企业的行为,因此排除了《国家责任条款草案》有关归因的一般规则(第 4 条、第 5 条)对 NAFTA 第 11 章的适用。②

Noble Ventures v. Romania 案中,仲裁庭指出,由于本案所涉 BIT 没有相关归因规则的规定,就需要寻求一般国际法规则来弥补,而这个一般规则正是对国际习惯法进行编纂的《国家责任条款草案》。③

Nykomb v. Latvia 案中,申请人主张 ECT 第 22 条第 1 款是归因条款,其规定国家要保证其国有企业遵守 ECT 第 3 部分的义务,该条款是 ECT 第 3 部分"初级"义务的添附而不是新的义务,该条款是对习惯国际法的"澄清"和"强化"。④ 被申请人反对这一主张,建议对第 22 条和第 10 条第 1 款(尤其是最后一句话,保护伞条款/有约必守条款)进行限制性解释。被申请人的主要依据是处理投资者和国家间的仲裁第 26 条明确限制其适用范围是"对第 3 部分义务的违背"。在本案中,有关 ECT 第 22 条第 1 款和第 26

---

① 就独立体系(self-contained regimes,也译作自足体系)的概念,ILC 在评注中举例温布尔登号案,常设国际法院审议有关基尔运河通过的《凡尔赛条约》规定时提到独立体系的概念,ICJ 在美国驻德黑兰外交和领事人员案中涉及滥用外交和领事人员特权的救济时也提到了这一概念。国际法委员会. 2001 年国际法委员会年鉴(第 2 卷第 2 部分)(A/56/10)[R]. 纽约:联合国,2001:287-288.

② UPS v. Canada, Award on the Merits, 24 May 2007, paras. 45-63.

③ Noble Ventures v. Romania, ICSID Case No. ARB/01/11, Award, 12 Oct 2005, paras. 2-7.

④ ECT 的全称为《能源宪章条约》,是为了促进西方投资者到东欧和苏联国家从事能源资源投资,为长期能源项目合作建立法律框架而作。Nykomb Synergetics Technology Holding AB v. Republic of Latvia(Nykomb v. Latvia), Arbitration Institute of the Stockholm Chamber of Commerce, Arbitral Award, 16 Dec 2003. part. 1.2.3. 申请人还特别提到 Maffezini v. Argentina 案和 Salini v. Morocco 案对《国家责任法草案》的归因规则的援引。

条第1款的规定应如何解释,以及ECT条款与国家责任法之间是否属于特别法与一般法的关系,都属于争端解决中的关键问题,很值得分析。很可惜,仲裁庭避开这一棘手的争议点,而直接适用了国家责任法的归因原则。最后裁决争议的国有公司的行为可以归于国家。[①]

2. IIA例外条款与《国家责任条款草案》"危急情况"条款

阿根廷政府因经济危机采取的紧急措施引发投资者提起国际投资仲裁浪潮,阿根廷政府依据《国家责任条款草案》第25条"危急情况"和美国—阿根廷BIT第11条"根本安全例外"提出抗辩,主张其采取的被指控政府措施享有免责的权利。而相关系列案的仲裁庭就二者关系作出了不同的解释,得出截然不同的结论,引发人们对IIA例外条款与国家责任法解除不法性条款间关系的讨论。

(1)将二者完全混同

CMS v. Argentina案、Enron v. Argentina案以及Sempra v. Argentina案中,仲裁庭都将美国—阿根廷BIT第11条"根本安全例外"条款等同于第25条"危急情况"抗辩,并认为二者适用条件也相同。三案仲裁庭认为,IIA例外条款仅是对"危急情况"的重述,进而直接适用"危急情况"的援引条件,对阿根廷政府措施是否符合条件得以免除其国家责任进行评估。[②]

(2)认定二者不同

LG&E v. Argentina案仲裁庭认为二者不完全相同,第11条属于特别法,应优先适用,对第25条的分析是支持依第11条得出的结论,最终认定阿根廷满足了二者的适用条件。[③]但仲裁庭没有对二者的关系作进一步的分析。

---

① Nykomb v. Latvia, Arbitral Award, 16 Dec 2003. part. 4.2.

② CMS Gas Transmission Company v. The Republic of Argentina(CMS v. Argentina), ICSID Case No. ARB/01/8, Award, 12 May, 2005, paras. 315-331, 353-365; Enron Creditors Recovery Corporation (formerly Enron Corporation) and Ponderosa Assets, L.P. v. Argentine Republic (Enron v. Argentina), ICSID Case No. ARB/01/3, Award, 22 May, 2007, paras. 303-313, 332-334; Sempra Energy International v. Argentine Republic(Sempra v. Argentina),ICSID Case No. ARB/02/16, Award, 28 Sep 2007. paras.344-355,374-378.

③ LG&E Energy Corp., LG&E Capital Corp., and LG&E International, Inc. v. The Argentine Republic (LG&E v. Argentina), ICSID Case No. ARB/02/1, Award, 3 Oct 2006.para.245.

　　CMS v. Argentina 案、Enron v. Argentina 案和 Sempra v. Argentina 案这三起案件后来都进入撤销程序，三案件的撤销委员会都认为，二者本质上是不同的，如果第 11 条适用，条约义务就不适用，只有确认第 11 条不适用，缔约国违反条约义务的情况下才适用第 25 条，看是否可以解除行为的不法性。① Continental v. Argentina 案和 El Paso v. Argentina 案对二者关系的分析也相同。②

　　就 IIA 中的相关规则是属于初级规则还是次级规则，与国家责任法之间是否为特殊法与一般法的关系，引发更多的探讨。

本章小结

　　国家责任法是国际法的一个重要领域，ILC 编纂的《国家责任条款草案》和《外交保护条款草案》是这一国际习惯法内容的主要文本体现。基于 ISDS 仲裁的公法性质，从确定仲裁庭管辖权到确认国家责任的实体问题，ISDS 案件的裁决都离不开对国家责任法的适用。但仲裁庭的实践是稍显混乱的，如归因、解除行为不法性的抗辩、赔偿标准及数额确定等问题，一方面是基于国家责任法本身规则的不确定性或模糊性，另一方面也是对 IIA 与国家责任法的关系认知不够清晰。

　　为更好地适用国家责任法，有必要透彻地研究国家责任法的历史发展与编纂历史，仔细阅读《国家责任条款草案》和《外交保护条款草案》以及相关评注的文本，对比区分国际投资法背景下的国家责任问题的特别性，这对

---

　　① CMS v. Argentina, ICSID Case No. ARB/01/8, Decision of the ad hoc Committee on the Application for Annulment, 25 Sept, 2007, paras. 129-135; Continental v. Argentina, ICSID Case No. ARB/03/9, Final Award, 5 Sep, 2008, paras.162-168. Enron v. Argentina, ICSID Case No. ARB/01/3, Decision on the Application for Annulment of the Argentine Republic, 30 July, 2010, para.407; Sempra v. Argentina, ICSID Case No. ARB/02/16, Decision on the Argentine Republic's Request for Annulment of the Award, 29 June, 2010, paras.199-204.

　　② Continental Casualty Company v. The Argentine Republic (Continental v. Argentina), ICSID Case No.ARB/03/9, Final Award, 5 Sep 2008, paras.162-168; El Paso Energy International Company v. The Argentine Republic(El Paso v. Argentina), ICSID Case No. ARB/03/15, Award, 31 Oct,2011, paras.552-555.

ISDS仲裁庭解决ISDS中国家责任问题来说,无疑具有重要的意义。

　　而国际投资法制的可持续发展,对平衡投资者、国家及其他利益相关者之间的利益需求的增加,也要求仲裁员加强对相关国际公法规则的学习和适用,国家责任法正是其中不可忽视的一项重要内容。随着ISDS案件审理实践的增多,在发现问题之余,有必要从特别法——IIA的角度对国际习惯法进行发展,明确相关规则,更好地平衡投资者和国家的利益。

第二章　　　　ISDS 中国家责任的援引问题

　　《国家责任条款草案》第 3 部分(一国国际责任的履行)第 1 章规定了"一国责任的援引"问题。首先,谁可以援引国家责任? 只有"受害国"才可以援引"责任国"的国家责任。其次,"受害国"援引国家责任的条件为何? 有两项条件,一是国籍规则,二是用尽当地救济规则。[①] 而这两个限制条件在 ILC 编纂的《外交保护条款草案》中有更为全面、详细的规定。

　　ISDS 仲裁庭首先要解决的是管辖权问题,这就涉及国家责任援引的问题。不同于传统外交保护领域是国家间援引国家责任,国际投资法领域中援引国家责任问题有了新的变化。首先,"受害国"概念变成了"投资者"概念;其次,援引东道国责任的规则突破了传统外交保护的国际习惯规则(主要是国籍与用尽当地救济两大限制规则)。IIA 规则变化的最初动因是为了更好地维护投资者权益,但带来了 ISDS 案件数量大量增加、投资者滥用权利、东道国不堪讼累等问题。对现有 ISDS 机制援引规则进行改革,增加必要的限制性条件,是平衡 IIA 各方权利义务的可持续发展改革趋势和要求。

　　[①]　《国家责任条款草案》第 44 条:"在下列情况下不得援引另一国的责任:(a)不是按照涉及国籍的任何可适用的规则提出要求;(b)该项要求适用用尽当地救济办法规则,却未用尽可利用的有效当地救济办法。"

第一节　国家责任法的援引规则 与 IIA 的援引规则

一、国家责任法的援引规则

国家责任法上,只有"受害国"才可以援引国家责任,而"受害国"援引国家责任要受到国籍与用尽当地救济规则的限制,而这两项规则的具体内容体现在《外交保护条款草案》中。

(一)"受害国"概念

《国家责任条款草案》第 42 条规定了"一受害国援引责任",明确一国只有作为"受害国"才可以援引责任国的责任,非"受害国"不可以援引。而区分"受害国"的标准要看责任国违背的义务是否是个别地对"受害国"承担义务。第 46 条规定了"数个受害国"的情形。第 48 条规定了"一受害国以外的一国援引责任"的情况,这是以不法行为国违反国际义务为前提,被违背的义务是对包括该国家在内的一国家集团承担的为保护该集团的集体利益而确立的义务或对整个国际社会承担的义务。

不论哪一种情形,"受害国"都是责任国所违背义务所指向的国家,区别在于这项义务所针对的对象,是一个国家还是数个国家或是整个国际社会。

(二)援引国家责任的国籍规则

在国际法上个人地位认知的背景和外交保护的拟制观念下,个人具有保护国国籍成为国家行使外交保护的一项很重要的限制条件,当个人不是保护国国民时,没有国籍的联系,国家就没有被伤害也就不存在实施保护的理由,不能据以提出国际诉讼。国籍规则包括了国籍持续规则和国籍真实联系规则。

1.国籍持续规则

相较于古老的当地救济规则,国籍持续规则是一个相对晚近的发展。

(1)历史发展

直到 20 世纪早期,国籍持续的概念才作为国际习惯法的一项规则出现。英国赫斯特(Hurst)对该规则的发展起到了不容忽视的影响。在赫斯特之前,该领域最早且仍是最值得尊敬的专著——《奥本海国际法》的前三个版本中,根本没有提到这个国籍持续规则。在 1928 年出版的第四版中,奥本海援引赫斯特的著作,发现了要求国籍持续的"一般原则",但其一个脚注解释说:"上述原则并没有总是被遵循"①。

（2）国籍持续规则含义之争

国家责任法的国籍持续规则的内容具有不确定性,颇具争议,主要体现在国籍持续的截止日（dies ad quem）没有达成一致意见。

例如,伊恩·布朗利（Ian Brownlie）指出,国籍持续到"裁决作出之时或向仲裁庭提起诉求之时或者没有提交仲裁时到外交诉求的正式提出之时";费勒（A.H. Feller）注意到"虽然就到提出诉求之日时要有持续国籍的要求已达成普遍共识,关于提交之后这一国籍是否必须持续却有着各种不同意见";《奥本海国际法》（第 5 版）指出"在一些案件中申请人的国籍只要持续到提出索赔之时即可,而不需要持续到裁决作出之日";施瓦曾博格（Georg Schwarzenberger）得出"最未能解决的一点是持续国籍必须持久多长时间。在国际法层面一项诉求提出的各种时间,提交仲裁或司法解决时,口头审理结论作出时或者裁决或判决作出时都是可能相关的日期"的结论;杰塞普（Jessup）法官表示"虽然措辞不同,就诉讼必须源自国民这一原则有普遍的共识……持续性规则的结束日期是有争议的";即使是最终主张支持持续国籍要求应该到最终裁决之日的赫斯特也承认"何为截止日是另外一个有些困难的事情"②。

ILC 的外交保护问题特别报告员也注意到,持续规则的内容中有关截

---

① 国籍持续规则首先出现在罗尔斯顿（Ralston）、海德（Hyde）,特别是爱德温·博查德（Edwin Borchard）这些学者的著作中。DUCHESNE S M. Continuous-Nationality-of-Claims Principle Its Historical Development and Current Relevance to Investor-State Investment Disputes[J]. George Washington International Law Review,2004,36(4)：793-794.

② BROWNLIE B. Principles Of Public International Law (5th),SCHWARZENBERGER G. International Law (3d),Barcelona Traction, Light and Power Co. (Belg. v. Spain), 1970 ICJ 3, 202-03(Feb. 5) (separate opinion of Judge Jessup), HURST C J B. Nationality of Claims, 1926 British Yearbook of International Law[J]//DUCHESNE S M. Continuous-Nationality-of-Claims Principle Its Historical Development and Current Relevance to Investor-State Investment Disputes,George Washington International Law Review,2004,36(4)：799-801.

止日的含义缺乏同意。①

（3）国籍持续规则的实践理由

国籍持续要求实际是对两个更加实际的问题的回应。第一，国籍持续被认为是防止挑选保护和诉讼的必要。支持者担心，如果没有这一要求，来自较弱国家的个人可能会改变其国籍而获得较强国家的外交保护。美国国务卿汉密尔顿·菲什（Hamilton Fish）在1871年推测，如果不是标新立异，除非要求国籍持续，否则一个受损害的外国人可以"改变其国籍而连续呼吁12个政府来催促他的诉求"。这一实践也被认为是防止较强国家为了其自身不可告人的目的"购买或取得旧的诉求"作为向较弱国家施加政治压力的理由。第二，国籍持续被认为是为保持国际关系和谐的必要。认为外交关系充满了潜在危险的实践支持者担心，允许个人将外交保护的权利从一国转移给另一国会制造"混乱"且"很快会导致如此多的摩擦以致任何此类规则在现在或未来可能很难被可视化或辩护"②。

正如施瓦曾博格所说的，"保护个人并不是要求国籍持续的立法理由。这是为了限制其他国家干涉国内事务，即使在边际情况下，这一结果只能以给个人带来相当大的困难代价来达到"③。

（4）《外交保护条款草案》的规定

国籍持续规则也受到了相当多的批评，其中一个理由是，如果有关个人由于与要求外交保护无关的原因而改变其国籍，这一规则便会造成个人无法受到保护的困难的形势。但在《外交保护条款草案》的讨论过程中，关于放弃这一规则的建议遇到反对，这是因为担心有人钻空子，为了获得外交保护而"选购国籍"。《外交保护条款草案》最终保留了国籍持续规则，但允许

---

①　DUGARD J. First Report on Diplomatic Protection(A/CN.4/506 (2000))[R]. New York：United Nations，2000.

②　MOORE B J. Digest of International Law[J]//DUCHESNE S M. Continuous-Nationality-of-Claims Principle Its Historical Development and Current Relevance to Investor-State Investment Disputes，George Washington International Law Review，2004，36(4)：806.

③　MOORE B J，Digest of International Law[J]//DUCHESNE S M. Continuous-Nationality-of-Claims Principle Its Historical Development and Current Relevance to Investor-State Investment Disputes，George Washington International Law Review，2004，36(4)：806.

例外,以便顾及不如此便可能引起不公平结果的情况。

《外交保护条款草案》第 5 条"自然人的持续国籍"和第 10 条"公司的持续国籍"规定了国籍持续规则,二者规则内容基本一致。首先,确定国籍持续的确定含义(开始与终止的时间),是指从"发生损害之日"到"正式提出求偿之日"持续。其次,都规定正式提出求偿之日后不得变更的限制条款,防止出现被求偿国向本国国民进行赔偿的情形。[①]

2.国籍真实联系规则

国籍真实联系规则源自国际裁判,诺特鲍姆案事关个人与国家间的国籍真实联系问题,巴塞罗那电车公司案涉及公司与国家间国籍真实联系问题。

(1)诺特鲍姆案

1955 年 ICJ 在诺特鲍姆案裁决中论述,要求保护国在行使外交保护时,除了要求所保护的国民与保护国有国籍联系外,还将保护国和国民(自然人)之间的有效联系或真实联系作为行使外交保护的另一个附加因素,即使该国民只有一个国籍。[②] ICJ 在判断诺特鲍姆的列支敦士登国籍的合法性时指出,其倾向于"真实而有效"的国籍,这个国籍与实际情况相一致,并建立在该有关人与其国籍涉及的国家之一之间较强的实际联系之上,基于本案的下述事实:诺特鲍姆先生与列支敦士登(起诉国)之间的联结极为薄弱(没有住所、没有长久居住的事实和意向),而诺特鲍姆先生和危地马拉(被告国)之间超过 34 年的联结则极为密切(在该国居住和进行商业活动,是其利益的主要所在地),ICJ 屡次申明列支敦士登"无权针对危地马拉对

———————

[①]　《外交保护条款草案》第 5 条第 4 款:"一国对于在正式提出求偿之日后获得被求偿国国籍的人不再享有为其行使外交保护的权利。"第 10 条第 2 款:"一国对于在提出求偿后获得被求偿国国籍的公司不再享有为其行使外交保护的权利。"

[②]　诺特鲍姆原先拥有德国国籍,1905 年始在危地马拉定居,1939 年加入列支敦士登国籍。其申请将国籍由德国改为列支敦士登获得危地马拉政府批准。此后,诺特鲍姆继续在危地马拉生活。后德国挑起"二战",1941 年危地马拉向德国宣战,德国被列入敌国。1943 年,诺特鲍姆被危地马拉警方以敌国侨民为由逮捕。1944 年,危地马拉当局撤销了把他登记为列支敦士登公民的行政决定,随后扣押和没收了他在危地马拉的财产。1951 年,列支敦士登向 ICJ 提起诉讼。Nottebohm (Liechtenstein v. Guatemala), Second Phase, Judgment of April 6th, ICJ Reports 1955, pp.12-16.

诺特鲍姆实行保护",因为这么做是不太公平的。① 最终认定列支敦士登不能作为诺特鲍姆的国籍国向危地马拉提起外交保护。此后,意大利—美国调解委员会在1955年Mergé索赔案和美国—伊朗仲裁庭都对这一规则予以了肯定。②

国籍真实联系规则要求在对自然人实行外交保护时,保护国与国民之间的国籍关系必须是真实有效的。值得注意的是,这一规则是一项例外而非原则,仅在一个国籍联系较薄弱的国家对一个国籍联系较密切的国家提起外交保护时适用。

(2)巴塞罗那电车公司案

巴塞罗那电车公司案③引发的一项重要争议是,在国家代表公司提起外交保护时是否还适用国籍真实联系规则。

一家在加拿大多伦多注册并设有总部的公司,在西班牙开展业务,后遭到西班牙政府的征收,至比利时政府向ICJ提起外交保护诉讼时,该公司88%的股份由比利时国民拥有。比利时政府认为诺特鲍姆案的国籍真实联系规则也应该适用于公司的外交保护,其有权代表巴塞罗那公司的股东提起诉讼。④

ICJ提到"确实有一些国家实践是,依其国内法成立的公司只有在该国

---

① Nottebohm (Liechtenstein v. Guatemala), Second Phase, Judgment of April 6th, ICJ Reports 1955.pp.23,25-26.

② 《外交保护条款草案》第7条评注第3点指出,意大利—美国调解委员会在1955年Mergé索赔案中也明示同意这个立场,委员会指出:"这项原则是以国家主权平等为基础,它排除了双重国籍情况下的外交保护,如果原告人的国籍是求偿国国籍,该原则就必须让位于有效国籍原则。但在未能证明其国籍为主要国籍的情况下,就不能让位,因为这两项原则中的第一项是普遍公认的原则,可能是在实际事务中用于消除任何可能发生的不确定情况的标准。"调解委员会认为,有效国籍原则和支配地位的国籍概念只是一个硬币的两面。调解委员会在随后审理的涉及双重国籍者的50多起案件中适用了根据这一概念制定的规则。美国—伊朗仲裁庭借鉴上述情况,在若干案件中适用了支配性国籍和有效国籍的原则。国际法委员会.2006年国际法委员会年鉴(第2卷第2部分)(A/61/10)[R].纽约:联合国,2006:34.

③ 巴塞罗那电车公司案全称为巴塞罗那电车、电灯和电力有限公司案,Barcelona Traction, Light and Power Company, Limited (Belgium v. Spain), Judgment, ICJ Reports 1970.

④ Barcelona Traction, Light and Power Company, Limited (Belgium v. Spain), Judgment, ICJ Reports 1970, para.70.

境内有住所(公司总部)、管理或控制中心,或者由该国国民拥有多数或相当比例的股份时,才会给予该公司外交保护。在这种情况下,确实存在国家与公司间'真实联系'的标准",但其认为,"在对公司实体的外交保护这一特定领域,尚无'真实联系'的绝对标准得到普遍接受……国际法传统规则将公司实体的外交保护权授予公司依其法律成立并在其领土内拥有注册办事处的国家"①。最终,ICJ认为比利时代表加拿大公司的比利时股东对西班牙的行为采取外交保护的做法缺乏法律依据,驳回了比利时的诉讼请求。

ICJ在确认公司"成立地"标准时还是适用了国籍真实联系规则的。首先,ICJ认为国际习惯没有为公司国籍建立单一和绝对的"真实联系"标准,其解释了诺特鲍姆案中的"真实联系"标准是一种相对标准,是在确认权衡一国与其他国家间的关系时适用的标准,但"考虑到本案外交保护的法律和事实方面,本院认为本案不同于诺特鲍姆案",因此判决本案不适用"真实联系"标准。② 可以说,ICJ只是判决依据本案的事实情况不适用"真实联系"标准,并未完全否定或排除"真实联系"这种标准的可适用性。其次,ICJ在裁决中确认,该公司与加拿大之间具有"多方面"的"密切和永久的联系"——该公司在加拿大设立已有50多年,保持着注册办事处、账户和股份登记册,并且多年来均在该国举行董事会会议,列于加拿大税务部门的记录中。③ 可以说,认定公司的加拿大国籍虽然是依据"成立地"标准,却也符合"真实联系"标准。

(3)《外交保护条款草案》之规定

《外交保护条款草案》第4条"自然人的国籍国"的评注中就是否要求国籍真实联系的问题进行了解释。第9条"公司的国籍国"的评注中则明确提到了国籍真实联系的规则。

就自然人的外交保护国籍国的认定,ILC认为,当今社会,不应再要求一国按照诺特鲍姆案中所认定的方式证明该国与某一国民之间的有效联系

① Barcelona Traction, Light and Power Company, Limited (Belgium v. Spain), Judgment,ICJ Reports 1970,para.70.
② Barcelona Traction, Light and Power Company, Limited (Belgium v. Spain), Judgment,ICJ Reports 1970,para.70. 但ICJ只是简单提及本案与诺特鲍姆案存在不同,却并未就两案的区别给予充分的解释。
③ Barcelona Traction, Light and Power Company, Limited (Belgium v. Spain), Judgment,ICJ Reports 1970,para.71.

或真正联系作为行使外交保护的另一个附加因素。① 因为,在经济全球化和移民大量增多的今日世界中,很多人由于各种主客观原因,与其国籍国的联系十分薄弱,因此,过分要求国籍的真实而有效的联系,将会导致成百上千万人将因此无法得到外交保护的利益。

但在公司的国籍国认定问题上,ILC 并没有完全放弃国籍真实联系规则。在讨论国家代表公司提起外交保护求偿的国籍问题时大量地考虑了晚近的国际投资实践,最终形成了《外交保护条款草案》第 9 条"公司的国籍国"的文本:"为对公司行使外交保护的目的,国籍国是指公司依照其法律成立的国家。然而,当公司受另一国或另外数国的国民控制,并在成立地国没有实质性商业活动(substantial business activities),而且公司的管理总部和财务控制权均处另一国时,那么该国应视为国籍国。"②

第 9 条首先规定一般情况下公司国籍的确认标准是"成立地",但也规定了成立地国之外的第三国被视为国籍国的例外情形。这一例外规定体现了 ILC 对巴塞罗那案后国际投资领域的实践发展的关注及对相应新规则的承认,如"实质性商业活动""管理总部""财务控制权"等术语都是 IIA 中对公司投资者与国籍国间的"真实联系"标准的规定,反映出 ILC 在编纂时考虑到了国际投资实践中限制、防范"挑选条约"(treaty shopping)的行为。第 9 条正好填补了 ICJ 在巴塞罗那电车公司案中没有详细论述的一个空白,即作为一种相对标准,国籍真实联系规则可以适用于公司国籍确认的情形是——在成立地国之外有另外一个有密切联系的国家。

(三)援引国家责任之用尽当地救济规则

"用尽当地救济"是一项古老的国际习惯法规则,在传统外交保护领域是一项限制保护国提起行动的必要前提条件。

---

① 《外交保护条款草案》第 4 条评注。国际法委员会. 2006 年国际法委员会年鉴(第 2 卷第 2 部分)(A/61/10)[R].纽约:联合国,2006:25-26.

② ILC 在一读后确定的"公司的国籍国"的拟定条文是:"对就公司的外交保护而言,国籍国是指公司依照其法律成立并在其领土内设有注册办事处或管理机构或某种类似联系的国家。"从一读到二读,可以看出,最大的区别是二读后的条文将"成立地"标准放在首要地位,就实践中的各国做法——管理机构或其他联系要求纳入例外规则中予以肯定。国际法委员会. 2006 年国际法委员会年鉴(第 2 卷第 2 部分)(A/61/10)[R].纽约:联合国,2006:41.

1.含义及一般国际法原则地位

用尽当地救济规则是指,一国对于其国民(包括自然人和法人)或其他人所受的损害,在该受害人(该受损害的个人)用尽一切当地救济之前,不得提出国际求偿。[①] 用尽当地救济是关于行使外交保护的前提要件的规则,主要是通过 ICJ 裁判的 Interhandel 案和 Elerironica Sicula S. p.A（ELSI）案而确立的。ICJ 在两案的判决书中都承认,用尽当地救济规则是"公认的国际习惯法规则"[②],是"国际习惯法的一项重要原则"[③]。

ILC 在国家责任的范围内也审议过用尽当地救济的问题,认为这是得到司法判决、国家实践、条约和司法学家著作肯定的"一般国际法原则"。[④]

2.《外交保护条款草案》之规定

《外交保护条款草案》第 3 部分第 14 条"用尽当地救济"和第 15 条"当地救济规则的例外"[⑤]对用尽当地救济规则的基本内容进行了详细的规定。

《外交保护条款草案》评注指出,除了第 15 条所规定的无需用尽当地救济的例外情形,国家在行使外交保护之前,必须确定自然人和法人都已经用尽当地救济。而用尽的可利用的救济在国家之间虽必然有很大的差异,但一般包括了用尽被告国国内法规定的可利用的一切司法救济或行政救济。[⑥]

---

① 《外交保护条款草案》第 14 条第 1 款。

② Interhandel (Switzerland v. United States of America)，Judgment of 21 March 1959，ICJ Reports 1959，p.27.

③ Elettronica Sicula S. P. A. (ELSI) (United States of America v. Italy)，Judgment，ICJ Reports 1989，para.50.

④ 《国家责任条款草案》第 44 条的评注,国际法委员会.2001 年国际法委员会年鉴(第 2 卷第 2 部分)(A/56/10)[R].纽约:联合国,2001:243-245.

⑤ 第 15 条 当地救济规则的例外

在下列情况下,无需用尽当地救济:

(a)不存在合理的可得到的能提供有效补救的当地救济,或当地救济不具有提供此种补救的合理可能性;

(b)救济过程受到不当拖延,且这种不当拖延是由被指称应负责的国家造成的;

(c)受害人与被指称应负责国家之间在发生损害之日没有相关联系;

(d)受害人明显的被排除了寻求当地救济的可能性;或

(e)被指称应负责的国家放弃了用尽当地救济的要求。

⑥ 《外交保护条款草案》第 14 条评注。国际法委员会.2006 年国际法委员会年鉴(第 2 卷第 2 部分)(A/61/10)[R].纽约:联合国,2006:52-53.

二、IIA 的援引规则

为了突破传统国际法上对投资者保护的不利限制,资本输出国尽量通过 IIA 扩大对外国私人投资和投资者的保护范围和力度。何为"投资"以及"投资者"国籍,成为确定"投资者"身份两个很重要的问题。IIA"投资"定义的扩张带来"投资者"定义的扩张,"投资者"国籍确定规则的宽松化,IIA 普遍抛弃用尽当地救济规则的做法,都给"投资者"滥用 IIA 提起国际仲裁提供了便利。

(一)"投资者"范围的扩张

在 IIA 自由化发展过程中,作为 IIA 保护的属人对象的"投资者"范围不断在扩张。

1."投资者"范围随"投资"定义的扩张而扩张

是否构成"投资"是 ISDS 仲裁庭确定管辖权的关键和先决性问题,"投资"定义也是确定"投资者"的基础。"投资"定义直接反映了缔约国能够对外国投资者的资产或利益提供保护的范围,进而才能适用条约中实体权利义务和争端解决程序的相关规范。

仲裁实践中,关于一个项目是否构成"投资"从而受到 IIA 保护的争议层出不穷,这源自 IIA 大多数采用以资产为基础的、宽泛且开放的投资定义(往往跟随一个非穷尽的投资列表)。① 这种定义下,投资几乎涵盖了所有的资产类型(有形财产、无形财产,直接投资、有价证券投资),以美国 2012 年 BIT 范本为例,"投资"指投资者直接或者间接所有或控制的具有投资特征的各种资产,包括资本或其他资源的投入、收益或利润的预期、风险的承

---

① 这是为了尽可能给投资者便利和保护。因为,各国签订国际投资协定一般基于两项假设,即外国投资有助于促进经济发展以及良好的立法有助于吸引和鼓励外国投资。SCHILL W S. Enhancing International Investment Law's Legitimacy-Conceptual and Methodological Foundations of a New Public Law Approach[J]. Virginia Journal of International Law,2011:57. 投资定义的宽泛化,一方面与资本自身的活动有关,另一方面是发达国家要求保护海外投资并推行高标准、范围广的投资保护的结果。投资有三种定义方式:以资产为基础、以企业为基础和以交易为基础。以企业为基础的投资定义仅限于直接投资,以交易为基础的投资定义极为罕见。陈安.国际投资法的新发展与中国双边投资条约的新实践[M]. 上海:复旦大学出版社,2007:35.

担等特征,随后列举了8种类型的资产。①

"直接或间接拥有或控制"的资产定义将条约保护扩大到间接投资,将股份纳入"投资"范围,将 IIA 保护范围扩大到股东权利,"投资者"范围相应扩大到公司股东。但是,IIA 并未确定股东或股份的定义,尤其并未说明股东是否必须拥有多数股份或者控制公司的管理才能获得 IIA 保护的资格。

ISDS 仲裁庭倾向于对"直接或者间接所有或控制"进行扩张解释,不仅是法律控制,②也包括事实控制,后者在股份占比多少上没有明确的规定,只要事实上能解释对公司管理产生影响,即使是小股东也是合格的投资者。在 CMS v. Argentina 案中,申请人为占公司 29.42% 的小股东(公司股东),根据美国—阿根廷 BIT 提起仲裁,仲裁庭确认投资者适格且具有管辖权。③而 Lanco v. Argentina 案仲裁庭就认可仅有 18.3% 持股比例的小股东作为合格"投资者"。④ 可以说,ISDS 仲裁实践将适格股东的范围延伸到所有股东,又进一步扩大了"投资者"的范围。

2."投资者"范围随国籍确定标准的多样化而扩张

IIA 保护通常赋予具有东道国国籍以外的缔约国国民,因此,国籍是确定 IIA 保护对人的适用范围的关键。从仲裁庭的属人管辖来讲,首先要确认申请人是否属于适格"投资者"。但国籍确定问题可能是令人惊讶的复杂,就个人国籍而言,有许多商务人士持有两个或以上护照,更加复杂的是公司国籍,大多数 IIA 使用"成立地、住所地、控制"三种标准中的多种标准。

---

① 8种类型的资产包括企业、股权、债权、金融衍生权利、合同权利、知识产权、依法授权权益和其他财产权益。"直接或间接所有或控制"和"投资特征"的规定对投资定义作了相对明确的限定,但是这些限定条件仍极具扩张性和随意性。

② 法律控制一般指条约明文规定的控制,通常要求占有 50% 以上的股份。如中国—韩国 FTA 第 8 章(服务贸易)第 8.1 条(定义)第 6 款。中国—瑞士 FTA 第 8 章(服务贸易)第 8.2 条(定义)第 17 款。

③ CMS v. Argentina, ICSID Case No. ARB/01/8., Decision of the Tribunal on Objections to Jurisdiction,17 Jul 2003.

④ Lanco International Inc. v. The Argentine Republic(Lanco v. Argentina), ICSID Case No. ARB/97/6,Jurisdiction of the Arbitral Tribunal,8 Dec 1998."阿根廷—美国 BIT 并没有说明投资者在投资中必须对公司管理拥有控制权或大多数股份,因而 Lanco 公司只拥有 18.3% 股份的事实仍可以认定该公司符合 BIT 第 1 条'投资者'之意"。

  "成立地"标准是大多数 IIA 会采用的,①这一标准的优点是在操作时具有明确、简易性,依据哪国法律在哪国成立这一事实易于确定,而且"成立地"不会变更,具有永久性。但缺点也显而易见,该标准并不要求投资者与成立地国(国籍国)有"真实联系",在一国设立的公司并不一定在该国开展经营活动或发生其他实质性联系。因此,单独使用该标准使得任何在一国成立的公司都可能寻求该国签订的投资条约的保护,易引发"挑选条约"行为。

  "住所地"标准是指公司有效管理地,也被称为公司总部、管理中心地,反映了公司与国籍国间更加明显的经济联系,显示一定的"真实联系"。如德国 BIT 通常是以住所作为认定公司具有德国国籍的标准。② 意大利 BIT 将"住所地"作为确认公司国籍的必要条件之一。③

  "控制"标准也叫"所有权"标准,意味着一公司会因被某缔约国国民拥有或控制而被认为是该缔约国的投资者。④ IIA 通常将"控制"作为一项替代性标准或累加标准,将 IIA 保护对象和范围扩大到间接投资和投资者。⑤ 如《建立多边投资担保机构公约》(Convention Establishing the Multilateral Investment Guarantee Agency,简称《MIGA 公约》)第 13 条第 1 款第 1 项

---

  ① 本书使用的"成立地"(place of incorporation)这一术语包含了"组建地"(constitution),实践中,一些 IIA 单独使用"成立地"标准或组建地标准,如 ECT、加拿大 BIT 范本使用的是组建地,也有的国际投资协定将"成立地"标准与"组建地"标准并列使用,如英国 BIT,一些国际投资法报告中也没有对这两个标准作严格区分,如 UNCTAD 在 2011 年发布的 Scope and Definition 报告中就将二者并列作为一项标准。UNCTAD, Scope and Definition[M]. New York and Geneva:United Nations Publications,2011.英国 BIT 甚至将此标准作为唯一标准。如中国—英国 BIT 中对公司的定义就是采取在缔约国"领土内任何地方依照有效法律设立或组建"这一唯一标准。

  ② 如中国—德国 BIT 第 2 条第 1 款规定公司在母国拥有住所(seat)才视为"投资者"。2005 年,德国 BIT 范本对公司的定义是"任何在德国领域内拥有住所的法人以及不拥有法律人格的商业或其他公司或组织"。但 2008 年德国颁布了新的 BIT 范本(为了符合欧盟的法律),其中对非自然人投资者的定义有所不同,采用了"成立地"标准。

  ③ 意大利—利比亚 BIT 第 1 条规定,条约也适用于依据缔约国法律成立并且在该缔约国拥有住所地或主要总部的法人。

  ④ UNCTAD. Scope and Definition[M]. New York and Geneva:United Nations Publications,2011:84.

  ⑤ SORNARAJAH M. The International Law on Foreign Investment[M].2nd ed. Cambridge:Cambridge University Press,2004:228-230.

允许使用"控制"或"所有权"标准作为"成立地"和"住所地"标准的替代性标
准来确认对其提供担保的合格投资者。而瑞典、瑞士、比利时/卢森堡经济
同盟和荷兰等国签署的大量 BIT 都是将"成立地"和"住所地"等形式标准
和"控制"标准相结合来定义公司投资者。^① 如中国—瑞士 BIT 就是混合使
用了"成立地"、"住所地"和"控制"标准来定义公司投资者。《ICSID 公约》
第 25 条用"外来控制"加上公司与东道国达成"同意"的双重标准将拥有东
道国国籍的当地子公司视为另一缔约国国民而有资格提请 ICSID 仲裁。^②

在全球化的世界经济中,大多数国际投资是通过在不同司法管辖区成
立并由不同国家的公民所有的公司组成的复杂结构进行。在这种公司受不
同国籍投资者多层次控制的情形下,在 IIA 国籍标准多样化的规定下,要识
别公司国籍以确定适格投资者是很困难的,也给投资者"筹划国籍"(na-
tionality planning)提供了足够的诱因和基础。

"控制"标准的引入为扩大解释投资者国籍提供了空间,ISDS 仲裁中对
"投资""投资者"定义的适用已经出现许多新的 ISDS 程序问题。^③

(二)IIA 的国籍规则

IIA 中基本没有规定国籍持续联系规则,而国籍真实联系规则在 IIA
中得到了继承与发展。

1.体现国籍真实联系规则的"控制"标准

IIA 确定公司投资者国籍的三种标准中,"成立地"标准并不要求投资
者与国籍国有"真实联系",在一国设立的公司并不一定在该国开展经营活
动或发生其他实质性联系。因此,单独使用该标准使得任何在一国成立的
公司都可能寻求该国签订的投资条约的保护,很容易诱发"挑选条约"的行

---

① OECD. International Investment Law: Understanding Concepts and Tracking Innovations[M]. Paris: OECD Publishing, 2008:25.

② 《ICSID 公约》第 25 条第 2 款第 2 项规定:"在争端双方同意将争端交付调停或仲裁之日,具有作为争端一方的国家以外的某一缔约国国籍的任何法人,以及在上述日期具有作为争端一方缔约国国籍的任何法人,而该法人因受外国控制,双方同意为了本公约的目的,应看作是另一缔约国国民。"这是为了更好地保护外国投资,避免外国投资者在东道国当地成立的公司因"成立地"标准具有东道国国籍而不能对东道国提起诉讼的情形。

③ UNCTAD. Scope and Definition[M]. New York and Geneva: United Nations Publications,2011:111.

为。"住所地"标准反映了公司与国籍国间更加明显的经济联系,显示一定的"真实联系",但其不如"成立地"标准具有明确和永久性(公司存续期间,管理地有可能变更)。相比前两项标准,"控制"标准是最能够保证有真实的经济联系,但具有极大的不确定性,容易被利用或扩大解释。"控制"标准很少作为确认国籍的单一标准,通常与其他标准一起使用,这样既能保证一定的持久性,又能保证条约适用范围与经济利益之间具有真实联系。

2.体现国籍真实联系规则的拒绝授惠条款

在投资者定义不断扩大的趋势下,IIA 常伴随着拒绝授惠条款(denial of benefits clauses)。① 拒绝授惠条款授权国家,拒绝将条约保护赋予那些在其所谓的母国境内没有"实质性商业活动"的投资者以及那些由拒绝缔约方或非条约缔约方的国民或实体"所有或控制"投资者。② 该条款的"控制"标准是为了限制 IIA 属人管辖的适用范围,被视为防范投资者"筹划国籍"和"挑选条约"的有效手段,侧重于保护东道国的利益。

拒绝授惠条款最早出现于"二战"后美国友好通商航海条约中,美国几乎所有的 IIA 都有规定该条款。③ 受美国影响,其他国家的 BIT 和多边投资条约也开始纳入拒绝授惠条款,如加拿大 2004 年《外国投资保护和促进协定》(Foreign Investment Promotion and Protection Agreement,FIPA)范本第 18 条、奥地利 BIT,NAFTA 第 1132 条第 2 款、ECT 第 17 条第 1 款。

拒绝授惠条款一般确定两项排除条件:一是要求投资者在国籍国(母国)有"实质性商业活动";二是投资者被第三国(非缔约方)或主张拒绝缔约方的投资者所"控制"(也有只排除第三国而不排除主张拒绝缔约方的控制,如 ECT)。这些排除条件正是体现了国籍真实联系规则在投资领域的适

---

① 拒绝授惠条款也译作"利益拒绝条款"或"利益否决条款",中国 2010 年 BIT 范本(草案)第 10 条采用的是"拒绝授惠"用语。

② UNCTAD. World Investment Report 2013：Global Value Chains：Investment and Trade for Development[M]. New York and Geneva：United Nations Publications,2013：119, footnote 94.

③ 在友好通商航海条约时期就有学者指出,这一条款的作用在于防止第三国公司通过注册公司"免费搭车"而获得条约保护,对缔约国具有"潜在的"保护性。MISTELIS A L, BALTAG M C. Denial of Benefits and Article 17 of the Energy Charter Treaty[J]. Penn State Law Review, 2009, 113(4)：1304.

用,将形式上具有缔约国国籍的投资者排除在条约保护的主体范围之外。有学者指出,采取投资者宽泛定义加拒绝授惠条款的模式,一方面是让投资者拥有组织其投资的灵活性,另一方面国家同样拥有了矫正相关滥用行为的能力。[①]

(三)IIA 对用尽当地救济规则的抛弃

在 IIA 自由化发展阶段,用尽当地救济规则被明示或默示地抛弃了,[②]主要表现为三种情形:

(1)第一种情形属于明示放弃。在条约约定的期限内无法友好协商解决其争议的,由投资者根据条约规定的仲裁规则提交国际仲裁。如美式BIT2012范本,第 2 部分"争端解决"第 23 条至第 25 条规定的程序是:调解和磋商、提交仲裁和缔约国各方同意提交仲裁,直接规避或抛弃了用尽当地救济规则。

(2)第二种情形属于默示放弃。在条约约定的期限内无法友好协商解决其争议的,由投资者在东道国当地救济和国际仲裁两种解决方法中选择适用。[③] 这种情形下,IIA 虽将东道国当地救济列为可选之项,但从实际效果来看,投资者肯定倾向于寻求东道国救济以外的国际仲裁来裁决争议,这种并列之举实际上提供了规避之利。

(3)第三种情形属于默示放弃。规定用尽当地救济的期限,时间从 3 个月到 24 个月不等,这种也被称为附期限当地救济条款。一项投资者—国家争端在条约规定的期限内是难以有效完成当地救济的。这些规定并没有代表缔约国真正要求用尽当地救济的意图,更多是为了给予该规则一种象征性的功能。[④]

---

① THORN R, DOUCLEFF J. Disregarding the Corporate Veil and Denial of Benefits Clauses: Testing Treaty Language and the Concept of "Investor"[C]// WAIBEL M, KAUSHA A, CHUNG L K H, BALCHIN C. The Backlash against Investment Arbitration:Perceptions and Reality,Hague: Kluwer Law International, 2010:11.

② 石静遐. 用尽当地救济规则与国际投资争议的解决[C]//国际经济法论丛. 北京:法律出版社, 1999(2):313-318.

③ 如1994年美国—阿根廷BIT,有关ISDS的内容规定于第7条,共计8款。陈安.国际投资法的新发展与中国双边投资条约的新实践[M]. 上海:复旦大学出版社,2007:323-324.

④ 石静遐. 用尽当地救济规则与国际投资争议的解决[C]//国际经济法论丛. 北京:法律出版社, 1999(2):314-315.

一些多边投资条约也同样表现出抛弃国际法上传统用尽当地救济规则的趋势。

《ICSID 公约》第 26 条规定:"除非另有规定,双方同意根据本公约交付仲裁,应视为同意排除任何其他救济方法而交付上述仲裁。缔约国可以要求以用尽该国行政或司法救济作为其同意根据本公约交付仲裁的条件。"根据这一规定,如果缔约国没有明确要求首先用尽当地救济规则才可提交 ICSID 仲裁,那么这一规则就是被抛弃的。这一规定改变了传统国际法的适用规则,传统国际公法中,对于用尽当地救济规则的具体适用,一般有"放弃需明示""要求可默认"的公认适用规则,公约将其改变为"要求需明示""放弃可默认"的适用规则。① 这一规则将导致,东道国在缔约时很容易因一时疏忽而"默示放弃"当地救济规则。

NAFTA 第 11 章第 1116 条、第 1117 条和第 1121 条规定,投资者可以将投资争端直接提交仲裁,而且一个前提条件就是,放弃依任一缔约方国内法律在任何行政法庭或法院提起或继续的权利或其他争端解决程序,这种放弃必须以书面形式提交给争端方且纳入仲裁申请中。可见 NAFTA 的争端解决机制完全排除了用尽当地救济规则。

ECT 第 26 条第 2 款规定,争端解决首先应友好协商解决,若未果,则有三种途径:提交缔约方国内法院或行政法庭、双方事先同意的任何可适用的争端解决程序和依本条提交仲裁。这三种途径是并列选择的关系,也就是说提交国际仲裁并不要求先用尽当地救济。第 26 条第 3 款还规定,在选择后两种方式时,缔约国需要依本条规定无条件同意将争端提交国际仲裁或调解。可见在 ECT 中也放弃了传统用尽当地救济规则。

三、IIA 放宽援引规则的影响:"挑选条约"与平行仲裁

IIA"投资""投资者"定义的扩张,公司组织结构的多元化便于投资者通过"筹划国籍"的方式"挑选条约",而极易符合条约保护条件的投资者们针对同一事实造成的损害分别依据各自有利的 BIT 提出仲裁,造成平行仲裁,这些都导致 ISDS 案件数量呈成倍增长的趋势,且远超缔约国签订 IIA 时所预想的主题事项和保护范围对象。

---

① 陈安.国际投资法的新发展与中国双边投资条约的新实践[M].上海:复旦大学出版社,2007:213.

（一）投资者以"筹划国籍"方式"挑选条约"

自 1959 年德国和巴基斯坦签订第一份 BIT 以来，IIA 迅速发展，数量激增，截至 2023 年 7 月，已签署的 BIT 数量达到 2827 项（生效的达 2217 项），含有投资章节的条约有 438 项（生效的达 366 项）。[①] IIA 网络的快速发展、条约间的不同利益以及不同的投资者定义给公司投资者"筹划国籍"和"挑选条约"的行为提供了机会，而最容易被利用的就是"成立地"标准。[②]

根据行为主体的不同，通过间接投资方式进行"筹划国籍"从而"挑选条约"的模式主要分为两种：第一，非条约缔约国的第三国国民通过在缔约国成立的中间控股公司[③]对东道国进行投资，从而获得"成立地"缔约国与东道国间投资条约的保护；第二，具有东道国国籍的投资者通过在其他国家设立的中间控股公司对东道国进行投资，从而享受该国与东道国间投资条约的保护。[④] 二者又称为第三国转投资和返程投资。

投资者利用中间控股公司的方式来"挑选条约"屡见不鲜，甚至成为投资者进行投资前评估的必备工作。跨国公司在"挑选条约"前会对不同 IIA 进行分析比较，"投资者"定义直接影响和决定了这些投机主义信奉者的选择方向和选择结果。在争议出现前，"投资者"定义是能否获得投资优惠待遇的关键；在争议出现后，"投资者"定义成为相应国际仲裁机构（或投资条约中规定的其他争端解决机构）对该案享有管辖权的"门槛性问题"。有学者指出："国籍作为一项投资条约将其利益限制赋予特定国民的标准在控制准入与排除 BIT 保护方面正在逐渐失效。……相反，投资者设立多层次、多管辖的公司结构可能性使得它们可以规避现行国际投资关系的双边条

---

①　数据源自 UNCTAD 数据库，https://investmentpolicy.unctad.org/international-investment-agreements。

②　还有一种"挑选条约"行为是投资者径直依据最惠国待遇条款主张适用于争端解决事项而挑选第三方条约，理论上和实践中对此种情形都存在激烈争论，本书暂不讨论该问题。相关文章有：徐崇利. 从实体到程序：最惠国待遇适用范围之争[J]. 法商研究，2007(2). 梁丹妮. 国际投资协定最惠国待遇条款适用问题研究：以"伊佳兰公司诉中国案"为中心的分析[J]. 法商研究，2012(2).

③　中间控股公司（intermediate holding corporations）也被称为中间公司（Intermediate corporations）、空壳公司（Shell Corporations）、邮箱公司（Mailbox Corporations）或导管公司（Conduit Corporations）等。

④　UNCTAD. Scope and Definition[M]. New York and Geneva：United Nations Publications，2011：88.

件,因为公司国籍不再是一个有效运作的区分标准。最终,BIT的保护更多的是一项投资是否以特定方式设立的问题而不是投资者的国籍问题。"①

(二)平行仲裁

平行仲裁是指,针对同一投资在东道国受到不法行为的侵害,具有实质相同利益的不同当事人(一法人投资者以公司身份,另一法人投资者、自然人以股东身份)可以同时依据同一或不同的 IIA 对东道国提起损害赔偿仲裁。这些仲裁或者同时进行,或者在一次仲裁失败后再提起另一仲裁。平行仲裁增加了 ISDS 数量,且可能会造成重复赔偿的风险,而这些不利后果都只是由国家单方面承担。

1.数个股东同时提请仲裁

如前所述,公司所有类型的股东都可能具有"投资者"身份,这些股东可以向同一仲裁机构或向多个不同的仲裁机构同时提请仲裁,典型案例就是捷克系列案:Lauder v. Czech Republic 案②和 CME v. Czech Republic 案③。在该系列案中,Lauder 是美国公民,而 CME 是其控股的荷兰公司,因广播经营权的授予问题与捷克政府发生争议,Lauder 以自然人股东的身份(捷克公司的最终控制股东),根据美国—捷克 BIT 对捷克提出仲裁。CME 以法人股东的身份(捷克公司的直接控制股东)根据荷兰—捷克 BIT 对捷克提出仲裁。两个案件申请人的主张相同,Lauder 的赔偿请求没有得到支持,而 CME 的赔偿请求得到了支持。④

---

① SCHILL S W. The Multilateralization of International Investment Law[M]. Cambridge:Cambridge University Press, 2009:239.

② Ronald S. Lauder v. The Czech Republic, UNCITRAL, Final Award, 3 Sep 2001.

③ CME Czech Republic B.V. v. The Czech Republic, UNCITRAL, Final Award, 14 Mar 2003.

④ 在这两个案件中,具有实质相同利益的不同当事人,依据条约义务几乎完全相同的两个不同 BIT,对同一个被申请人就相同的案情,分别向按照相同仲裁规则组成的两个不同仲裁庭提起两个仲裁,两份仲裁裁决却几乎截然相反,因此备受争议。石慧. 投资条约仲裁机制的批判与重构[M]. 北京:法律出版社,2008:86.

2.公司和股东同时提请仲裁

BP America and others v. Argentine 案是公司和股东同时提请仲裁。① BP America 是一家美国公司,拥有和控制另一家美国公司 BP Argentina Exploration (BP Argentina),BP Argentina 直接拥有第三家美国公司 Pan American Energy(PAE)的大多数权益,BP America 公司因此也算是间接拥有 PAE 的大多数权益,而 PAE 拥有三家阿根廷公司的所有权益,BP America 因此是阿根廷公司的股东公司。在阿根廷公司因阿根廷政府应对经济危机而采取的措施遭受损失后,它们分别以公司和股东的身份提请仲裁。而 Pan American Energy v. Argentine 案②以同样的事由相继提起,申请人正是前案中 BP America 的子公司 PAE 和 BP Argentina,申请人是以阿根廷公司的股东身份提起的诉请。ICSID 仲裁庭将两案合并作出裁决。

第二节　ISDS 仲裁庭对国籍规则的适用

ISDS 仲裁的实践,关于国籍持续规则的适用引发争议,也暴露出 IIA 国籍真实联系规则不明确或缺失的不良影响。

一、Loewen v. America 案引发国籍持续规则适用之争

Loewen v. America 案引发的极大争议是,国籍持续规则在 ISDS 中是否仍然适用或者应当如何适用。在仲裁过程中,投资者破产重组导致投资者国籍发生改变,成为具有被申请人国籍的法人,在这种情况下,投资者是否还是适格主体? 仲裁庭是否还享有管辖权?

---

①　BP America Production Company, Pan American Sur SRL, Pan American Fueguina, SRL and Pan American Continental SRL v. The Argentine Republic (BP America and others v. Argentine), ICSID Case No. ARB/04/8. Decision on Preliminary Objections, 27 Jul 2006. 申请人是 BP America Production Company(BP America)公司和 Pan American Sur SRL, Pan American Fueguina, SRL and Pan American Continental SRL 三家阿根廷公司。

②　Pan American Energy LLC and BP Argentina Exploration Company v. The Argentine Republic, ICSID Case No. ARB/03/13, Decision on Preliminary Objections, 27 Jul 2006.

(一)案件各方主张及仲裁庭裁决理由

洛温集团国际有限公司(the Loewen Group International，Inc，LGII)是一家在美国密西西比州成立的公司,它是加拿大洛温集团有限公司(the Loewen Group，Inc，TLGI)在美国的子公司。洛温公司(前述两家公司合称)因在密西西比州从事殡葬业商业活动与竞争对手奥克弗公司(O'keefe)发生纠纷而被起诉。当地法院判决洛温公司败诉并判罚高达5亿美元的损害赔偿金。洛温公司因此濒临破产被迫与奥克弗公司达成1.75亿美元的和解协议。1998年,洛温集团国际有限公司(TLGI)依据 NAFTA 第1116条和第1117条,自然人股东洛温(Raymond Loewen)①依据 NAFTA 第1117条向 ICSID 提交仲裁请求,主张美国密西西比州法院在诉讼过程中的行为构成对 NAFTA 第11章义务的违反,要求美国政府对其进行赔偿。②

1999年年底,仲裁程序尚在进行中,洛温公司提起破产申请。2002年1月,根据重组计划,TLGI 停止作为一个独立公司而存在,并将其资产和义务转让给它的美国子公司 TLGI。此时,TLGI 更名为埃尔德伍德公司(Alderwoods，Inc)并新设立了两家子公司:一家是加拿大子公司 Nafcanco,另一家是美国特拉华州有限责任公司 Delco。重组计划中的一项是,TLGI 保留了其依 NAFTA 第1116条和第1117条向美国提起诉请的法定权利,并将与这些诉请相关的所有权利和义务转移给加拿大子公司 Nafcanco。③

被申请人美国依此情形提出,仲裁庭由此丧失对本案的管辖权并应驳回申请人的诉请,其主张:(1)重组后申请人变为一个美国公司,根据自然人和公司不能对其本国提起国际求偿的原则,其不再是适格的主体,不具备提起 NAFTA 投资争端仲裁请求的资格;(2)在国际法上,从被称为"起算日"的引起诉讼的事件之日到被称为"截止日"的裁决作出之日必须要确定有国籍持续;(3)NAFTA 对提交仲裁之日后是否必须连续具有另一缔约国国籍

---

① TLGI 是由加拿大公民 Raymond Loewen 设立的,他同时也是该公司的主要股东和最高执行长官。TLGI 是一个同时在加拿大和美国进行经营活动的公司集团。

② The Loewen Group，Inc. and Raymond L. Loewen v. United States of America (Loewen v. America)，ICSID Case No. ARB(AF)/98/3，Award，June 26，2003.

③ Loewen v. America，ICSID Case No. ARB(AF)/98/3，Award，June 26，2003，paras.29，220.

这一问题未作出明确规定,有必要适用国际习惯法来解决国籍持续的确定问题。[①]美国强调"对严格国籍持续要求的放松必须是条约有明确的条款,而 NAFTA 中没有类似的明确条款,仲裁庭不应扩大解释来达到这种改变的效果"[②]。

对于美国的主张,申请人 TLGI 强调,在争端发生时到提交仲裁请求时其满足持续国籍要求。不管是提交仲裁前还是提交仲裁后,对诉请的转让都不会影响管辖权,因为前者不会创设不存在的管辖权,后者也不能消除一项已确定诉请的管辖权。这与 ICSID 之前的案例裁决也是相一致的。

最终,仲裁庭以投资者未满足国籍持续规则为理由之一(另一个理由是投资者未用尽当地救济),认定对该争端无管辖权并驳回投资者仲裁请求。仲裁庭推理的关键点是,作为国际法原则的国籍持续要求只能通过明示放弃,而 NAFTA 没有明示放弃,则仲裁庭根据 NAFTA 第 1131 条适用国籍持续要求进行裁决。

(二)争议焦点——外交保护规则是否适用于 ISDS

本案就国籍持续规则的争议焦点其实是,在 IIA 没有明确排除的情况下,外交保护领域的国际习惯法规则是否自动适用于国际投资法领域? 是否适用于私人投资者没有外交保护的帮助下直接提起诉求的情况?

有学者给出了国籍持续规则不适用于国际投资法领域的四个理由。第一,政治原因,传统国籍持续规则产生于个人被认为在国际法上不享有任何权利的时代,行使外交保护仅是"炮舰外交"的延伸,要求国籍持续的整个原理是为了保证保护国有一个合法的利益和权利去提起诉讼,而不是为了限制个人诉求者。第二,ISDS 机制就是为了替代传统的外交保护机制而设计的。第三,已经快速扩张的庞大的 IIA 体系以及国内投资法项下不断发生的投资争端代表着与产生传统国籍持续要求的态度和环境的明显背离。第四,引入该规则很可能会减损这些投资保护条约旨在达到的目标。[③]

[①]　Loewen v. America, ICSID Case No. ARB(AF)/98/3, Award, June 26, 2003, paras.223-226, 228.

[②]　Loewen v. America, ICSID Case No. ARB(AF)/98/3, Award, June 26, 2003, paras.229-230.

[③]　DUCHESNE S M. Continuous-Nationality-of-Claims Principle Its Historical Development and Current Relevance to Investor-State Investment Disputes[J]. George Washington International Law Review, 2004, 36(4): 802,804.

正如美国所承认的,国际投资法领域的实践对传统严格的国籍持续要求进行的修改,有一定的放松。例如,美国—伊朗仲裁庭的判例法显示对国籍持续规则的含义不解读为持续整个仲裁程序过程。1981 年《美伊争端解决宣言》第 7 条第 2 款规定,"伊朗或美国公民的索赔,视情况而定,意味着从索赔产生之日起到本协议生效之日,持续拥有该国国籍的国民的索赔"。虽然伊朗仲裁员极力主张,依据国际习惯法,任何诉讼中,整个相应仲裁程序过程都必须保持国籍,也就是要持续到最终裁决作出之日。但分庭的裁决指出,为了管辖的目的,从诉讼产生之日起到 1981 协议生效之日止,国籍必须持续。①

《外交保护条款草案》第 5 条第 4 款和第 10 条第 2 款的规定反映了 ILC 对 Loewen v. America 案引发的大讨论的关注,最终仍在一定程度上保留国籍持续原则,以防出现被求偿国向自己的国民支付赔偿的情形。

一些 ICSID 仲裁庭认为,因股权转让导致申请人国籍的变化并不影响仲裁庭的管辖权。如 Amco v. Indonesia 案和 Klokner v. Cameroon 案。Klockner v. Cameroon 案中,争端双方在同意提交 ICSID 仲裁之日后,申请人在控制方面发生了一些变化,当地子公司 SOCAME 变成主要由东道国国民 Camerun 控制。SOCAME 之前是由德国和荷兰的国民所控制的,仲裁庭裁决在 SOCAME 处于外国控制的时间内,该诉求在其管辖范围内,对此后的股权变化并不认为影响其管辖权。②

Amco v. Indonesia 案与洛温案的情形类似,涉及申请人公司解散的法律后果,权利和义务的持有人达成仲裁协议。仲裁庭否认公司解散改变了申请人的地位。仲裁庭认为,虽然一个新的公司 Amco Asia Corporation 已经成立,但"为仲裁的目的,依特拉华州的法律,Amco Asia 继续存在"。③

① ACCONCI P. Requirements of Continuous Corporate Nationality and Customary International Rules on Foreign Investments[J]. 14 Italian Y.B. Int'l L.,2004:231.

② Klöckner Industrie-Anlagen GmbH and others v. United Republic of Cameroon and Société Camerounaise des Engrais, ICSID Case No. ARB/81/2.[J]//ACCONCI P. Requirements of Continuous Corporate Nationality and Customary International Rules on Foreign Investments,Italian Y.B. Int'l L.,2004(14):233.

③ Amco Asia Corporation and others v. Republic of Indonesia(Amco v. Indonesia), ICSID case No. ARB/81/1, Decision on supplemental decisions and rectification of the award,17 Oct 1990, para.109.

有学者因此认为,虽然 ICSID 法律体系中并不适用遵循先例原则,但类比 Amco v. Indonesia 案,洛温案仲裁庭本应裁定,为 ICSID 目的,TLGI 作为一加拿大公司继续存在。[①]

二、ISDS 仲裁庭对 IIA 国籍真实联系规则的适用

IIA"投资者"定义中国籍确定的"控制"标准和拒绝授惠条款都体现了国籍真实联系规则,但并非所有 IIA 都有这些规则。在 IIA 没有相关国籍真实联系规则时,ISDS 仲裁庭能否适用国家责任法进行相关测试呢? 在已有 IIA 国籍真实联系规则的细节规定不明确时,仲裁庭又如何解释? 这些 ISDS 仲裁庭实践都值得关注。

(一)ISDS 仲裁庭适用国籍真实联系规则的前提

ISDS 仲裁中,东道国开始从投资者适格角度防御投资者"筹划国籍"和"挑选条约"行为,仲裁庭是否可以适用相关国籍真实联系规则来审查投资者身份,并以此确定其是否有权根据形式国籍国签署的 IIA 提起诉求? 这一问题成为仲裁庭在处理管辖权时一个重要争议问题,但仲裁庭在这一问题上的做法并不统一,不利于相关法理的形成。

1.依照 IIA 文本规定

根据《维也纳条约法公约》(Vienna Convention on the Law of Treaties,VCLT)第 31 条约解释的一般规则,条约文本在解释时具有优先性。[②] 因此,一般情形下,条约的具体规定成为仲裁庭是否对投资者国籍进行"真实联系"审查的前提条件。若涉案 IIA 广泛定义"投资者",仅采用"成立地"标准来确认公司国籍而没有其他任何限制性规定(如拒绝授惠条款)的,仲裁庭通常会以 IIA 无授权为由,拒绝进行文本之外的解释(如"真实联系"标准、"资本来源"和/或诚信原则和禁止权利滥用原则);若 IIA 以"控制"标准来认定公司国籍或者含有拒绝授惠条款的,仲裁庭才可能会依此开启国籍真实联系的审查。

---

① Klöckner Industrie-Anlagen GmbH and others v. United Republic of Cameroon and Société Camerounaise des Engrais，ICSID Case No. ARB/81/2.[J]//ACCONCI P. Requirements of Continuous Corporate Nationality and Customary International Rules on Foreign Investments,Italian Y.B. Int'l L.,2004(14):233.

② VCLT 第 31 条第 1 款规定:"条约应依其用语按其上下文并参照条约之目的及宗旨所具有之通常意义,善意解释之。"

著名的 Tokios Tokelés v. Ukraine 案,仲裁庭就以乌克兰—立陶宛 BIT 不含拒绝授惠条款为由驳回乌克兰政府的抗辩。其指出:"BIT 第 1 条第 2 款对投资者的定义是'任何根据立陶宛法律在其境内成立的实体'。……我们认为,(拒绝授惠)条款的缺省是缔约方故意的选择(deliberate choice)。在我们看来,仲裁庭不能将文中没有的限制加在 BIT 之上……一个被限定管辖权的国际仲裁庭不应该主动超越界限行使管辖权。……与判断申请人是否符合乌克兰—立陶宛 BIT'投资者'定义唯一相关的决定性因素是申请人是否是根据立陶宛法律成立的实体。"①

许多仲裁庭遵循了 Tokios Tokelés v. Ukraine 案的裁决。如 Saluka v. Czech Republic 案仲裁庭指出:"(仲裁庭)行使管辖权的主要考量因素是投资条约的用语,荷兰—捷克 BIT 第 1 条对公司国籍采用'成立地'标准——任何根据荷兰法律成立的法人,Saluka 与野村欧洲有限公司的紧密关系并不影响其本身的投资者地位。缔约国本可以在条约中约定将受到第三国公司控制的中间公司排除在'投资者'定义之外,但荷兰与捷克 BIT 中没有这样的限制,因而仲裁庭无权对 BIT'投资者'定义作出额外的限制。"② ADC v. Hungary 案仲裁庭认为,"在塞浦路斯—匈牙利 BIT 明确采用'成立地'标准的情况下,公司资本的来源以及公司的控制者国籍与该公司的国籍认定没有关联。……仲裁庭也没有发现 BIT 有任何'真实联系'的要求"③。Rompetrol v. Romania 仲裁庭也认为,荷兰—罗马尼亚 BIT 对公司国籍采取"成立地"标准,而未对所有或者控制、资本来源或者有效住所作出要求,

---

① Tokios Tokelés v. Ukraine, ICSID Case No. ARB/02/18, Decision on Jurisdiction, 29 Apr 2004, paras. 36,42,38,80. 申请人 Tokios Tokelés 是一家在乌克兰进行投资的立陶宛公司。它依据乌克兰法律设立一家全资子公司 Taki Spravi,公司经营广告、发行和印刷业务。申请人称,1994—2002 年,它向乌克兰子公司的投资超过了 650 万美元。申请人主张,从 2002 年 2 月开始,被申请方对子公司 Taki Spravi 采取了一系列不合理和不公正的行为,对申请人的投资造成了不利影响并违反了立陶宛和乌克兰的 BIT。申请人最终依 BIT 对被申请国提起了仲裁。

② Saluka Investments B.V. v. The Czech Republic (Saluka v. Czech Republic), UNCITRAL, Partial Award, 17 Mar 2006, para.241.

③ ADC v. Hungary, ICSID Case No ARB/03/16, Award, 2 Oct 2006, paras. 357,359.

因此根据条约解释规则,不得对该"成立地"标准作出其他不同的解释。^①
这些仲裁庭还都特别强调了被申请人在订立 BIT 时可以自由地选择如何
规定国籍要求,因此当 BIT 中没有任何限制性规定时,仲裁庭不会对公司
投资者的国籍认定增加更多的限制性条件。

　　提交 ICSID 仲裁的案件,除了要符合相关 IIA 的规定,还要满足
《ICSID 公约》的管辖要求。《ICSID 公约》第 25 条第 2 款第 b 项的外来控
制规定^②究竟是为了扩大还是限制管辖权?《ICSID 公约》是否授权仲裁庭
在 IIA 文本之外进行"真实联系"审查? 仲裁庭的做法不一致,学术界也有
不同观点。

　　极少数仲裁员或仲裁庭认为《ICSID 公约》应作限制性解读——提交
ICSID 的案件在管辖权问题上应该要作更多的条件限制。Tokios Tokelés
v. Ukraine 案的首席仲裁员普罗斯珀·韦尔(Prosper Weil)在其个别意见
中指出,仲裁庭的多数意见是不顾《ICSID 公约》的目的和宗旨,因"其所提
供的救济并非适用东道国国民通过一个外国实体投入的资本,而不论此投
资是在(BIT)签订前或之后完成"^③。韦尔的意见得到了 TSA v. Argentina
案仲裁庭的支持,其认为《ICSID 公约》第 25 条第 2 款的规定强调了"外来
控制"的重要性,该条旨在刺破公司面纱寻找真实国籍——因为按照"成立
地"标准,一缔约国的公司本来是不享有在国际层面将本国政府推上被告席
的权利,外来控制正是刺破公司面纱的适用结果,因此刺破公司面纱在
ICSID 的管辖权确定过程中是一个系统程序,而不是在证明存在欺诈时才
进行的。^④

---

　　①　The Rompetrol Group N.V. v. Romania (Rompetrol v. Romania), ICSID Case
No. ARB/06/3, Decision on Respondent's Preliminary Objections on Jurisdiction and
Admissibility, 18 April 2008, paras. 83, 99-101, 105, 107.

　　②　《ICSID 公约》第 25 条第 2 款第 b 项规定:"在争端双方同意将争端交付调解或
仲裁之日,具有作为争端一方的国家以外的某一缔约国国籍的任何法人,以及在上述日
期具有作为争端一方缔约国国籍的任何法人,而该法人因受外国控制,双方同意为了本
公约的目的,应看作是另一缔约国国民。"

　　③　Tokios Tokelés v. Ukraine, ICSID Case No. ARB/02/18, Dissenting Opinion
of President Prosper Weil, 29 Apr 2004, para.19.

　　④　TSA Spectrum de Argentina S.A. v. Argentine Republic (TSA v. Argentina),
ICSID Case No. ARB/05/5, Award, 19 Dec 2008, paras.139-141, 146-147.

Tokios Tokelés v. Ukraine 案裁决中援引 Broches 教授"《ICSID 公约》将确认一法人是否具有一缔约国国民资格的任务交给缔约国,缔约国可基于任何合理标准进行选择"的观点,认为《ICSID 公约》并没有给出任何限制性规定,因而基于 BIT 的规定来确认。① 更多仲裁庭遵循了 Tokios Tokelés v. Ukraine 案仲裁庭多数意见的裁决,Rompetrol v. Romania 仲裁庭批评韦尔的解释方法违背了 VCLT 第 31 条的一般解释规则,认为其对本案仲裁请求进行管辖并不会导致对 ICSID 机制的滥用。② 有学者指出,利用《ICSID 公约》的管辖权条款来限制投资者提起 ISDS 并不太有效,至少,当争端提交给其他国际商事仲裁机构仲裁时,那些商事仲裁规则就没有类似 ICSID 这样的管辖权条款可供仲裁庭进行限制解释。③

2.以欺诈或滥用权利为由

"揭开公司面纱"(lifting the corporate veil)制度属于国内法上的制度,目的在于防止公司股东滥用公司独立人格以侵害公司债权人或其他利益群体的利益。该制度在国际法上的可适用性在巴塞罗那电车公司案中得到了肯定,ICJ 认为在特定情形或为了特定目的,在国际法上适用揭开公司面纱制度是合理公平的,一般都是有"欺诈或不法行为"。④该法理论述得到了许多 ISDS 仲裁庭的支持,并以此作为仲裁庭脱离 IIA 仅以"成立地"标准来定义投资者规定而进行"真实联系"审查的法理依据。

但判断是否存在滥用公司形式或欺诈、违反善意原则的行为,又是一个没有统一标准的难题。大多数仲裁庭依据公司成立时间来区分,如果公司成立时间在 BIT 签署之前,或公司"筹划国籍"的行为是在投资争端发生之前进行的,一般不会认定其行为是为了享受 BIT 的利益欺诈而为。前者正如 Tokios Tokelés v. Argentina 案,仲裁庭认为:"申请人公司在两国 BIT

① Tokios Tokelés v. Ukraine, ICSID Case No. ARB/02/18, Decision on Jurisdiction, 29 Apr 2004, para.25.

② Rompetrol v. Romania, ICSID Case No. ARB/06/3, Decision on Respondent's Preliminary Objections on Jurisdiction and Admissibility, 18 Apr 2008, para.85.

③ MARTIN A. International Investment Disputes, Nationality and Corporate Veil: Some Insights from Tokios Tokelés and TSA Spectrum De Argentina [J]. Transnational Dispute Management, 2011, 8 (1): 16-17.

④ 揭开公司面纱又叫作"否定公司人格"(disregarding the legal entity),I.C.J. Reports 1970, paras.56-58.

签署的六年前就成立了,所以并非为了利用 BIT 而投资,本案不存在欺诈、逃避责任等滥用权利的情形。……基于此,仲裁庭认为申请人是诚实的投资者,为适格的立陶宛投资者。"①TSA v. Argentina 案仲裁庭认为,申请人表面上并没有试图隐瞒公司的真正的控制者,荷兰控股股东利用阿根廷的公司享受权利,可以适用"揭开公司面纱"制度,TSA 的母公司 TSI 在荷兰成立时间仅比 TSA 在阿根廷设立的时间早 5 天,属于滥用的情形,由此支持了东道国拒绝授惠的主张。② Mobil v. Venezuela 仲裁庭只考虑时间问题,公司的结构重组若是为了未来的争端——而不是已有争端——能获得向 ICSID 提交仲裁的资格,则是一项"完全合法"的目的。③ 但正如 Pac Rim Cayman v. El Salvador 案仲裁庭所承认的:"当试图区分未来的争端和已有的争端时,会存在一个显著的灰色地带。"④

对于哪些行为属于被剥夺管辖的滥用行为,仲裁庭较少进行详细解释。ADC v. Hungary 仲裁庭仅表示,本案并不存在需要揭开公司面纱的"真正受益者滥用公司人格以掩盖其真实身份并逃避债务的情形",⑤Saluka v. Czech Republic 案仲裁庭也简单以捷克政府未能证明投资者存在"欺诈或者不法行为"为由拒绝揭开申请人公司面纱,⑥ Aucoven v. Venezuela 和 AdT v. Bolivia 两案仲裁庭同样没有对何为滥用行为以致被剥夺管辖进行

---

① Tokios Tokelés v. Ukraine, ICSID Case No. ARB/02/18, Decision on Jurisdiction, 29 Apr 2004, paras.54-56,71.

② TSA v. Argentina, ICSID Case No. ARB/05/5, Award, 19 Dec 2008, paras.1, 28,117-118,120.

③ Mobil Corporation and others v. Bolivarian Republic of Venezuela (Mobil v. Venezuela), ICSID Case No ARB/07/27, Decision on Jurisdiction, 10 Jun.2010, paras. 190-205.

④ Pac Rim Cayman LLC v. Republic of El Salvador (Pac Rim Cayman v. El Salvador), ICSID Case No ARB/09/12, Decision on Jurisdiction, 1 June 2012, paras.2.42, 2.45, 2.99.

⑤ ADC v. Hungary, ICSID Case No ARB/03/16, Award, 2 Oct 2006, para.358.

⑥ Saluka v. Czech Republic, UNCITRAL, Partial Award, 17 Mar 2006, para. 227.

详细的论述。①

一些仲裁庭已经明确指出,他们会准备利用揭开公司面纱的方式来防止公司滥用权利而逃避其社会责任。在 Saluka v. Czech Republic 案中,仲裁庭虽然适用了形式审查的方式,但是它也注意到了这种做法的不恰当之处。②

(二)ISDS 仲裁庭对国籍真实联系之具体要素的解释

拒绝授惠条款虽然对投资者"筹划国籍"的行为作了明确限制,但"控制"的含义和拒绝授惠的条件,存在定义不清晰的问题,仲裁庭在解释这些具体要素时享有极大的自由裁量权,没有统一的法理。

1."控制"的含义

何为"控制"? 要确认其含义是一项困难的任务。IIA 中通常将"控制"广泛地定义为包括直接和间接控制,③基于国际投资现实中公司结构的复杂性——在多层公司结构和上市公司的情况,间接控制意味着在一个公司和另一公司之间可能存在一个至多个中间公司或者股东,这时要具体确定这些中间公司或股东中谁处于"控制"地位并因此确定其是否为条约项下具有缔约国国籍的投资者就更加困难。

(1)控制的性质

控制的性质指是法律控制还是事实控制,法律控制通常以股份作为判定存在控制的重要标准,而事实控制则更强调实际上的管理控制。

AdT v. Bolivia 案仲裁庭这样解释"控制":"直接或间接控制"这一短语说的是,只要一实体拥有对另一实体进行控制的法定能力(legal

---

① Autopista Concesionada de Venezuela, C.A. v. Bolivarian Republic of Venezuela (Aucoven v. Venezuela), ICSID Case No. ARB/00/5, Decision on Jurisdiction, 27 Sep 2001, para.126. Aguas del Tunari, S.A. v. Republic of Bolivia (AdT v. Bolivia), ICSID Case No. ARB/02/3, Decision on Jurisdiction, 21 Oct 2005, para.331. 仲裁庭只是简单表示其没有发现足够的证据支持东道国对申请人有滥用公司形式或欺诈的行为的指控。

② Saluka v. Czech Republic, UNCITRAL, Partial Award, 17 Mar 2006, para.240.

③ 当"控制"被广泛地定义为包括直接和间接控制,还意味着就同一投资存在平行或双重诉讼的可能性(公司和股东同时提起针对东道国的投资仲裁申请),这一问题本书不讨论。DOUGLAS Z. The International Law of Investment Claims[M]. Cambridge: Cambridge University Press, 2009:308.

capacity),那么前一实体就能被称为控制了后一实体。……BIT 并未要求将一种实际日常控制或是最终控制作为"直接或间接控制"的要件。① Aucoven v. Venezuela 仲裁庭认为,本案双方在相关条约中将多数股权作为《ICSID 公约》中"外来控制"的判断标准,因此必须尊重当事方的自主权,不应抛弃直接控股原则,除非它被证明是不合理的。② 这些仲裁庭是将控制解读为法律控制。

Vacuum Salt v. Ghana 案仲裁庭认为,应基于持股比例、对公司决策的影响程度、在公司中的实际管理地位,来对是否构成"外来控制"进行判断。③ Thunderbird v. Mexico 案仲裁庭的解释是:"控制可以基于有效决定和执行企业经济活动的关键决策的权力实现,特定情况下,可基于一个或多个关键因素的存在而实现,如技术、供应商资源、进入市场途径、资本获取、专有技术、权威的声誉等。"④这些仲裁庭对何为事实控制进行了分析。

上述案例显示,仲裁庭仍以 IIA 文本为基础进行解释,若文本明确采取法律控制测试,则不会进行事实控制的解读;若文本中无明确定义或明确规定包括法律和事实控制的,解读事实控制时尽可能地将管理因素、影响力因素等灵活广泛的参考标准纳入考虑中。

(2)控制的层次

IIA 中通常将"控制"定义为包括直接和间接控制,但将哪一个控制者的国籍确认为投资者的国籍是一个更加难以说清的标准。

Aucoven v. Venezuela 案中,仲裁庭在刺破第一层公司面纱找到委内瑞拉投资者的美国籍大股东后即裁定对该案有管辖权,并以相关条约将直接股权标准作为判断"控制"的唯一标准,"直接控股带来了投票权和能参与公司决策的可能性。因此,即使不能构成定义'外来控制'的唯一原则,直接

① AdT v. Bolivia, ICSID Case No. ARB/02/3, Decision on Jurisdiction, 21 Oct 2005, paras. 245-247.

② Aucoven v. Venezuela, ICSID Case No. ARB/00/5, Decision on Jurisdiction, 27 Sep 2001, paras.117-119.

③ Vacuum Salt Products Ltd. v Republic of Ghana, ICSID Case No. ARB/92/1, Award, February 16, 1994. [M]//陈安.国际投资法的新发展与中国双边投资条约的新实践. 上海:复旦大学出版社,2007:261.

④ International Thunderbird Gaming Corporation v. United Mexican States (Thunderbird v. Mexico),UNCITRAL, Award, 26 Jan 2006,para.108.

控股也绝对是一项合理的定义控制的标准"。驳回了委内瑞拉有关应刺破第二层最终控制实体——墨西哥控股公司以确定投资者国籍的主张。① 找到直接控制者即确认公司国籍的案件还有 Amco v. Indonesia 案。②

AdT v. Bolivia 案中,仲裁庭在揭开第三层和第四层面纱(玻利维亚公司 55% 股份为一家卢森堡公司所有,而卢森堡公司 100% 由一荷兰公司所有,而这家荷兰公司又 100% 为另一家荷兰公司所有)后,裁决申请人"间接地"被荷兰国民控制,对本案享有管辖权,驳回玻利维亚"应继续揭开多几层面纱找到最终控制者——一家美国公司,因此不能适用荷兰—玻利维亚BIT"的主张,其理由正是通过解释控制是指法律控制——两家荷兰公司都有 100% 投票权,BIT 并未要求要找到最终的实际控制者。③

2."实质性商业活动"的判断因素

投资者在缔约国领域内有无"实质性商业活动",是拒绝授惠的一项检验标准或实施条件,投资者定义条款也偶有将"实质性商业活动"纳入其中④。但 IIA 往往没有给"实质性商业活动"下定义或给出任何解释,也就是说,没有一个清晰的标准来区分"实质性"和"非实质性"商业活动。

Tokios Tokelés v. Argentina 案仲裁庭认为,申请人提供的一些材料证明其在母国立陶宛的活动构成"实质性商业活动",包括财政报表、雇佣信息、投资开始前和设立当时制作的一份材料目录、生产加工记录。⑤ Amto

---

① 委内瑞拉称 Aucoven 的美国籍控制公司 Icatech 事实上是被一家墨西哥控股公司 ICA 所控制,墨西哥不是 ICSID 缔约国,因此仲裁庭无权管辖。Aucoven v. Venezuela,ICSID Case No. ARB/00/5,Decision on Jurisdiction,27 Sep 2001,paras.120-121.

② Amco v. Indonesia,ICSID case No. ARB/81/1,Decision on supplemental decisions and rectification of the award of October 17,1990[M]//陈安.国际投资法的新发展与中国双边投资条约的新实践.上海:复旦大学出版社,2007:261.

③ AdT v. Bolivia,ICSID Case No. ARB/02/3,Decision on Jurisdiction,21 Oct 2005,paras. 245-247.

④ 如 TSA v. Argentine 案所依据的荷兰—阿根廷 BIT(1994 年 10 月 1 日生效)第 1 条投资者定义条款。

⑤ Tokios Tokelés v. Ukraine,ICSID Case No.ARB/02/18,Decision on Jurisdiction,29 Apr 2004,para.37.仲裁庭确认的实质性商业活动的表现仅以申请人在立陶宛设立投资时所需要相关的活动(91-94)为证,而公司成立之后是否继续实质性商业活动并没有要求。

v. Ukraine 案仲裁庭认为,就"实质性商业活动"的调查,较为恰当的是,以活动的"质"而非"量"来判断。仲裁庭找寻到的有关"质"的证据是:投资者有从事与投资相关的活动并在缔约国相关领域内设立的经营场所(成立营业所)、缴纳税款、雇佣了虽少(仅两人)但为长期的永久员工。①

Pac Rim Cayman v. El Salvador 案仲裁庭确认,申请人作为其加拿大母公司的控股公司,除了拥有股份外,在美国没有进行过"实质性商业活动":没有雇员、没有租赁任何办公场所、没有银行账户、没有董事会、没有在美国纳税、没有在美国拥有任何有形资产或者任何其他财产,②并依此肯定了被申请人援引《多米尼加—中美洲—美国自由贸易协定》第 10.12.2 条拒绝授惠条款的理由成立。

此外,仲裁庭在确认控制地时的判断因素常常也用于判断"实质性商业活动"。③ 如 Petrobart v. Kyrgyz 案仲裁庭指出,在相关领土内设立的主要机构中有进行决策和行政事务的管理,这就足以阻止东道国以缺乏"实质性商业活动"为由援引拒绝授惠条款。④

第三节　ISDS 仲裁庭对当地救济规则的适用

在国际投资法领域,大多数 IIA 放弃了用尽当地救济规则,或是将用尽当地救济规则变更为投资者寻求国际仲裁解决之前必须经过一定期限的当地救济程序。然后,ISDS 仲裁实践中,即使 IIA 中有附期限当地救济规则,仲裁庭也会从当地救济规则与最惠国(Most-Favoured-Nation,MFN)待遇条款的关系或该规则本身的适用条件方面将该规则解释为无约束力。这些

---

①　Amto v. Ukraine, Final Award, 26 Mar 2008, paras.68-70.

②　Pac Rim Cayman v. El Salvador,ICSID Case No. ARB/09/12, Decision on the Respondent's Jurisdiction Objections, 1 Jun 2012.

③　THORN R, DOUCLEFF J. Disregarding the Corporate Veil and Denial of Benefits Clauses: Testing Treaty Language and the Concept of "Investor"[C]// WAIBEL M, KAUSHA A, CHUNG L K H, BALCHIN C.The Backlash against Investment Arbitration:Perceptions and Reality,Hague: Kluwer Law International,2010:21.

④　Petrobart Limited v. The Kyrgyz Republic,SCC Case No.126/2003,Award, 29 Mar 2005, para.63.

做法值得关注,并需要通过 IIA 文本明确限制的方式加以防范。

一、仲裁庭以 MFN 条款规避适用当地救济规则的旧路径

IIA 中通常都规定有 MFN 条款,①有些 IIA 会加上"在相同或类似的情况下"这一限制条件。长久以来,传统 IIA 对 MFN 条款是否适用于程序问题,特别是争端解决机制方面,并无明文规定。

(一)Maffezini v. Spain 案

Maffezini v. Spain 案是 ISDS 仲裁庭利用 MFN 条款规避当地救济规则的"第一案"。西班牙政府对仲裁庭管辖权提出的异议理由是:根据阿根廷—西班牙 BIT 第 10 条第 2 款和第 3 款的规定,投资者和缔约国间发生任何争端后,除非东道国同意,投资者单方提起国际仲裁的条件是:若 6 个月内未能友好解决的,应先提交至东道国国内法院解决;若国内法院在争端提交之日起 18 个月内未能就实体问题作出判决的,或者虽作出裁决但争议仍存在的,投资者可以将该争端提交国际仲裁庭。② 但申请人并未按此规定先将争端提交国内法院解决,而是直接向 ICSID 提出仲裁申请,因此,仲裁庭对此案不享有管辖权。申请人则主张,根据阿根廷—西班牙 BIT 第 9 条 MFN 条款,他可以援引智利—西班牙 BIT 第 10 条第 2 款更加有利的管辖条款,后者并未规定 18 个月的诉讼期间要求。被申请人则回应,BIT 的 MFN 条款是适用于条约的实体事项或实质方面,而不适用于程序或管辖问题。③

仲裁庭认为,"MFN 条款含有'本协定所包含所有事项'的措辞……虽然该条款没有明确表达是否适用于争端解决,但有理由认为争端解决条款与对外国投资者的保护是密不可分的……在遵循'同类原则'(the ejusdem generis principle)的基础上,MFN 条款的适用范围可以包括争端解决条款。……这么做可能会导致 MFN 条款的滥用,可以用公共政策考量作为

① MFN 条款通常表述为:缔约一方给予缔约另一方投资者或特定投资活动的待遇,不应低于其给予任何第三国投资者或者特定投资活动的待遇。

② Maffezini v. Spain, ICSID Case No. ARB/97/7, Decision of the Tribunal on Objections to Jurisdiction, 25 Jan 2000, para.24.

③ Maffezini v. Spain, ICSID Case No. ARB/97/7, Decision of the Tribunal on Objections to Jurisdiction, 25 Jan 2000, paras.38-42.

MFN条款适用的重要限制来避免风险"①。

仲裁庭的旧路径是肯定附期限当地救济条款的效力,但利用MFN条款适用对投资者更为有利的、不含有附期限当地救济要求的其他BIT争端解决条款,而排除案件所依BIT的附期限当地救济条款的适用。②

(二)仲裁庭与学者观点的分歧

Maffezini v. Spain案后,投资者竞相主张MFN条款可适用于争端解决程序事项,援引MFN条款转而来依据东道国与其他国家签订的IIA中对投资者更有利的争端解决条款直接提起国际仲裁,从而规避案涉BIT中附期限当地救济要求的适用。仲裁庭的实践对立而行,③学者的观点也形成了对立。④

对国家而言,当然是极力主张MFN条款仅适用于IIA实体性权利保护,很明显,若能适用于程序性事项,会导致规定了当地救济规则的IIA被抛弃,也意味着,只要东道国所签署的IIA中有一项条约中没有规定当地救济条款,其他所有条约中的当地救济条款都会变得毫无意义。

有学者指出,有关MFN条款适用于争端解决程序性事项的争议体现两种不同的政治考虑:一方面,国际仲裁的一个关键政治目标就是通过ISDS机制鼓励外国投资,宽泛地解释MFN条款为投资者提供更为便利的国际仲裁途径,由此支持促进投资的政治目标;另一方面,国际法强调国家

---

① Maffezini v. Spain,ICSID Case No. ARB/97/7,Decision of the Tribunal on Objections to Jurisdiction,25 Jan 2000,paras.53-54,56.

② Maffezini v. Spain,ICSID Case No. ARB/97/7,Decision of the Tribunal on Objections to Jurisdiction,25 Jan 2000,para.37. 仲裁庭明确表示,如果投资者仅依BIT中的这一争端解决条款提起仲裁,因为其没有完成该国内诉讼的前提条件,仲裁庭不享有管辖权会驳回诉请。但本案中有其他的替代依据。

③ 支持MFN条款适用于争端解决事项,如Siemens v. Argentina案、Gas Natural v. Argentina案、Suez v. Argentina Ⅰ案、Telefónica v. Argentina案、National Grid v. Argentina案、Suez v. Argentina Ⅱ案、Hochtief v. v. Argentina案等。反对MFN条款适用于争端解决事项的案件有:Salini v. Jordan案、Plama v. Bulgaria案、Wintershall v. Argentina案。

④ 支持学者,如SCHILL W S. Multilateralizing Investment Treaties Through Most-Favored-Nation Clauses[J]. Berkeley Journal of International Law,2009:496;反对学者,如梁丹妮.国际投资条约最惠国待遇条款适用问题研究:以"伊佳兰公司诉中国案"为中心的分析[J]. 法商研究,2012(2).

主权,尊重各国自主管理的能力相对不受外国干预,仍然是促进一个广阔和多样化的世界秩序的关键的组织原则。而强调主权的必然结果是,除非国家同意一个超国家的仲裁庭来裁决它们的行为,不应要求它们依 IIA 进行国际仲裁。①

二、仲裁庭以无效解释规避适用当地救济条款的新路径

值得注意的是,Maffezini v. Argentina 案仲裁庭虽然最终根据 MFN 条款认定对案件拥有管辖权,却对附期限当地救济条款的效力予以了肯定,肯定该条款属于管辖权条件,并且该期间必须有经过当地法院的具体救济程序的实际行动,而不能解释为投资者只要静候该期限经过,就可以直接寻求国际救济。②

然而,在晚近 ICSID 案件中,这一附期限当地救济条款的有效性却受到了质疑,包括 Abaclat v. Argentina 案③、Urbaser v. Argentina 案④、Tein-

---

① CHENG T H,TRISOTTO R. CASE COMMENT:Urbaser SA and others v. Argentine Republic and Teinver SA and others v. Argentine Republic,A Workaround to the Most-Favoured-Nation Clause Dispute[J]. ICSID Review,2014,29(2):290.

② Maffezini v. Spain,ICSID Case No. ARB/97/7,Decision of the Tribunal on Objections to Jurisdiction,25 Jan 2000,paras.34-36.

③ Abaclat and others v. Argentine Republic,ICSID Case No. ARB/07/5,Decision on Jurisdiction and Admissibility,4 Aug 2011.

④ Urbaser S.A. and Consorcio de Aguas Bilbao Bizkaia,Bilbao Biskaia Ur Partzuergoa v. The Argentine Republic(Urbaser v. Argentina),ICSID Case No. ARB/07/26,Decision on Jurisdiction,19 Dec 2012. 申请人是 AGBA 的一个股东,AGBA 是 Buenos Aires 省提供饮用水供应及污水处理服务的特许权人。2002 年阿根廷颁布紧急状态法后,AGBA 被禁止按照其自身的内部决策收取费用,争端发生。后来,在比索贬值超过 1/3 的价值时,收取的费用被以 1:1 从美元兑换为比索。2006 年争端进一步发展,Buenos Aires 省制定了一项扭转服务私有化的新法律,提早终止了 AGBA 的特许协议。由于被禁止按照最初的价格来收取费用以及特许协议被终止的,AGBA 被迫进行清算。申请人依据 BIT 第 10 条第 3 款的规定,没有事先向阿根廷当地法院提起诉讼而是直接提交 ICSID 仲裁。

ver v. Argentina 案①和 Ambiente Ufficio v. Argentina 案②。这些案件的被申请人都是阿根廷,阿根廷所签署的 BIT 中都有附期限当地救济条款,都有 18 个月的当地诉讼期限。阿根廷都以申请人没有满足 18 个月诉讼期间的条件提出管辖异议,主张该条款是一项管辖要求,是仲裁的必要前提条件。③而申请人则主张 BIT 中 18 个月诉讼期的当地救济要求并不是提起仲裁程序的一项强制性前置条件,即使是,也可以被免除这一要求,因为在国内法院提起诉讼很可能是无效的且不符合 BIT 的目的宗旨。④

这些案件的仲裁庭都从审查附期限当地救济条款是否有意义的角度出发,围绕阿根廷当地法院是否可以给外国投资者提供一个在 18 个月的时间内解决纠纷的公平的机会来进行分析。仲裁庭通过论证 18 个月的期间限制具有不可实现性,违反公平对等原则或者条款的目的宗旨,或者属于无效

---

① Teinver S.A., Transportes de Cercanías S.A. and Autobuses Urbanos del Sur S. A. v. The Argentine Republic (Teinver v. Argentina), ICSID Case No. ARB/09/1.Decision on Jurisdiction, 21 Dec. 2012.申请人声称,阿根廷对申请人在两家阿根廷航线的投资采取了非法的非国有化和其他措施,违反了阿根廷—西班牙 BIT。

② Ambiente Ufficio S.p.A. and others v. Argentine Republic (Ambiente Ufficio v. Argentina), ICSID Case No. ARB/08/9, Decision on Jurisdiction and Admissibility, 8 Feb. 2013. 本案涉及阿根廷—意大利 BIT。

③ Abaclat v. Argentina , ICSID Case No. ARB/07/5, Decision on Jurisdiction and Admissibility, 4 Aug 2011, para.493; Urbaser v.Argentina, ICSID Case No. ARB/07/26, Decision on Jurisdiction,Decision on Jurisdiction, 19 Dec 2012, para.67; Teinver v.Argentina, ICSID Case No. ARB/09/1, Decision on Jurisdiction, 21 Dec. 2012, para. 84; Ambiente Ufficio v.Argentina, ICSID Case No. ARB/08/9, Decision on Jurisdiction and Admissibility, 8 Feb. 2013, para.554.

④ Abaclat v. Argentina , ICSID Case No. ARB/07/5, Decision on Jurisdiction and Admissibility, 4 Aug 2011, paras. 574-575. Urbaser v.Argentina 案申请人主张,在特许协议终止后,AGBA 已经向当地法院提起了几项诉讼,但都处于中止状态。因此,对当地法院来说,是不可能在 18 个月的诉讼期间内解决争端的。Urbaser v. Argentina, ICSID Case No. ARB/07/26, Decision on Jurisdiction, 19 Dec 2012, paras. 79-81. Teinver v. Argentina 案申请人主张,它应该,因为阿根廷当地法院本来有机会在超过 18 个月的时间内解决争端,但是它没有这么做。Teinver v. Argentina, ICSID Case No. ARB/09/1, Decision on Jurisdiction, paras. 99-106. Ambiente Ufficio v. Argentina, ICSID Case No. ARB/08/9, Decision on Jurisdiction and Admissibility, para.597.这些案件的申请人都还同时指出其可按传统做法,利用 MFN 条款援引更为有利的(美国—阿根廷、阿根廷—智利)BIT 来提起仲裁。

例外情形,从而阻碍东道国援引此期限要求来限制投资者直接提起国际仲裁。可以说,这些仲裁庭的解释路径是对之前裁决解释路径的一种转变。

(一)目的宗旨解释

除了 Ambiente Ufficio v. Argentina 案,三案件仲裁庭都适用目的宗旨解释方法来论证 18 个月的诉讼期间要求不能成为阻碍申请人有效提请国际仲裁的理由。

Abaclat v. Argentina 案是第一个另辟蹊径抛开 MFN 条款而专注于当地救济条款解释的案件。仲裁庭的结论是,投资者未能遵守该要求并不能成为仲裁庭缺乏管辖权的理由。仲裁庭指出:“要考虑上下文以及第 8 条的目的宗旨。第 8 条提供的(争端解决)体系旨在为争端双方提供一个公平及有效率的争端解决机制。……因此,有必要对双方的利益进行权衡。而只有在东道国被不恰当地剥夺了通过其国内法律体系解决问题的公平的机会的时候,不遵守 18 个月诉讼期的要求才会被认为不符合第 8 条体系的目的宗旨。而仲裁庭认为,这种机会不能仅是理论上的机会,而应该是实践中真实的机会——东道国可以通过国内法院来有效解决争端。从本案的整体情况来看,东道国的这一机会只是理论上的机会,或者说不能使争端在 18 个月内得到有效解决,因此仅因投资者没有遵守 18 个月诉讼期间就剥夺投资者诉诸国际仲裁的权利是不公平的。”①

Urbaser v. Argentina 案仲裁庭首先根据阿根廷—西班牙 BIT 第 10 条第 3 款的明确措辞,确认诉诸国内法院是诉诸国际仲裁的一个先决条件。但又认为,根据 VCLT 第 31(1)条的规定,第 10 条第 3 款的措辞需要与本条的目的和宗旨相一致。如果该条的目的是给阿根廷当地法院一个公平的机会来处理争端,那么仲裁庭推理道,当地法院必须平等地向投资者提供一个公平的机会,以期在 18 个月的期间内解决争端。② 仲裁庭把这称为“双边原则”(a principle of bilateralism)。仲裁庭的推理是,如果阿根廷不能保证当地法院可以在 18 个月内的诉讼期间内处理此类纠纷并合理地作出裁

---

① 　Abaclat v. Argentina, ICSID Case No. ARB/07/5, Decision on Jurisdiction and Admissibility, 4 Aug 2011, paras. 579-583.仲裁庭还指出,这种不尊重该期限的做法并不会给东道国造成任何真实的损害,相反,如果剥夺投资者诉诸仲裁的权利则会在事实上剥夺其一项重要和有效率的争端解决手段。

② 　Urbaser v. Argentina, ICSID Case No. ARB/07/26, Decision on Jurisdiction, 19 Dec 2012, paras.130-131.

决,它就不能坚持主张投资者在国际仲裁前要先诉诸当地法院的义务。而阿根廷当地法院处理 ISDS 将远超过第 10 条第 3 款所规定的 18 个月,一个"不能合理地期望达到这个目标的程序对投资者来说是没有用的和不公平的"。因此,仲裁庭裁决,申请人不需要在提交仲裁前先提交阿根廷当地法院。① 仲裁庭还基于这一结论认为本案中讨论 MFN 条款的适用问题是无实际意义的。

Teinver v. Argentina 案仲裁庭支持了申请人的主张,指出"(阿根廷—西班牙 BIT)这一要求(18 个月诉讼期间)的核心目的是给当地法院考虑争端措施的机会,这一目的已经得到满足"②。

(二)无效例外的适用与解释

Ambiente Ufficio v. Argentina 案仲裁庭得出的结论与其他三案相同,但基础是无效例外。另三个案件仲裁庭也有就 18 个月诉讼期间的要求是否属于无效的情形进行相关论述,但并未依此作为驳回的基础。③

仲裁庭首先论证存在这样一种在外交保护法中被广泛承认的无效例外,这体现在《外交保护条款草案》第 15 条(当地救济规则的例外)的规定中,④其中第一种情况是"不存在合理地可得到的能提供有效补救的当地救济,或当地救济不具有提供此种补救的合理可能性"。这种例外又被称为"徒劳"或"无效"例外。

仲裁庭接着说明,依据 VCLT 第 31 条的规定,上下文还应包括适用于当事国间关系之任何有关国际法规则,包括相关的国际习惯法。仲裁庭认为,"用尽当地救济规则与诉诸国内法院一段时间的前提要求是相似的,因

---

① Urbaser v. Argentina, ICSID Case No. ARB/07/26, Decision on Jurisdiction, 19 Dec 2012, paras.148,202.

② Teinver v. Argentina, ICSID Case No. ARB/09/1, Decision on Jurisdiction, para.135.

③ Abaclat v. Argentina, ICSID Case No. ARB/07/5, Decision on Jurisdiction and Admissibility, 4 Aug 2011, paras. 567-584; Urbaser v. Argentina, ICSID Case No. ARB/07/26, Decision on Jurisdiction, 19 Dec 2012, paras.131.135; Teinver v. Argentina, ICSID Case No. ARB/09/1, Decision on Jurisdiction, paras.126-129.

④ Ambiente Ufficio v. Argentina, ICSID Case No. ARB/08/9, Decision on Jurisdiction and Admissibility, para.599. 被申请国也明确接受存在这样一种无效例外,但认为适用这一例外的门槛是极高的,而本案的事实并未达到引发这一例外的情形。para. 597.

为它们都需要在将争端提交国际层面之前诉诸当地司法机关。二者都服务于尊重东道国的主权的目的,在移动至国际层面之前为东道国提供了在其国内层面解决纠纷的机会。……因此,外交保护的用尽当地救济的无效例外可以适用于国际投资法上要求诉诸国内法院的条款要求"①。

仲裁庭在确定无效例外可以适用于本案之后,就继续分析该要求的门槛以确定这一例外是否满足,"由于 18 个月诉讼期间的规则暗示了其仅是一项暂时求助国内法院的要求,与用尽当地救济的要求相比,前一规则的门槛要远低于后者"。最后裁决,本案存在这种例外,没有必要再适用 MFN 条款。②

(三)对仲裁庭解释新路径的评析

较之利用 MFN 条款适用范围的解释来规避附期限当地救济规则的旧路径,四案件仲裁庭的解释路径是新颖的,从附期限当地救济条款的效力入手,通过宗旨目的解释方法、适用无效例外原则的解释,直接否定附期限当地救济要求的效力和可适用性,从而排除其对投资者直接提请仲裁的限制。有学者赞同仲裁庭的这种解释路径,认为其在投资保护和国家主权的政策目标间提供了一种平衡。③ 有学者不赞成用尽当地救济,认为现有仲裁中出现的要求事先适用国内救济才能提起国际仲裁的做法是卡尔沃主义的一

---

① Ambiente Ufficio v. Argentina,ICSID Case No. ARB/08/9,Decision on Jurisdiction and Admissibility,paras.600,602-603.

② Ambiente Ufficio v. Argentina,ICSID Case No. ARB/08/9,Decision on Jurisdiction and Admissibility,paras.611,626-629.

③ CHENG T H, TRISOTTO R.Testing Urbaser's Approach to the Availability of Local Remedies:Urbaser S.A. and Consorcio de Aguas Bilbao Bizkaia Ur Partzuergoa v. Argentine Republic[J]. The Journal of World Investment and Trade,2014(15).作者认为,在政策层面上,如果一国确实提供了一个合理的迅速的当地救济,那么它就可以坚持认为,BIT 仲裁庭缺乏对其政府行为和不作为进行裁决的管辖权,在这个意义上说,Urbaser v. Argentina 仲裁庭的方法在尊重国家主权和保护外国投资者之间提供了一种平衡。但如果政府未能提供国内手段来纠正对外国投资者造成的非法损害,则必须接受 BTI 仲裁庭的管辖。相反,Maffezini 方法并未给国家提供保护自己免受域外仲裁庭审查的机会,即使它能确保足够的当地救济。因为 MFN 条款可以完全取代 BIT 要求投资者首先寻求当地救济的规定。

种回归,应严密监控予以防范。①

但这一新路径并非合理和自圆其说的,是不符合国际法的条约解释原则的,仍反映出偏袒投资者利益和扩大仲裁庭管辖权的倾向。

1.滥用条约目的宗旨解释

四仲裁庭都依据 VCLT 第 31 条第 1 款的规定,推断出缔约方的目的在于"保护"与"促进"投资,进而忽视相关 BIT 中所规定的 18 个月诉讼等待期的规定,认为不遵守该条件也不违反条约目的宗旨,进而不会影响仲裁庭的管辖权。但正如 Salini 案中被申请人阿根廷提出的主张:"MFN 条款不能无视或优先于本案中缔约方就管辖问题在 BIT 条款中所明确表达的意图。"②根据 VCLT 第 31 条第 1 款的规定,一般情况下,条约字面(文本)解释规则与目的宗旨解释规则相比具有优先性,又鉴于目的宗旨解释本身所具有的主观性质,自然不能毫无限制地用目的宗旨解释去否定其他条款的字面解释。

Urbaser v. Argentina 案仲裁庭也肯定阿根廷—西班牙 BIT 第 10 条第 3 款明确措辞的意义和效力:诉诸国内法院是诉诸国际仲裁的一个先决条件。既然依据字面解释已经确定了该条款的含义,也明确表达了缔约国双方试图通过该条款的明文规定来对提起国际仲裁进行一定限制的意图,这样的意图从某种程度上也可以说是条约的目的宗旨。那么面对条约本身所表达的不同的宗旨目的,仲裁庭也不能随意地用一个宗旨目的去否定另一个宗旨目的。从这个意义上说,仲裁庭的解释路径是有失偏颇,不那么中肯的。

2.不当适用"当地救济规则的例外"规定

Ambiente Ufficio v. Argentina 案中,仲裁庭援引《外交保护条款草案》中"当地救济规则的例外"规定来论证其裁决具有合理的基础,虽然被申请人没有反对这一观点,只是提出"用尽当地救济规则的例外"的触发门槛极高的观点。但在本案的情形下,是否可以适用这个无效例外仍值得斟酌。

---

① SCHREUER C.Calvo's Grandchildren: The Return of Local Remedies in Investment Arbitration[J]. The Law & Practice of International Courts and Tribunals, 2005(4): 16-17.

② Salini v. Jordan, ICSID Case No. ARB/02/13, Decision of the Tribunal on Jurisdiction, para.103.

可以说,《外交保护条款草案》中"用尽当地救济规则的例外"规定是对外交保护领域中用尽当地救济规则的严苛性的一种减轻,但对该例外的适用仍当谨慎。

相较于用尽当地救济规则,IIA 附期限当地救济规则的严苛性已经有所减低,通常是规定 6 个月至 18 个月当地救济的持续期限,作为提交国际仲裁的前提条件。正如 Ambiente Ufficio v. Argentina 仲裁庭所承认的,18 个月的诉讼等待期的要求比起用尽当地救济规则来讲只是一种暂时性要求,用尽所有救济措施所用的时间与 18 个月的期间是不可比拟的,也就是说,在该案的情形下,18 个月等待期的严苛性远远低于传统的用尽当地救济规则。既然如此,用于减轻规则严苛性的用尽当地救济的例外就不能随便用在严苛性相差极大的诉讼等待期的规则而排除其适用。也就没有必要对现有已较好平衡投资者和东道国利益的规则(18 个月等待期一过,投资者即可自由提起国际仲裁)进行减损。[①] 可以说,这种减损反而打破原有规则达成的平衡,而重新偏向了投资者一方的利益。如果此后的仲裁庭按照前述四案件仲裁庭的解释路径来判断投资者是否有遵守 18 个月等待期间义务的话,那么大多数发展中国家恐怕会因国内诉讼和司法实践的现实而导致无法让这一附期限的当地救济条款真正发挥国家自我先行纠错的功能。

3.违背条约有效解释原则

VCLT 并没有将有效解释原则明文规定为条约解释原则,但有效解释原则作为条约解释的国际习惯法规则存在于国际法学说和国际司法实践中。早在 1949 年,劳特派特(Lauterpacht)在其发表的《限制性解释与条约解释中的有效原则》一文中,对条约解释的有效解释原则进行了详细的论述。[②] ILC 在 VCLT(草案)的评注中指出,"委员会认为仅就'宁使条款有效而不使其失去意义'这项准则所反映的真正一般解释规则来说第二十七条第一项已予载明……条约如有两种解释时,其中之一可使条约有适当效

---

① 　D'AGNONE G. Recourse to the "Futility Exception" within the ICSID System: Reflections on Recent Developments of the Local Remedies Rule[J]. The Law and Practice of International Courts and Tribunals, 2013, 12(3): 361.

② 　LAUTERPACHT H. Restrictive Interpretation and the Principle of Effectiveness in the Interpretation of Treaties[J]. Brit. Y.B. Int'l L. 1949(26):67-75.

果,另一种则无此可能,则诚信与条约之目的及宗旨都要求探用前一种解释"①。

WTO 上诉机构在"美国汽油案"中阐述道:"VCLT 中'一般解释规则'的一个必然结果是,解释必须赋予条约的所有条款以意义和效果。解释者不能随意采用会导致条约的整个条款或段落变得冗余或无用的解释。"②在韩国奶制品案中,WTO 上诉机构再次援引其在美国汽油案中对有效解释原则的分析,并在脚注中列举了以往承认有效解释原则的其他案件。③

根据这一条约解释原则,四仲裁庭在明确 18 个月的国内诉讼期限的条款依字面解释为提起国际仲裁的前置条件基础上,仍用其他的解释路径将该条款的效力解释为无效,就不符合条约解释的有效解释原则。

4.附期限当地救济条款的平等实质

有学者指出,"国民与外国投资者之间的平等是卡尔沃条款的基础和卡尔沃主义的实质"④。附期限当地救济条款中正好体现了这个平等的实质,是对投资者权益保护和国家权力之间进行的一种平衡,不应蛮横否定排斥。

附期限当地救济条款中明确的时间限制,一定程度上可以促使东道国相关机构提供救济效率,也并未过分损害投资者的利益,投资者在可预期的国内解决程序时限过后,仍可继续将争端提请国际仲裁解决。

仲裁庭无视附期限当地救济要求条款所明确表达的东道国试图限制国际仲裁庭对 ISDS 仲裁案件的管辖权的意图、擅加否定条款的约束力的

① 国际法委员会第 18 届会议报告(A/6309/Rev.l),该报告包含对 VCLT 草案的评注。

② United States- Standards for Reformulated and Conventional Gasoline,WT/DS2/AB/R,p.23.

③ Korea-Definitive Safeguard Measure on Imports of Certain Dairy Products,WT/DS98/AB/R,para.80. footnote. 42.在脚注中,上诉机构还提到了日本酒税案(Japan-Alcoholic Beverages, WT/DS8/AB/R, WT/DS10/AB/R, WT/DS11/AB/R, footnote 41,p.12).加拿大奶制品案(Canada-Measures Affecting the Importation of Milk and the Exportation of Dairy Products,WT/DS103/AB/R,WT/DS113/AB/R,para.133)和阿根廷鞋类案(Argentina-Safeguard Measures on Imports of Footwear,WT/DS121/AB/R,para.88)都承认了有效解释原则。

④ CABROL M D. The Imminent Death of the Calvo Clause and the Rebirth of the Calvo Principle:Equality of Foreign and National Investors[J]. Law & Policy in International Business,1995(26):1198-1199.

解释路径,只会进一步加剧东道国对 ISDS 仲裁机制的质疑,对当前 ISDS 仲裁机制的改革与发展并无益处。正如盖伊·利(Guy Leigh)在 1971 年就国籍与外交保护的发展预知地观察到"这种激进的背离传统的国际法观念不大可能来自判例法的发展。如果要发生这样的变化,更可能是通过国家间自由缔结国际公约的方式完成"①。这句话同样适用当前国际投资法的变革。IIA 的变化必须是通过国家间重新缔结或修改条约条款的方式来完成,而不能过分依赖仲裁庭的自由裁量权或者仲裁员的公正审判。

第四节 IIA 援引规则的修正

国家责任法上,国籍规则和用尽当地救济规则是提起索赔程序的前置条件,这些规则强调了东道国的属地管辖权,维护国家主权不过度受到国际干涉,也防止滥诉。在国际投资领域,恰当适用国家责任法的国籍规则和当地救济规则,限制投资者提交国际仲裁的条件,不失为应对现有 ISDS 案件激增、投资者滥诉、东道国不堪众多巨额索赔诉请重负的一种方式。

一、IIA 限制援引条件的必要性

传统国际法以国家为中心,国际司法机构已经考虑到限制"受害国"援引国家责任的条件,避免给"责任国"造成不合理的诉讼负担的问题。在外交保护领域对国籍规则的限制较严格,在自然人拥有双重或多重国籍的情况下,若两个求偿国分别向同一法庭或不同法庭提出求偿,或一国籍国在另一国籍国已就该项索赔获得赔偿后求偿,该责任国可予以反对。② 或仅有实际联系国才可提起外交保护(诺特鲍姆案)。巴塞罗那电车公司案中,ICJ

① LEIGH G I F. Nationality and Diplomatic Protection[J]// DUCHESNE S M. Continuous-Nationality-of-Claims Principle Its Historical Development and Current Relevance to Investor-State Investment Disputes, George Washington International Law Review,2004,36(4):810.

② 《外交保护条款草案》第 6 条评注。国际法委员会. 2006 年国际法委员会年鉴(第 2 卷第 2 部分)(A/61/10)[R]. 纽约:联合国,2006:32.

确认了传统国际法上只有公司国籍国可提起外交保护诉讼,否认公司股东国籍国享有外交保护的权利,其中一项理由是担心产生多重诉讼(公司国籍国与股东国籍国同时对损害国提起外交保护),给国家带来不可预计的重负。[①]

　　然而,国际公法领域中国际司法机构所担心的多重诉讼或滥诉的问题在国际投资法领域却愈演愈烈。鉴于现有的法律和经济环境,IIA数量的激增与自由化发展——高标准投资保护待遇、宽泛的"投资"与"投资者"定义,用尽当地救济规则的放弃,仲裁庭对公司国籍的确认采取形式测试,甚至允许利用MFN条款对没有直接投资条约关系的东道国提起仲裁,跨国公司操纵结构组织形式能力的加强,足以通过"筹划国籍"来"挑选条约"以获取最大利益,这都使东道国面临被其订立IIA时未被接受为IIA投资者的个人或法人提起仲裁的巨大风险,给东道国带来不可承担之负重。因此,有必要对"投资者"范围及"投资者"援引东道国责任的条件进行限制,这也是ISDS机制改革的路径之一。

二、IIA国籍规则的修正

　　IIA就国籍持续规则基本未予规定,但从前述论述中可以看出,还是有必要保留这一规则。而就国籍真实联系规则,IIA予以了继承和发展,但从ISDS实践引发的争议来看,仍有进一步明晰处理的必要。

(一)IIA保留国籍持续规则的理由

　　《外交保护条款草案》最终还是规定了国籍持续要求,是担心有人钻空子,为了获得外交保护而"筹划国籍"。在国际投资法领域,时至今日,投资者出于趋利避害的本能而"挑选条约"已成为一种常态。

　　国籍持续要求至少可以在ISDS仲裁过程中避免出现缔约国面临本国国民或者非条约缔约国国民的挑战,因为那样至少并不符合现有IIA保护投资者仍强调国籍归属的适格性要求。对公司投资者而言,国籍持续要求就更加重要了。

---

　　① 判决书中写道:"采用该理论会打开一扇外交保护诉讼竞争的大门,可能会造成国际经济关系的混乱和不安全的气氛。而这种危险会因公司股份全球发行且经常易手而变得更加可怕。"Barcelona Traction, Light and Power Company, Limited, Judgment, ICJ Reports 1970, para.96.

从限制投资者仲裁请求权的角度出发,借鉴《外交保护条款草案》的规定来完善 IIA 中国籍持续规则具有合理性。

(二)IIA 国籍真实联系规则的修正

UNCTAD 从 2013 年《世界投资报告》起就 ISDS 和 IIA 的系统改革提出"限制投资者提起 ISDS"的建议,其中一个具体方法就是在投资者定义条款中增加一些附加条件或者是使用拒绝授惠条款。该方法表达了对投资者"筹划国籍"和"挑选条约"行为的关切,并以此保证投资者和推定的母国之间拥有"真实联系"。①

从 IIA 公司投资者国籍的各种标准中可以看出,国家虽然基本承认"成立地"标准,但多数国家也要求一定的"真实联系":"控制"标准、拒绝授惠条款中公司在国籍国必须有"实质性商业活动"的规定,都要求东道国和公司之间存在某种"真实联系"。② "控制"标准的不同运用对于投资者概念的范围会产生不同的影响:一方面,扩张了 IIA 的适用对象和保护范围(单独或混合采用"控制"标准时多数意在扩张投资者的范围);另一方面,拒绝授惠条款对"控制"标准的否定适用,反映出对国籍真实联系规则的认同,限制投资者的范围。

主张国籍真实联系是为了防范跨国公司"筹划国籍"的行为,主张 IIA 只保护与缔约国"真实有效联系"的国民投资者,也是符合当前情势发展需要的。

但 ISDS 仲裁实践让人们认识到,IIA 中相关国籍真实联系规则缺乏明确的定义和说明。就"控制"一词还有许多值得明确的细节,如事实控制的判断标准是什么;间接控制的层次如何确定,是仅指最终控制者还是包括前面几层的控制。各仲裁庭虽对"控制"没有形成统一的判断标准,却显示出共同的私利推动——扩大仲裁庭的管辖范围,如对事实控制的认定标准尽

---

① UNCTAD. World Investment Report 2013:Global Value Chains:Investment and Trade for Development[M]. New York and Geneva:United Nations Publications,2013:115. 2014 年发布的《世界投资报告》中再次强调了这项改革措施,UNCTAD. World Investment Report 2014:Investing in the SDGs:An Action Plan[M]. New York and Geneva:United Nations Publications,2014:129.

② LEE J L. Barcelona Traction in the 21st Century:Revisiting its Customary and Policy Underpinnings 35 Years Later[J]. Stanford Journal of International Law,2006(42):243.

可能宽泛,包括对法律实体的管理、运营,董事会或其他管理机构人员的任命能够发挥实质性影响的能力等;间接控制到达哪一层次找到的公司控制者国籍可以让仲裁庭获得管辖权的,就停止在哪一层次的控制。

对"实质性商业活动"的裁定,我们可以看到仲裁庭是因具体案件而进行分析,但共同的一点是,认定"实质性商业活动"的标准很低,并没有要求投资者在东道国从事大规模或者深入的经营,也没有持续性的要求。因此,东道国的拒绝授惠权不被认可的可能性增加。

公司投资者"真实联系"国籍的确认标准之争,从根本上来说,是经济全球化背景下公司组织结构的多样化和复杂化所带来的新问题。从现有仲裁实践不统一的法理来看,若为了达到限制投资者"筹划国籍"行为的目的,还需要国家进一步细化 IIA 相关条款中如"控制""实质性商业活动"等有关"真实联系"标准的具体构成要素,对增加可预见性和可操作性、限制仲裁庭的任意解释都是有益的。

三、IIA 当地救济规则的修正

鉴于 ISDS 仲裁庭规避 IIA 当地救济规则适用的新旧路径,有必要对 IIA 当地救济规则进行必要的限制性规定,从而限制仲裁庭的自由裁量解释权。

(一)MFN 条款的厘清

就仲裁庭将 MFN 条款的适用范围扩大解释为适用于争端解决程序性事项的做法,学者们早已提出建议,各国在缔结 IIA 时,要对 MFN 条款的适用范围进行更加明确地规定,明确缔约方并无将 MFN 条款适用于争端解决事项的意图,这才能从根本上杜绝 MFN 条款被肆意解释和滥用的可能。[①] 而国家的缔约实践也体现出一种趋势,即对 MFN 条款的适用范围作明确的限制性规定,如中国—加拿大 BIT 第 5 条(最惠国待遇)第 3 款就规定,第 2 款提及的"待遇"不适用于"其他国际投资条约和其他贸易协定中的争端解决机制"。

(二)当地救济条款术语的明确

晚近 ISDS 仲裁庭出现的新的解释路径给东道国提出了警示,国家在

---

① 陈安.国际投资法的新发展与中国双边投资条约的新实践[M].上海:复旦大学出版社,2007:209.

签订 IIA 时就当地救济条款规定了相应的期限要求,必须增加相应的注释,明确表明该条款不得通过对其他条款的解释或目的宗旨的解释来排除其有效性。

对附期限当地救济要求选择恰当的措辞以明确其限制国际仲裁庭管辖权的意图。正如 Wintershall v. Argentina 案仲裁庭在裁决中专门论证了阿根廷—德国 BIT 第 10 条第 2 款(附期限当地救济要求)中使用"应该"这一强制性术语的重要意义。[①] 若意图使附期限当地救济要求构成管辖的前提条件,就应该使用强制性术语,如"应、应该、必须"(should、shall)等,而不用非强制性术语,如"可以"(may)。

本章小结

ISDS 仲裁庭确认管辖权阶段的一个重要问题,就是"投资者"是否适格,是否满足 IIA 规定的提起国际仲裁的前置程序。而现有 IIA 中以资产为基础的、几乎涵盖了所有的资产类型的开放式"投资"定义,投资者国籍确定标准的多样化,特别是"控制"标准的适用,目的都是为了最大限度地对投资提供保护。而 IIA 中对用尽当地救济条款的放弃趋势,也是为了给投资者诉诸 ISDS 机制减少程序和时间的麻烦。这些都是投资自由化在 IIA 中的体现。全球化发展导致公司设立和组织结构的多元化成为常态(以跨国公司集团为代表),又将 IIA 的适用范围进一步扩大,远远超出了缔约国在签订 IIA 时所预想的主题事项、主体及管辖权。可以说,"投资者"定义的不断扩张、泛化,以及提起国际仲裁前置程序的不断减少,都是投资仲裁案件大量增加的诱因,给东道国带来了难以预料和不可承受的"讼累"。

ISDS 仲裁实践中,仲裁庭出于保护投资者和自身利益的考虑,盲目扩大仲裁庭管辖权,如对本已宽泛、开放的"投资""投资者"定义再采用主观或者扩张解释路径,甚至无视 IIA 中对"投资""投资者"定义以及用尽当地救济条款的限制性规定(如投资要求遵守东道国的法律和法规、附期限的当地

---

① Wintershall v. Argentina,ICSID Case No ARB/04/14,Award,8 Dec. 2008,para.119-122.

救济条款)和例外规定(利益拒绝条款),对这些规定进行严格甚至无效解释,进一步增加投资者"挑选条约"、滥诉的风险,对东道国主权提出巨大的挑战。

　　国际投资法现有的发展趋势是要追求一种利益平衡。因此,有必要对 IIA 中已有的宽泛定义进行一定限制、增加必要的前置或排除条件,仲裁庭在审理裁判过程中,也有必要限制其自由裁量权,在东道国和投资者利益保护之间寻求必要的平衡。国籍持续规则、国籍真实联系规则与用尽当地救济规则被认为是国家行使外交保护的限制条件,这些国际公法中的规则原则,在 ISDS 仲裁的公法裁判背景下,也有适用的合理性和必要性。

第三章 ISDS 中国家责任的构成要件问题

　　基于国家实体的抽象性,国际投资活动中,外国投资者一般与东道国国有企业、地方政府、国民、司法或者行政机构之间有着若干联系,争端通常缘起投资者与具体现实的个人或机构间。如何把具体投资争端中个人或实体的行为归于国家以及判断争端所涉义务是否属于国家的国际义务,或者说国家在何种条件下必须承担一定的责任,往往是仲裁庭必须解决的开端和焦点问题。在 ISDS 中,仲裁庭常常援引《国家责任条款草案》来裁判东道国承担国家责任的问题。

　　《国家责任条款草案》第 1 条和第 2 条反映了确定国际法上国家责任的原则,①简言之,国家责任的构成要件包括"归因"要件和"行为"要件。而 ISDS 仲裁庭在确认东道国国家责任时也必须从这两要件出发。ISDS 的复杂性在给仲裁庭带来挑战的同时,也给国家责任法的这两个具体要件的明晰化提供了丰富素材依据。

---

　　① 第 1 条表明国家责任是国际不法行为引发的国际法律后果。第 1 条(一国对其国际不法行为的责任)规定:一国的每一国际不法行为引起该国的国际责任。"国际不法行为"的构成要素包括:"行为依国际法归于该国"且"该行为构成对该国国际义务的违背"。第 2 条(一国国际不法行为的要素)的原文:一国国际不法行为在下列情况下发生:(a)由作为或不作为构成的行为依国际法归于该国,并且(b)该行为构成对该国国际义务的违背。

第一节　国家责任的构成要件及其
与 ISDS 的相关性

ISDS 仲裁庭要判定国家承担责任,需要从归因和确认国家行为违反 IIA 义务两方面来确定。而被广泛认为是对国家责任法进行最详细描述、最重要的《国家责任条款草案》自然成为仲裁庭援引的对象。这一援引之所以具有合理性,是因为现有 IIA 大多数没有专门的归因条款,所以在处理归因问题时,仲裁庭只能求助于国家责任法这个一般国际法。归因条款是 ISDS 仲裁庭援引《国家责任条款草案》时的主要议题领域。而国家行为违背国际法义务的确认在 ISDS 中显得更加复杂多变,但仲裁庭也常常援引国家责任法的基本判定规则。也就是说,仲裁庭常常援引国家责任法来确定被指控行为是否属于国家行为、来判定已归于国家的行为是否违背国家的国际义务。

一、国家责任的"归因"要件

作为一个抽象的法律实体,国家自身是无法行为的,它的行为必须通过它授权的个人(官员、雇员、代理人)来执行。可以说,国家的不法行为从根本上都是个人执行的。因此,归因问题在国家责任法上是非常重要的。可以说,归因制度是国家与从事不法行为的一个人或一群人之间的纽带。①

《国家责任条款草案》规定了有关归因问题的一整套规则,其中有三个核心条款:第 4 条"国家机关的行为",第 5 条"行使政府权力要素的个人或实体的行为"和第 8 条"受到国家指挥或控制的行为"。

(一)第 4 条"国家机关的行为"

第 4 条是有关归因的基本条款,确认了一项国际法上的原则,即国家要对其机关的行为负责。其规定:"1.任何国家机关不论它行使立法、行政、司法职能还是行使任何其他职能,不论它在国家组织中具有何种地位,也不论它作为该国中央政府机关或一领土单位机关而具有何种特性,其行为应视

---

① SHAW N M. International Law [M]. 6th ed. Cambridge University Press, 2008:786.

为国际法所指的国家行为。2.机关包括依该国国内法具有此种地位的任何个人或实体。"根据该条的规定,国家在国际法上被认为是一个单独的人,并对其所有机关的行为和不作为负责,不管它们的地位是什么。ILC 在评注中特别指出,"国家机关"包括任何种类、任何级别、履行任何职能的政府机关,不论这些机关行使的是立法、行政、司法还是任何其他职能,也不管是中央政府机关、区域或地方机关、自治区域的机关,都适用第 4 条的原则,国家应对其行为负责。① 这一条在 ISDS 案件中的适用具有重要意义,以NFATA 为例,许多案例涉及联邦国家的组成单元的行为是否属于国家行为的问题。

虽然第 4 条第 2 款为了确定一国机关提到了国内法,但很明显,只看一国国内法不足以确定一国家机关的地位。一国不能仅依其国内法来否定一国家机关的地位而不对该国家机关的行为负责。这是国际法上的一项基本原则,在 VCLT 第 27 条中可以找到该原则的表述。②《国家责任条款草案》第 3 条和第 7 条再次确认了这一基本原则。依据第 3 条,国家行为是否属于不法行为的评判依据是国际法而不是国内法。③ 依据第 7 条"逾越权限或违背指示"的规定,被授权行使政府权力要素的实体的行为,即使逾越权限,仍应被视为是国家的行为。④ 而 ILC 在第 7 条的评注中明确解析,即使该实体能证明其逾越了权限,该条款仍然适用。不论其在国内法上是在权限范围内或超越权限,国家都对其机关的行为负责。当然,只有越权的"官方"行为才可归于国家,若是国家代表的个人的私人行为或不作为则不可归

---

① 《国家责任条款草案》第 4 条评注 6 、8、9。国际法委员会. 2001 年国际法委员会年鉴(第 2 卷第 2 部分)(A/56/10)[R].纽约:联合国,2001:63-66.

② VCLT 第 27 条规定:"一当事国不得援引其国内法规定为理由而不履行条约。此项规则不妨碍第四十六条。"

③ 《国家责任条款草案》第 3 条"把一国的行为定性为国际不法行为":在把一国的行为定性为国际不法行为时须遵守国际法。这种定性不因国内法把同一行为定性为合法行为而受到影响。

④ 《国家责任条款草案》第 7 条"逾越权限或违背指示":国家机关或经授权行使政府权力要素的个人或实体,如果以此种资格行事,即使逾越权限或违背指示,其行为仍应视为国际法所指的国家行为。笔者认为,第 7 条的规定类似于国内民法上的表见授权代理的概念。

于国家。①

　　因此,为了归因的目的,国家被视为一个整体,包括拥有不同形式的行政和政治分支结构的联邦国家。这些单位是国家的机关,它们的行为是归属于国家的。不论国家选择以何种形式行为,其所有行为都归于国家。并且只要该机关是作为机关的身份在行事,它是否超越权限行事并不重要。

(二)第 5 条"行使政府权力要素的个人或实体的行为"

　　第 5 条规定:"虽非第 4 条所指的国家机关但经该国法律授权而行使政府权力要素的个人或实体,其行为应视为国际法所指的国家行为,但以该个人或实体在特定情况下以此种资格行事者为限。"这是指虽非第 4 条所指国家机关,但受权行使政府权力的个人或实体的行为归于国家的情况。该条明确了判断标准是所执行的功能,不管个人或实体在国内法上的组织或结构的地位,只要该个人或实体是以达到行使"政府权力"(governmental authority)程度的这种资格行事,它的行为就可归于国家,属于国家行为。这些实体可以包括国营公司、准国营实体、政府的各种代理,甚至包括私营公司。可以说,归因的决定性因素是"政府权力"。②

　　然而,第 5 条并未给"政府权力"下定义。但通常来说,为归因的目的,任何国家权力的行使都可被定性为"政府权力"。ILC 指出,"政府权力"的范围将取决于特定社会、其历史和传统的情况,还包括政府权力被授予该实体的方式,实施国家权力的目的以及在何种程度上该实体要对政府负责。③因此,行使国家权力的行为定性将取决于个案的具体情形。有学者指出,根据一种可替代的方法,这种评估应该基于一种相对标准而且要从客观的视角来看待一行为在当前背景下是否通常被认为是政府行为。④

---

　　①　国际法委员会. 2001 年国际法委员会年鉴(第 2 卷第 2 部分)(A/56/10)[R].纽约:联合国,2001:74-77.

　　②　ILC 评注中指出,只要这些实体依法接受国家授权、行使通常由国家机关行使的公共性质的职能,且该实体的行为涉及有关政府权力的行使。《国家责任条款草案》第 5 条评注 2. 国际法委员会. 2001 年国际法委员会年鉴(第 2 卷第 2 部分)(A/56/10)[R]. 纽约:联合国,2001:69.

　　③　《国家责任条款草案》第 5 条评注 6. 国际法委员会. 2001 年国际法委员会年鉴(第 2 卷第 2 部分)(A/56/10)[R]. 纽约:联合国,2001:69.

　　④　DOLZER R, SCHREUER C. Principles of International Investment Law[M]. 2nd ed. Oxford: Oxford University Press,2012:222.

（三）第 8 条"受到国家指挥或控制的行为"

第 8 条的条文是："如果一人或一群人实际上是在按照国家的指示或在其指挥或控制下行事，其行为应视为国际法所指的一国的行为。"它处理的是与第 5 条不同的非国家机关的实体或个人的归因情况。

作为国际法的一项一般规则，私人或实体的行为不可归于国家。但是如果一私人或实体的行为是"国家指挥或控制的"，这样的行为可以归于国家。"国家指挥或控制的"情形区别于第 5 条的"政府权力"，成为归因判断的关键。在一般国际法背景下，第 8 条十分重要，因为它涵盖了国家对非正规武装力量支持的整个领域，这已经引起了国际和国内武装冲突案件如此多的困难。但在 ISDS 仲裁中，控制的情形与前者不同，主要是指国家经营和控制的公司或企业的行为归责于国家。①

二、国家责任的"行为"要件

除"归因"要件外，引起国家责任的另一要素是"行为"要件。《国家责任条款草案》下的归因仅限于构成违背国际义务的行为（国际不法行为）的归因。换言之，如果某一行为不构成国际不法行为，即使该行为可以归因于国家，也不会发生国家承担国际法责任的后果。

依《国家责任条款草案》第 3 条的规定，国际义务的判断只能依据国际法渊源，而不管其国内法的规定。有学者指出，"不法"一词的英文用的是"wrongful"而不是"unlawful"，这说明所指的"法"决不限于具体的条约法，还包括国际习惯法。② 因此，国际义务不仅包括条约义务，还包括非条约义务，这在《国家责任条款草案》第 12 条中也再次得到了确认。③

"国家对国际不法行为的责任"的标题以及第 2 条的措辞都表明归因的原则与行为的国际不法性是密不可分的，第 4 条、第 5 条、第 8 条归因条款的适用对象限制在国际不法行为（违背国际义务的行为）中。《国家责任条款草案》评注进一步明确了归因条款是为了确定国家责任的特定目的而拟

---

① 《国家责任条款草案》第 8 条评注 6 进一步解释道，"若一国利用其在公司中的所有权或明确控制一公司以获取特定的结果，该行为归于国家"。参见国际法委员会. 2001 年国际法委员会年鉴（第 2 卷第 2 部分）（A/56/10）[R]. 纽约：联合国，2001：80-81.

② 张乃根. 试析《国家责任条款》的"国际不法行为"[J]. 法学家，2007（3）：96-97.

③ 《国家责任条款草案》第 12 条"违背国际义务行为的发生一国的行为如不符合国际义务对它的要求，即为违背国际义务，而不论该义务的起源或特性为何。"

定的,是给违背国际法的行为进行归因提供规则。①

一些学者也表达了相同的观点。例如,马尔科姆·埃文斯(Malcolm Evans)就《国家责任条款草案》的适用范围问题指出:"归因规则详述了行为人的行为在一般或特定情况下可能引发国家责任的情况。应该强调的是,这一问题是关于违反国家现有国际义务的行为所承担的责任问题。"②

理查德·哈普(Richard Happ)也认为,《国家责任条款草案》不应该适用于并未违背国际法行为的归因问题,他指出:"不可能通过适用国家责任的规则,将一个子部门或国家实体订立的合同归于国家。归因规则是在将行为归于国家的背景下发展的,是为了确定这些行为是否违背国际法。它们不能比照适用。国家为一实体违背国际法(如违反条约)的行为所承担的责任和为一实体违反国内合同法的行为承担的责任,显然存在明显的区别。"③

《国家责任条款草案》第 4 条明确表述了国家机关的"任何其他职能"行为都归于国家。国家机关签署或违反合同的行为是国家行为,但该违约行为并不自动和必然地构成对国际法的违反。而在非国家机关实体缔结合同的情形下,合同的缔结是否可归于国家时,投资者是否有权合理认为国有实体有权代表国家行事是一个决定性问题。总之,只有构成违背国际义务的国家行为才会导致国家责任。

三、国家责任构成要件与 ISDS 的相关性

ISDS 中,仲裁庭在两个阶段都需要解决国家责任的构成要件问题,第一个阶段是确定管辖权阶段,第二个阶段是案件实体裁决阶段。

① 《国家责任条款草案》评注第 1 部分第 2 章对本章整体评注的第 5 点,国际法委员会. 2001 年国际法委员会年鉴(第 2 卷第 2 部分)(A/56/10)[R]. 纽约:联合国,2001:59-60.

② EVANS M.International Law[M]. 2nd ed. Oxford: Oxford University Press,2006:460.

③ HAPP R.The Nykomb Case in the Light of Recent ICSID Jurisprudence[C]// RIBEIRO C. Investment Arbitration and the Energy Charter Treaty, New York: JurisNet, LLC,2006:324.

(一)确定管辖权阶段

在确定管辖权阶段,仲裁庭需要确定其依据 IIA 或者国际仲裁规则①对 ISDS 享有管辖权。IIA 中通常都规定了争端解决条款,规定了哪些争端可以提交国际仲裁以及提交的程序等。其中,《ICSID 公约》规定了其受案范围通常仅限于外国投资者与东道国之间的争端。② 因此,仲裁庭在确认其管辖权的合法性时,必须论证投资者所声称的行为是东道国的行为,这就涉及归因问题。

《ICSID 公约》第 25 条第 1 款规定的其管辖权取决于缔约国的书面同意。《能源宪章条约》(Energy Charter Treaty,ECT)第 26 条第 4 款规定,在投资者选择将争端提交 ICISD 管辖时,必须有缔约国的书面同意。IIA 中争端解决条款就可以被视为一种书面同意。

争端解决条款可能是狭义的或广义的,狭义的争端解决条款仅允许将违反条约义务的行为提请国际仲裁,广义的争端解决条款则将允许提请国际仲裁的行为扩大到违反合同的行为。③ 也就是说,ISDS 仲裁庭的管辖权可以来自条约基础,也可以基于合同基础。ECT 第 26 条第 1 款就是一个狭义的争端解决条款:如果可能,有关违反第 3 部分义务的争端应友好解决。此类争端解决条款只允许构成对条约违反的诉求,并不允许提交基于合同违约的诉求。在狭义的争端条款的条约项下,投资者必须证明国有实体违反了一项条约义务,否则 ICSID 对其诉求不享有管辖权。广义的争端解决条款规定国家和外国投资者之间的"任何"或"所有"争端都可以提交ICSID,如美国 2004 年和 2012 年 BIT 范本允许将源自一项合同(如投资协议)的争端提交仲裁。有争议的是,这一条款是否允许提交有关违反合同而

① 国际仲裁规则包括了有关仲裁的国际公约和国际仲裁机构的仲裁规则,公约包括《ICSID 公约》《纽约公约》《美洲国家国际商事仲裁公约》,机构规则如 UNCITRAL 仲裁规则、ICC 仲裁规则、SCC 仲裁规则、LCIA 仲裁规则、SCC 仲裁规则。

② 《ICSID 公约》第 25 条第 1 款规定:"一、中心的管辖适用于缔约国(或缔约国向中心指定的该国的任何组成部分或机构)和另一缔约国国民之间直接因投资而产生并经双方书面同意提交给中心的任何法律争端。当双方表示同意后,任何一方不得单方面撤销其同意。"因此,ICSID 对两个私人主体间的争端仲裁缺乏管辖权。

③ HAPP R.The Nykomb Case in the Light of Recent ICSID Jurisprudence[C]// RIBEIRO C. Investment Arbitration and the Energy Charter Treaty,New York: JurisNet,2006:319-320.

不涉及违反条约的争端。

（二）案件实体裁决阶段

在案件实体裁决阶段，同样涉及归因和行为违背国际义务的判定问题。从归因角度上看，一国只有在其机构的行为可以归于国家时才对这些行为负责，如果这些行为不能归于国家，国家也就不对投资者承担责任。其次，在确定投资者所声称的行为属于国家行为之后，还需要判断这些国家行为是否违背了国家承担的国际义务，如果不属于国家义务，国家也仍旧不需要承担国家责任。

国际投资活动常常涉及公共事业和基础设施行业，包括能源生产和运输（电力、石油、天然气和煤炭）、邮政和通信、交通（铁路、机场和航空公司）以及金融服务等领域。这些都属于国家重要战略部门领域，通常会有由国家所有却拥有一个独立的法律人格的国有企业，外国投资者在寻求参与这些领域的投资活动时常常会和这些国有企业签订合同。当某一国有企业违反合同时，外国投资者通常直接对东道国提起求偿以寻求补偿，要求东道国对其国有企业的违约行为负责。被申请人通常会主张合同是和有独立法律人格的企业签订这一点来否定其责任，还会主张仲裁庭对一个基于违约而非条约义务的诉求不享有管辖权。

（三）管辖权阶段确定国家责任构成要件的证据标准

既然归因与行为要件的确认牵涉两个阶段，那么，仲裁庭在确定管辖权阶段时应该在何种程度上接受依赖于投资者的指控来判断该诉称的违背行为已经构成对国际义务的违背？

Maffezini v. Spain 案仲裁庭对归因的证据标准有进行一定分析。仲裁庭指出，虽然第一个问题是可以在仲裁程序的管辖权阶段确定，第二个带有争端事实的问题最终也只能在仲裁阶段解决。① 仲裁庭认为，在程序阶段，只要投资者可以提供"初步证据"（prima facie）证明被诉企业 SODIGA 的行为可归因于国家，就足以确立管辖权，被诉行为或不作为是否可以正确地

---

① Emilio Agustín Maffezini v. Kingdom of Spain（Maffezini v. Spain），ICSID Case No. ARB/97/7，Decision of the Tribunal on Objections to Jurisdiction（Award on Jurisdiction），25 Jan 2000，para.75.

归因于国家则留待实体裁决程序中确定。[①] ICSID 仲裁庭审理的案件还有 CMS v. Argentina 案[②]、SGS v. Philippines 案[③]、Salini v. Jordan 案[④]和 Saipem v. Bangladesh 案[⑤],都适用了"初步证据"标准(a prima facie test)。非 ICSID 仲裁庭也同样适用这一标准,如 UPS v. Canada 案[⑥]。

仲裁庭在管辖权阶段判定投资者诉称的行为是否构成违反国际义务的行为时,也是适用"初步证据"标准,SGS v. Pakistan 案仲裁庭认为,只要"申请人声称的事实能够被视为违反了 BIT"[⑦]。在 SGS v. Philippines 案中,仲裁庭适用了稍微严格变化的"初步证据"标准:只要依申请人提供的以及最初诉状所体现的事实清楚提出违反 BIT 一项或多项规定的问题,仲裁庭就拥有裁决这一争端的管辖权。[⑧]

因此,在 ISDS 案件中,仲裁庭确定管辖权开端的普通实践是,适用"初步证据"标准,即仲裁庭是以投资者所提供的依据来初步定性案件。

[①] prima facie 也有翻译为"表面证据"。Maffezini v. Spain，ICSID Case No. ARB/97/7，Award on Jurisdiction，25 Jan 2000，para.89.

[②] CMS Gas Transmission Company v. The Republic of Argentina (CMS v. Argentina)，ICSID Case No. ARB/01/8，Decision of the Tribunal on Objections to Jurisdiction，17 Jul 2003，para.35.

[③] SGS Société Générale de Surveillance S.A. v. Republic of the Philippines (SGS v. Philippines)，ICSID Case No. ARB/02/6，Decision of the Tribunal on Objections to Jurisdiction (Decision on Jurisdiction)，29 Jan 2004，paras. 131,132.

[④] Salini Costruttori S.p.A. and Italstrade S.p.A. v. The Hashemite Kingdom of Jordan (Salini v. Jordan)，ICSID Case No. ARB/02/13，Decision on Jurisdiction，9 Nov 2004，para.151.

[⑤] Saipem v. Bangladesh，ICSID Case No. ARB/05/07，Decision on Jurisdiction and Recommendation on Provisional Measures，21 Mar 2007，paras. 85，86.

[⑥] United Parcel Service of America Inc. v. Government of Canada，UNCITRAL，para.33.

[⑦] SGS Société Générale de Surveillance S.A. v. Islamic Republic of Pakistan (SGS v. Pakistan)，ICSID Case No. ARB/01/13，Decision on Objections to Jurisdiction (Decision on Jurisdiction)，6 Aug 2003，para.145.

[⑧] SGS v. Philippines，Decision on Jurisdiction，29 Jan 2004，para.157.

第二节　ISDS 仲裁庭适用"归因"要件的实践

若投资仲裁所依据的 IIA 中没有可以排除《国家责任条款草案》适用的特别归因规则，ISDS 仲裁庭通常会适用该草案第 4 条、第 5 条、第 8 条中所规定的一般归因规则。《国家责任条款草案》第 4 条、第 5 条和第 8 条这三个归因条款在 ISDS 中都被广泛地援引。根据这三条归因条款，要将构成国际不法行为的行为归于一国，只要实施行为的实体具有以下情形之一即可：该实体是国家机关、其被授权行使政府权力要素，或者受国家控制。其中，第 4 条第 2 款所指的国家机关是指国内法上明确定性为国家机关的情形，这种也可以称为"法律上的机关"①（de jure organs），比较容易确认。而第 5 条所指的这些实际行使政府权力的实体可称为"事实上的机关"（de facto organs）。第 8 条的受国家控制和第 5 条的政府权力类似，都体现了国家意志。仲裁庭实践对第 5 条、第 8 条的运用可以说大大丰富了国家责任法的内涵。

一、国家机关的"归因"

国际法上，中央政府（作为国家的代表）或联邦政府要对地方政府所采取的措施负责这一观点是清晰的，但在许多 ISDS 案件中，被申请人仍常提出抗辩，指出被诉的措施是由地方或/和区域当局采取的，国家并未对其进行控制或影响，因此该措施不能归因于国家。而仲裁庭的裁决大多是肯定国际法上的一般原则，否定被申请人的理由。可以说，中央政府对地方政府的行为负责这一原则已被 ISDS 仲裁庭广泛应用，有关争议不涉及对这一原则的认可或否定，而是 IIA 相关条款的解释和认定问题。

Metalclad v. Mexico 案中，申请人 Metalclad 主张墨西哥通过圣路易斯波多西地方政府干涉它的危险废物处理厂的发展和经营，违反了 NAFTA

---

① 仲裁庭在裁决书中有此提法，如 Jan de Nul v. Egypt，ICSID Case No.ARB/04/13，Decision on Jurisdiction，16 Jun 2006，para.89；Saipem v. Bangladesh，ICSID Case No. ARB/05/07，Decision on Jurisdiction and Recommendation on Provisional Measures，21 Mar 2007，para.148.

第11章投资条款的规定。仲裁庭首先要解决的一个问题就是,在国际法中,墨西哥是否要对其地方政府的行为负责。但确切地说,这是因 NAFTA 条款措辞引发的一项条约解释问题。NAFTA 第1章(目的)第105条明确将 NAFTA 义务扩张到州和各省政府。① 同样,第2章(一般定义)第201条第2款的规定,提到州或省时也是"包括该州或省的地方政府"。那么,是只有明确提到州或省的第11章义务才适用于地方政府,还是第11章中所有的义务都适用于地方政府。② 仲裁庭的结论是,第11章的所有义务也同样适用于地方政府,除非有明确相反的规定(如第1108条第1款规定的关于第1105条和第1110条的要求的例外明确规定不适用于州或省的地方政府),并称这是与现有国际习惯法规则相符的。《国家责任条款草案》1975年一读文本的第10条肯定有关国家机关的归因包括了中央政府或国家地方成员的机关。③

Tokios Tokelés v. Ukraine 案中,被申请人提出管辖权异议的一项理由是,争议提交国际仲裁前是否满足乌克兰—立陶宛 BIT 第8条第1款规定的"由争端双方协商解决"的要求。乌克兰主张,如果有任何协商行为发生,该协商行为也是在申请人子公司 Taki Spravi 与基辅地方政府之间进行,而不是在申请人和被申请人之间。因此,没有满足 BIT 规定的协商这一仲裁前置条件要求。乌克兰还主张,基辅地方政府没有代表乌克兰进行协商的权力。仲裁庭认为,申请人确实将争端提交到中央政府包括总统在内,并且其事实上是与联邦官员进行的书信协商。仲裁庭援引《国家责任条款草案》表示,地方政府的行为可以归因于中央政府。还声明,总统是否授权地方政府进行协商并不重要,并援引国际法原则——在国际诉讼中国家

---

① Article 105：Extent of ObligationsThe Parties shall ensure that all necessary measures are taken in order to give effect to the provisions of this Agreement，including their observance， except as otherwise provided in this Agreement， by state and provincial governments.

② 事实上,墨西哥并没有主张其地方政府的行为不属于 NAFTA 的范围。它接受"适用的国家责任的一般规则,即被申请国可因所有三级政府的国家机关的行为而在国际法上承担责任"。Metalclad v. Mexico，ICSID Case No. ARB(AF)/97/1，Award，30 Aug 2000,para.73.

③ 第10条规定的规则现在是在《国家责任条款草案》第4条第1款最后一句话。

不能援引包括宪法在内的国内法的原则和规则进行抗辩。①

　　Vivendi v. Argentina 案中,仲裁庭需要判断图库曼省及其官员的行为是否归于阿根廷,其行为是否违背 BIT 义务。仲裁庭指出,"在国际法上,联邦国家的组成部分(正如本案中图库曼省在阿根廷联邦中的地位)的行为是归于中央政府的,这是众所周知的。一国的宪政结构不能改变这些义务。一个联邦国家不能依靠联邦或宪法结构的分散性来限制其国际责任的范围"②。后仲裁裁决被申请撤销,撤销委员会在其裁决中指出,"国际法上,所有针对国家的国际诉讼都是基于归因。事实上,在满足条件时,归因通常会发生且是自动的。国家责任的问题则是一个不同的且单独的问题"③。也就是说,本案仲裁庭和撤销委员会的裁决都确认了在地方政府的行为可归于国家这一被普遍接受的国际习惯法的立场。

　　Eureko v. Poland 案中,在仲裁庭看来,财政部部长的所有行为是基于波兰政府部长委员会决议的明确授权,其援引《国家责任条款草案》评注来支持其结论——为了将行为归于国家的目的,一国家机关的行为是归类为商业行为还是行政行为,是不相关的;归责原则涵盖了国家机关的行为及被授权行使政府权力的非国家机关的个人或实体。简言之,仲裁庭查明,不论是根据波兰法律所规定的财政部的法律地位还是仲裁庭要适用的国际法,波兰都要对财政部的行为负责。这些行为如果构成国际不法行为也是明确

---

　　①　Tokios Tokelés v. Ukraine,ICSID Case No.ARB/02/18,Decision on Jurisdiction,29 Apr 2004,paras. 101-102.

　　②　Vivendi v. Argentina,争端源自 Vivendi 和它的阿根廷子公司与阿根廷图库曼省(Tucumán)1995 年签订的一份特许协议。申请者是主张阿根廷政府没有阻止图库曼省采取针对特许协议的措施,因此侵犯了投资者基于阿根廷—法国 BIT 而享有的权利。Compañiá de Aguas del Aconquija S.A. and Vivendi Universal S.A. v. Argentine Republic (Vivendi v. Argentina), ICSID Case No. ARB/97/3. Award,21 Nov 2000,para.49.

　　③　Vivendi v. Argentina,Decision on Annulment,3 Jul 2002,p.100,footnote 17.

可归于被申请人波兰的。①

二、非国家机关实体的"归因"

在 ISDS 案件中,仲裁庭援引《国家责任条款草案》第 5 条和第 8 条来处理非国家机关实体的归因问题。Maffezini v. Spain 案是一个对归因问题进行精细分析的好例子。仲裁庭对第 4 条和第 5 条进行了精细的区分,将第 4 条的归因标准称为"结构测试"(structural test),第 5 条的归因标准称为"职能测试"(functional test),这有助于更好地适用它们。相应地,第 8 条的归因标准,我们也可以称为"控制测试"(control test)。

(一)Maffezini v. Spain 案

申请人 Maffezini 先生是阿根廷公民,他与西班牙加利西亚(Galicia)地区一家私人公司 SODIGA 共同投资设立了一家名为 EAMSA 的西班牙公司,准备从事化工产品的生产。该项目由于多种原因导致撤资而最终失败,Maffezini 依据阿根廷—西班牙 BIT 将此争端提交到 ICSID 仲裁。申请人认为 SODIGA 是由西班牙所有和经营的,其行为实际上就是西班牙政府的行为,因此要求西班牙政府承担相应的国家责任。而西班牙则主张 SODIGA 是由私人公司创设的金融公司,它不是西班牙公共行政部门的一

---

① PZU 是波兰一家大型国有保险公司,拥有 PZU Life 公司 100％的股份以及其他的子公司。PZU 和包括 PZU Life 在内的子公司被称为"PZU 集团",当时是波兰保险集团的领头羊,也是中欧和东欧金融机构的领军公司。1999 年,波兰政府发布对 PZU 进行私有化的决议。根据该决议,财政部与申请人 Eureko 公司签署了出售 PZU 公司 30％股份的股份购买合同(合同中表示财政部意图在 IPO 中出售公司剩余的股份,让申请人获得超过半数的股份而获得公司的控制权)。然而在合同履行过程中,因波兰政府的政治斗争,财政部部长向法院提起诉讼要求宣告股份购买合同无效并且无限期回避合同中通过 IPO 进一步出售 PZU 股份的义务。此后双方又签署了第一附录和第二附录,但最终申请人仍只持有 30％的股份,而波兰财政部仍是剩余股份的持有人。申请人主张波兰政府的行为违反了荷兰—波兰 BIT,依 UNCITRAL 规则申请仲裁。波兰政府主张,争议属于合同争议,合同明确规定波兰公共法院享有专属管辖权。Eurekob.v. v. Republic of Poland (Eureko v. Poland), Ad Hoc Arbitration (seated in Brussels), Partial Award,19 Aug 2005, paras. 34-73, 81,126-134.

部分,其行为不可归于西班牙国家。① 由于 SODIGA 的归因问题被提出来,仲裁庭对 SODIGA 的地位进行了详细的分析。

仲裁庭首先澄清,即使依《国家责任条款草案》第 4 条的结构测试,像 SODIGA 这样的公司也不能认为是完全排除在公共行政体系之外的。仲裁庭注意到,有许多受私法调整的公共实体却偶尔行使着受公法调整的公共职能。仲裁庭的结论是,结构测试只是应考虑的一个因素,国际法上还应特别考虑的其他因素是,公司是否由国家或国家实体控制的、公司设立的目的和功能。② 仲裁庭继续说明,为了确定 SODIGA 的行为性质是否属于政府行为而不是商业行为从而可归因于西班牙,只能依据职能测试。仲裁庭认为,只有政府行为才可归于国家,而商业行为则不可。应该注意到,在这一背景下,仲裁庭进行职能测试不仅是为了归因的目的,还为了确定国家的责任。作为一个中间结论,仲裁庭表示,在相关的时间里,SODIGA 的行为性质是兼顾商业行为和政府行为的。因此,仲裁庭就所诉称的 SODIGA 的特殊行为或不作为进行了相当详细的职能测试,以此确定它们的性质。③

Maffezini 的第一项指控是错误建议的责任。Maffezini 主张,项目之所以失败是因为 SODIA 对项目成本问题提供了错误的建议而导致远远高于原有的计划。基于第 5 条的职能测试,仲裁庭发现 SODIGA 这么做并没有履行任何提供信息的公共职能,因此这一特定行为不能归因于西班牙。④

Maffezini 的第二项指控是环境影响评估的责任。Maffezini 主张,尽管该项目尚未通过环境影响评估,但他因受到政治压力被迫在获得所有批准前继续投资(特别是就工厂的建设),这导致了投资在后续过程中产生了额

---

① 为了促进当地经济的快速发展,SODIGA 有吸引投资并促进投资发展的职能,它负责对外发布关于投资的信息,提供咨询,办理优惠贷款和财政支持,进行项目可行性评估 等。Maffezini v. Spain, ICSID Case No. ARB/97/7, Award,13 Nov 2000, paras.44-45.

② Maffezini v. Spain, ICSID Case No. ARB/97/7, Award,13 Nov 2000,paras. 48-50.

③ 从概念上说,在国家责任法下,归因和责任的确定是各自独立的问题。但是从实践的角度观点来看,它们常常是交织在一起并且是同时进行的。Maffezini v. Spain, ICSID Case No. ARB/97/7, Award, 13 Nov 2000, paras.52,57.

④ Maffezini 主张其一直在 SODIGA 的协助下进行建立 EAMSA 的商业决策和投资行为。Maffezini v. Spain, ICSID Case No. ARB/97/7, Award,13 Nov 2000,paras. 58-64.

外费用。但仲裁庭发现,西班牙政府和 SODIGA 只是坚持要遵守适用的法律,Maffezini 在施工前验收是享有独立决策权的,作为一个经验丰富的商人,他可以通过自己的专家或顾问的支持来进行独立的决策。因此,不能要求国家对这些行为负责,它们本质上不属于政府行为。①

Maffezini 的第三项指控是有关资金转移。Maffezini 个人账户的资金被当作贷款转移到 EAMSA 账户,尽管他不同意贷款。需要澄清的是,转移资金这一行为究竟是纯粹的商业行为还是 SODIGA 在执行公共或政府职能。仲裁庭的结论是,这是政府行为。首先,SODIGA 拥有一定的政府职能,并行使了许多商业公司无法执行的功能,其中一种就是作为 EAMSA 的股东之一处理 EAMSA 的银行账户。在仲裁庭看来,有关贷款这一私人银行的行为很大程度上可以解释为 SODIGA 在执行公共职能。其次,该资金转移虽然名义上是贷款,实际上是投资的增加。而这项增加投资的决定并不是 Maffezini 作出的,而是由 SODIGA 作出的,这不能被认为是一项商业行为,这来自 SODIGA 的公共职能,这个决定构成了政府权力的行使。因此,仲裁庭认为,SODIGA 所作出的与贷款相关的行为可归于西班牙。②

本案对归因进行的分析在两方面值得关注。首先,仲裁庭注意到,仅 SODIGA 依西班牙法律是一个私人公司这一事实并不意味着其不能被认为是国际法上的一国国家机关。这与《国家责任条款草案》评注是一致的。评注中强调,依据草案第 4 条第 2 款,国际法上的国家机关的性质并不依赖于该实体在国内法上的地位。其次,仲裁庭如此详细地分析了 SODIGA 在不同方面的角色和地位,进一步恰当地解释了《国家责任条款草案》第 5 条的职能测试必须以个案为基础进行。第 5 条的术语明白显示它处理的是非国家机关的实体,最终的判断标准是该实体是否事实上行使了政府权力,只有它确实行使了,它的行为才会归属于国家。但该条并没有定义"政府权力",也许是承认要找到一个适合所有国家的普遍的定义是一件极其困难的事情。非国家机关的国有实体的行为并不能自动归于国家。相反,仲裁庭对投资者所认为国家应该负责的每一项行为都应该单独审查,只有在发现

---

① Maffezini v. Spain, ICSID Case No. ARB/97/7, Award, 13 Nov 2000, paras. 65-71.

② Maffezini v. Spain, ICSID Case No. ARB/97/7, Award, 13 Nov 2000, paras. 76-83.

该行为具有政府性质时才可归于国家。在本案中即使SODIGA确实行使了公共职能,仲裁庭也从未试图将它定性为国家机关,SODIGA其他的商业行为也不能被归于国家。

从上述分析中我们可以看出,第5条在ISDS案件中具有特别重要的意义,如当国有企业已经私有化但保留公众或监管职能时,就可依此条进行归因处理。已经有许多仲裁案件中有单独的实体被按照第5条规定承担国家责任。

(二)综合考虑结构、职能和控制的因素

除了Maffezini v. Spain案,许多ISDS仲裁庭都综合考量结构、职能和控制的标准对相关实体的归因进行分析处理。

Salini v. Morocco案中,仲裁庭在讨论了ADM是否是一国家实体的问题时适用了结构测试和职能测试。从结构上看,仲裁庭认为,"ADM是一家有限责任公司,有自己的法律人格;但摩洛哥王国,通过财政部和各种公共实体,至少持有ADM公司89%的股份,在董事会中拥有多数席位,建设部部长同时也是ADM董事会的主席;董事会在以公司的名义行事和授权所有行为或交易关系方面具有广泛的权力。因此,从结构上看,不能否认的是,ADM是一个由摩洛哥国家通过建设部部长和各种公共机关控制和管理的实体"。而从职能测试来评估,ADM的主要活动是"经国家授权建设、维护和经营高速公路以及各维度的交通线路"。因此,对仲裁庭而言,ADM的职能是处于国家控制和指挥下的这一点是很明确的。仲裁庭的最后结论是,仅有ADM是一个独立的法律实体这一事实不能阻碍其作为国家实体而以国家名义行事,这在结构测试和职能测试中都很明确地界定了这一类型。[①]

Amto v. Ukraine案中,需要确认国有核能企业Energoatom的行为是否可以被归因于乌克兰国家。仲裁庭首先确认了Energoatom是独立的法

---

① 申请方Salini Costruttori S.p.A.和Italstrade S.p.A. 是两家意大利公司,在摩洛哥的一个高速公路项目中标后,与一家摩洛哥公司ADM签署合同进行工程建设。在合同工程结束之际,申请方先后对ADM的总工程师和建设部部长提起了几项要求额外报酬的诉讼,这些诉讼都被驳回。约一年后,申请方依摩洛哥—意大利BIT向ICSID提起针对摩洛哥王国的仲裁。Salini Costruttori S.p. A. and Italstrade S.p.A. v. Kingdom of Morocco (Salini v. Morocco),ICSID Case No. ARB/00/4,Decision on Jurisdiction,31 Jul 2001,paras.1-9,32-35.

律实体而不是乌克兰的国家机关。仲裁庭指出,依据国际法确定的原则,只有证明 Energoatom 是在行使政府权力或者是国家的指示或控制下执行这些行为时,Energoatom 的行为才可以被归于国家。仲裁庭得出结论,国有实体 Energoatom 不是国家机关,而且其不支付合同债务的相关行为并不涉及主权权力的行使,相关行为也不是在乌克兰的指示或者说明或控制下实施的。[①] 因此,根据《国家责任条款草案》,未支付合同债务的行为不能归因于国家。

　　Nykomb v. Latvia 案是依据 ECT 作出的第一份裁决,归因问题也是一个重要的问题,即拉脱维亚国有电力垄断企业 Latvenergo 的违约行为是否可以归因于国家。申请人主张,任何不是"纯粹商业性"而带有明显的政府职能的要素的行为都应归因于国家。申请人指出,国有公司 Latvenergo 并没有进行商业谈判,而是根据立法和政府义务签署了两倍价格的协议,该公司是一家垄断全国范围的电力的提供和购买的企业,是在一个高度计划的市场中运行的企业。仲裁庭指出,在任何时候,平均电价都是由监管机关决定的,相关系数也是由法律确定或者依法确定的,Latvenergo 有义务去执

---

　　① 　申请者 Amto 是一家依拉脱维亚法律成立的投资公司,自 1999 年起在乌克兰投资核能产业,至 2003 年年底,共购买了一家乌克兰企业 EYUM-10 公司 67％的股份。EYUM-10 公司是乌克兰最大核电站 ZAES 公司的服务供应商,并且是 ZAES 的主要债权人。2002 年,ZAES 公司遇到财务危机,无法偿还债务,EYUM-10 公司提起诉讼,胜诉后在执行阶段,却因乌克兰国有核能企业 Energoatom 公司(ZAES 是其子公司)遭遇破产程序而中止。2003 年和 2005 年乌克兰政府颁布了两项有关能源公司的法令。最终导致申请人未能从 ZAES 公司获得赔偿,于是提出仲裁申请。申请人主张,乌克兰法院支持了 Energoatom 滥用破产程序(如未公开破产宣告,剥夺债权人参与清偿程序),而乌克兰政府也影响了破产程序的进行(颁布相关能源法令)。Limited Liability Company Amto v. Ukraine(Amto v. Ukraine), SCC Case No. 080/2005, Final Award, 26 Mar 2008, paras.15-25,29,101-102,107-108.

行这些。仲裁庭的结论是 Latvenergo 的违约行为是可以归因于国家的。[①]
从仲裁庭的分析中可以看出,其分析思路和理由是受《国家责任条款草案》
第 5 条和第 8 条影响的,从行使政府权力以及受国家指挥的角度来看
Latvenergo 的行为可以归于国家。

　　EnCana v. Ecuador 案中,仲裁庭对厄瓜多尔国有石油公司
Petroecuador 的地位进行了分析,其指出,该公司是遵照总统和其他人的指
示行事,检察长根据法律规定行使了"对合同履行进行监督,并且为维护国
家资产和公共利益这一目的可以建议或采取所必需的司法行动"的职权。
有关证据表明,这种权力扩张到监督和控制 Petroecuador 公司的合同订立
和可能进行的重新谈判。因此,Petroecuador 公司签署、履行和重新谈判合
同的行为可以归于厄瓜多尔。为此归责目的,不管这一结论是来自《国家责
任条款草案》第 5 条还是第 8 条规定的原则,都并不相关。二者得出的结论
是相同的。[②]

　　Bayindir v. Pakistan 案中,有关归因问题的争议焦点在于,公共实体
NHA 是否是国家机关,是否是在执行政府权力,还是受国家指示或控制行
事? 基于 NHA 具有单独的法律地位,仲裁庭依第 5 条系统分析了 NHA

---

　　① 　一家瑞典公司 Nykomb 收购了一家拉脱维亚法公司 Windau 进行电力领域投
资。Windau 与国有电力垄断企业 Latvenergo 达成了几项建设发电厂的合同,合同约定
在 8 年内以高于国家平均电价两倍的价格购买 Windau 的剩余电力。20 世纪 90 年代
初,拉脱维亚试图减少电力的进口并增加国内电力的产能。为此,它需要吸收外国投
资。因此,拉脱维亚引入一种法律框架授权投资者可将电力按高于一般市场价的价格
卖给国有电力垄断企业 Latvenergo。这一价格是吸引私人投资者进入拉脱维亚严格管
制的电力领域所必要的刺激。Nykomb 在电力市场的投资就是基于这一较高的价格。
但最终 Latvenergo 拒绝以两倍价格向发电厂购买剩余电力,而仅以平均电价 75% 的价
格向 Windau 购买剩余电力(低于平均电价)。Nykomb v. Latvia, Arbitral Award, 16
Dec 2003, part.1.1,1.2.3,4.2.

　　② 　加拿大的 EnCana 公司在厄瓜多尔勘探开发石油。2001 年后,厄瓜多尔税务部
门(SRI)作出解释,认为增值税(Value Added Tax, VAT)只适用于工业制成品出口,石
油作为一种产品出口并不适用增值税返还。而在此之前,公司因石油经营采购而产生
的增值税均可返还。EnCana 公司就这一争端依据加拿大—厄瓜多尔 BIT 诉至仲裁庭。
申请人认为,税务部门的这一决定是基于其认为厄瓜多尔国有石油公司 Petroecuador
承认并已经将这些款项通过相关合同的履行授予给投资者的错误结论。EnCana Cor-
poration v. Republic of Ecuador (EnCana v. Ecuador), LCIA Case UN3481, Award, 3
Feb 2006, para.154.

的行为是否可被归于巴基斯坦。首先,仲裁庭注意到 NHA 被授权行使政府权力要素这一点是毫无疑问的,但其正确指出,仅是存在这些一般权力并不足以适用第 5 条,为了确定国家责任的目的,还要求在特定情形下是以主权性质行使了这些手段。既然仲裁庭否定了 NHA 的行为是在行使政府权力,它又转向第 8 条的"控制测试",考察 NHA 终止合同的行为是否受到国家指挥或控制,仲裁庭的结论是,NHA 的行为基于第 8 条可以归于巴基斯坦。[①]

Noble Ventures v. Romania 案中,仲裁庭需要判断两个公共实体 SOF 以及 APAPS 受指控的违反 BIT 行为是否可以归于被申请人。仲裁庭认为,SOF 和 APAPS 是独立的法律实体,不属于第 4 条归因原则所说的法律上的机关。但基于第 5 条的规定,SOF 和 APAPS 的行为一直是基于罗马尼亚法律给予它们的授权。仲裁庭还指出,SOF 和 APAPS 是依法律授权代表罗马尼亚,它们所有的行为和过失都是在授权范围内,因此所谓的违反两国 BIT 的行为可以归于罗马尼亚。即使 SOF 和 APAP 的行为超越了法律的授权,也不影响结果,这是《国家责任条款草案》第 7 条所广泛承认的。因此,仲裁庭的结论是,基于 BIT 的目的,SOF 和 APAPS 的行为可以被归因于被申请人。[②]

---

① 申请人 Bayindir 是一家依土耳其法律成立的公司,是 Bayindir 集团公司的一部分,在土耳其国内外从事高速公路和其他大型基础设施项目建设的行为。National Highway Authority(NHA)是依据巴基斯坦 1991 年第 11 号法令设立的承担规划、发展、经营和维护国有高速公路和战略道路责任的一家受政府控制的公共实体。1993 年 NHA 和 Bayindir 签订了执行 M-1 项目的合同,后因合同纠纷,申请人提起仲裁。Bayindir Insaat Turizm Ticaret VE Sanay A.S. v. Islamic Republic of Pakistan (Bayindir v. Pakistan),ICSID Case No. ARB/03/29,Award,26 Aug 2009,paras. 117-130.

② Noble Ventures 是一家美国公司,公司的业务活动领域主要包括为东欧钢铁企业提供商业咨询服务。该争议源自一份关于收购、管理、经营和处置位于罗马尼亚雷希察地区的 Combinatul Siderurgic Resita (CSR)钢铁厂相关和其他资产的私有化合同。该协议是由 Noble Ventures 和罗马尼亚国家主权基金(State Ownership Fund, SOF)签署的。SOF 是一家公共机构,它的其中一项职能就是对罗马尼亚的国有企业进行私有化。后因罗马尼亚政权变动,SOF 被国家所有权私有化与管理机构(Authority for Privatization and Management of the State Ownership, APAPS)所取代。此后,Noble Ventures 对 CSR 的收购产生了一系列问题,最终申请人依据美国—罗马尼亚 BIT 对罗马尼亚提出仲裁请求。Noble Ventures v. Romania,ICSID Case No. ARB/01/11,Award,12 Oct 2005,paras. 2-7,68,69-70,80-81,83.

综上,在 ISDS 案件中,要判断涉案实体的行为是否可归于国家,首先依据第 4 条的"结构测试"分析涉案实体在国家政府结构中的地位,其次依据第 5 条的"职能测试"和第 8 条的"控制测试"来考察该实体,是否行使第 5 条所规定的政府权力或相关要素,其相关行为的行使是否直接受国家的控制。只要符合三种标准的一种,那么都可以将该实体的行为归因于国家。

第三节　ISDS 仲裁庭适用"行为"要件的实践

基于特许合同进行投资活动的状况经常存在,在 ISDS 中出现的有关"行为"要件判定的争议焦点就常常是,国家机关或相关实体违反这类合同的行为是否构成违反 IIA 的行为。

根据《国家责任条款草案》第 12 条的规定,一国的行为如不符合国际义务对它的要求,即使依其国内法是合法的,仍构成违反国际义务。[①] ILC 的立场是"一国的违约行为不引起违反国际法的行为。在国际法上,有另一些必要事项与此有关,如该国法院在其他缔约方提出的诉讼中拒绝司法"[②]。正如托马斯·W.沃尔德(Thomas W. Walde)所观察的,这一观点与违约行为并不构成违背国际法的行为的一般观点是一致的。[③]

但是,仲裁庭的实践表明,一定情况下,违约行为可能构成违背国际义务。例如,如果不遵守合同义务构成了违反为外资提供公平与公正待遇(Fair and Equitable Treatment,FET)的义务或者遵守国家签署的合同义务(后者通常被称为"保护伞条款"),一项合同违约在缺少赔偿的情况下还可能构成征收。

---

① 《国家责任条款草案》第 12 条评注 3。该评注指出:"国际义务可能是由国际法的惯例规则、条约或国际法律秩序内适用的一般原则所确定的"。国际法委员会. 2001 年国际法委员会年鉴(第 2 卷第 2 部分)(A/56/10)[R]. 纽约:联合国,2001:95-96.

② 《国家责任条款草案》第 4 条评注 6。国际法委员会. 2001 年国际法委员会年鉴(第 2 卷第 2 部分)(A/56/10)[R]. 纽约:联合国,2001:63.

③ WALDE W T.Contract Claims Under the Energy Charter Treaty's Umbrella Clause: Original Intentions Versus Emerging Jurisprudence [C]//RIBEIRO C. Investment Arbitration and the Energy Charter Treaty,New York: JurisNet, 2006:205, 209.

一、合同违约行为构成对 FET 义务的违反

大多数 IIA 都规定了缔约国对外国投资者及其投资给予 FET 的义务，如 NAFTA 第 1105 条第 1 款。[①] 然而 IIA 对 FET 没有一个明确统一的定义，学者、仲裁庭对其解读也都不同。

Rudolf Dolzer 和 Christoph Schreuer 认为，FET 条款的一个方面是遵守合同义务的义务，但也并未明晰该义务的范围。[②] 一些仲裁庭以更一般的语言指出，FET 条款涵盖了对合同义务的违反。例如，在 Mondev v. USA 案中，仲裁庭对各国政府可能不受同样的作为私人缔约方的合同责任规则的调整这一论点进行了评论，"一项违反投资合同的政府特权似乎不符合第 1105 条体现的原则，也不符合关于政府合同责任的当代国内法和国际法的标准"[③]。SGS v. Philippines 案仲裁庭[④] 和 Noble Ventures v. Romania 案仲裁庭[⑤]也认为 FET 条款的内容涵盖了东道国要遵守其对投资者的合同义务。

一些仲裁庭将 FET 条款的适用范围限制在因使用主权权力或歧视性待遇引发的合同违约。在 Waste Management v. Mexico II 案中，仲裁庭认为现有的证据并不能得出政府是以完全专横的方式或者完全不公平的方式行事的结论。政府履行了部分的合同义务，当时是处在真正困难的境地，它有试图寻找替代的解决方法，但是没能成功。仲裁庭继续指出，"即使政府持续拖欠债务也不等同于违反 NAFTA 第 1105 条，只要这并不是一场彻底的和不正当的交易抵赖并且有些救济是向债权人敞开来解决问题的"。仲裁庭表示，在本案情况下，未能支付合同尽管不可原谅，但可以用金融危机来解释（政府甚至无法支付工资），并且没有证据表明这是出于地方保护

---

① NAFTA 第 1105 条第 1 款规定："任一缔约方应依据国际法赋予另一缔约国的投资者的投资以待遇，包括公平公正待遇和充分保护与安全。"

② DOLZER R, SCHREUER C. Principles of International Investment Law [M]. 2nd ed. Oxford: Oxford University Press, 2012:152-154.

③ Mondev International Ltd. v. United States of America (Mondev v. USA), ICSID Case No. ARB(AF)/99/2, Award, Oct. 11, 2002, para.134.

④ SGS v. Philippines, Decision on Jurisdiction, 29 Jan 2004, para.162.

⑤ Noble Ventures v. Romania, ICSID Case No. ARB/01/11, Award, Oct. 12, 2005, para.182.

的偏见。①

一项合同违约行为在何种情况下可以达到违反一项国际义务？ Impregilo v. Pakistan 案仲裁庭主张："一项违反合同指控若要可能构成对BIT 的违反，它必须是一个普通缔约方可以采取的行为之外的行为的结果。只要当国家在行使其主权权力（公共权力）时，而不是作为缔约一方，才可能违反 BIT 项下承担的义务。"②也就是说，违反 FET 规定要求使用主权权力。

Bayindir v. Pakistan 案仲裁庭明确其观点是与 Waste Management v. Mexico II 案和 Impregilo v. Pakistan 案一致的，仲裁庭认为"申请人必须确定一项违约在性质上不同于一项简单的合同违约，换句话说，它是一个国家在行使其主权权力"。仲裁庭也意识到 Mondev v. USA 案、Noble Ventures v. Romania 案和 SGS v. Philippine 案仲裁庭的要求没有这么高。③

从以上案例中可以看出，仲裁庭普遍认为违反合同可能构成违反 FET条款。但何种情形或程度的违反合同可能构成违反 FET 条款？是否只有在是由使用主权权力或歧视行为导致合同违约这种情况下才构成违反FET 条款？仲裁庭在这一问题上没有一致意见。

二、合同违约行为因构成征收而违反 IIA 义务

合同违约行为如果构成征收，也因此违反 IIA 义务，而这又取决于 IIA是否将合同权利包括在征收（包括间接征收）的对象范围内。美国签署的IIA 中，合同权利可以成为征收的对象。美国 2012 年 BIT 范本第 1 条的投资定义中列举了 8 种类型的资产，其中第 5 项就是合同权利，包括"交钥匙、建设、管理、生产、特许权、收入分成及其他类似合同"。

Azurix v. Argentina 案仲裁庭指出，合同权利可以被征收也是被 ISDS

---

① Waste Management，Inc. v. United Mexican States（Number 2）（Waste Management v. Mexico II），ICSID Case No. ARB(AF)/00/3，Award，Apr. 30, 2004，para. 115.

② Impregilo S. p. A. v. Islamic Republic of Pakistan（Impregilo v. Pakistan），ICSID Case No. ARB/03/3，Decision on Jurisdiction，22 Apr. 2005，paras.260,266.

③ Bayindir v. Pakistan，Award，27 Aug 2009，para.180,footnote 75.

仲裁庭所广泛接受的。[①] Saipem v. Bangladesh 案仲裁庭也认为投资定义可以包含合同权利,也就意味着合同权利可以成为征收的对象。[②]

如果合同权利也受免于征收的保护,那么就会产生一个问题:如何区分普通的合同违约行为与构成征收的合同违约行为。

SGS v. Philippines 案中,仲裁庭的观点是,虽有欠债未还,但菲律宾并未试图制定征收法令或使该债务失效的法令,也未采取任何类似征收的行为,而且很确定的是向法院提起诉讼寻求救济的时效也未到期。拒绝支付债务本身并不构成一项征收,至少在仍存在救济措施的情况下。[③] 可以看到,仲裁庭认为,如果合同违约是因如法律或命令这样的主权行为所致,或者投资者无法就此违约寻求救济时,才是符合征收的开始。

Waste Management v. Mexico II 案仲裁庭指出本案的问题是,为了第1110条的目的,一国国家机关持续、严重的违反合同的行为是否可以构成对争议权利的征收,或者等同于征收该权利。仲裁庭认为,"只是未履行合同义务不等于征收或类似于征收,任何合同方都可能未能履行合同,而征收是政府行为。……投资者面临政府相对方违约时的正常反应是在恰当的法院起诉寻求救济,只有在这种途径在法律上或实际上被阻碍,这种违约才可能达到确定的权利拒绝,这时才能适用第1110条进行保护。……政府不遵守合同义务与征收或相当于征收不是同一回事。……相反,有必要证明有效的权利拒绝,申请人无法获得任何补偿救济,而且产生了完全或在实质程度上阻碍其权利行使的后果"[④]。最后,仲裁庭得出的结论是,"仅因债务未得到支付或者其他合同义务未被履行,不能说一企业被征收。这种情形与赔偿的所有可获得的法律救济途径都被阻碍或者在政府不妥协面前明显无效是不同的。而本案不属于后者的情形"[⑤]。可以说,Waste Management v. Mexico II 案仲裁庭与 SGS v. Philippines 仲裁庭的观点类似,都认为,只有在违约是基于主权行为或者是违约救济途径被阻碍时,一项合同违约才能达到对征收义务的违反。

---

① Azurix Corp. v. The Argentine Republic (Azurix v. Argentina), ICSID Case No. ARB/01/12, Award, 14 July, 2006, para.314.

② Saipem v. Bangladesh, ICSID Case No. ARB/05/07, Award, 30 Jun 2009.

③ SGS v. Philippines, Decision on Jurisdiction, 29 Jan 2004, para.161.

④ Waste Management v. Mexico II, Award, paras. 165, 174-175.

⑤ Waste Management v. Mexico II, Award, para.177.

　　Azurix v. Argentina 案仲裁庭也同意："一缔约国或其机构的合同违约通常不会构成征收。……一国或其机构可能严重违反合同,但这将不会导致违反条约的规定,'除非证明国家或它的机构已经超越了其作为合同的一方的角色,并已经行使了主权的具体功能'。"①

　　从上述案例中可以推断,仲裁庭都同意,仅仅是不遵守合同义务并不构成征收。而三个案件的仲裁庭都认为,若违约是行使主权权力的结果,如判决撤销合同权利,可能相当于征收。Waste Management v. Mexico II 和 SGS v. Philippines 仲裁庭还进一步建议,如果投资者不能在法院寻求赔偿,则一个普通的违约行为可能构成一项征收。

　　因此,如果政府或国有实体是以普通合同缔约方不可获得的方式违反合同义务,或者说政府或国有实体仅是一般合同违约行为,但投资者无法在法院寻求赔偿救济,就可能构成征收。只是在后一种情形中,国际不法行为的定性并不是因为违反合同,而是拒绝司法。这种行为是根据《国家责任条款草案》第 4 条而不是第 5 条被归因于国家。

三、保护伞条款将合同义务转变为条约义务

　　IIA 保护伞条款的典型版本是 ECT 第 10 条第 1 款:"各缔约方应遵守其与其他缔约方投资者或投资者的投资订立的任何义务。"保护伞条款在国家责任构成要件的判断中,涉及两个主要问题:第一,《国家责任条款草案》是否可以适用于保护伞条款;第二,保护伞条款覆盖哪种类型的义务。

(一)《国家责任条款草案》对保护伞条款的适用性

　　前文已经讨论了《国家责任条款草案》在 ISDS 中的可适用性问题。这里要讨论更加具体的问题,即《国家责任条款草案》是否可以用于确定基于保护伞条款一国家机关的违约行为所引发的国家责任问题。以 ECT 的保护伞条款"各缔约方应遵守其与其他缔约方投资者或投资者的投资订立的任何义务"为例,这里的"其"仅指国家本身还是也包括其行为可依《国家责任条款草案》第 5 条、第 8 条归于国家的国有实体。仲裁庭就这一问题有不同的观点。

　　Impregilo v. Pakistan 案中,仲裁庭认为"国家为一实体违反国际法的

---

　　①　Azurix v. Argentine Republic,ICSID Case No. ARB/01/12,Award,14 July,2006,para.315.

行为(如违反条约)所承担的责任与国家为一实体违反一项国内法合同(如本案的合同诉求)所承担的责任之间存在明显的区别"。仲裁庭还援引 Vivendi v. Argentina 案的撤销裁决支持该观点:"违反 BIT 和违反合同是不同的问题,每一种诉求应该依据自己的准据法:在违反 BIT 时是国际法,而在特许合同时是合同自体法。在依条约提起诉求时,适用国际法的归责规则,国家在国际法上对其省级机关的行为负责。反之,国家并不对一省级机关签署合同的行为负责。"①因此,仲裁庭的观点是,当一个独立实体违反一项国内法民事合同时,不能适用国际法上的归因规则。

Amto v. Ukraine 案中,仲裁庭在得出国有实体 Energoatom 未支付合同债务的行为不能归属于国家后,在所诉称的违反 ECT 保护伞条款的问题的分析中,只是简单地指出,"在本案中,合同义务的违反是由一独立的法律实体造成的,因此,保护伞条款并不直接适用"②。仲裁庭发现涉案行为不能在国际法上归因于乌克兰后,也就没有再去分析保护伞条款中的"其"是否包括依《国家责任条款草案》第 5 条和第 8 条其行为可归于国家的国有实体的问题。

Noble Ventures v. Romania 仲裁庭的分析路径与 Impregilo v. Pakistan 案相反,仲裁庭适用了《国家责任条款草案》来确定由国有实体签订的合同是否被保护伞条款涵盖。仲裁庭认为,由于保护伞条款的存在,违反合同的行为也可被认为是对 BIT 的违反,从而引发国家责任。仲裁庭接着指出,为了适用保护伞条款的目的,当一实体的行为可以被归因于国家时,因违反保护伞条款,国家违反签署的合同行为足以构成对国际法的违反。③

Eureko v. Poland 案仲裁庭采用了与 Noble Ventures v. Romania 仲裁庭类似的分析路径。仲裁庭首先依据《国家责任条款草案》的归因规则认定国家财政部部长签署的合同可以被归于波兰。接着,仲裁庭发现波兰违反了合同义务并因保护伞条款违反了其条约义务。④

---

① Impregilo v. Pakistan, Decision on Jurisdiction, 22 Apr 2005, para.210.

② Amto v. Ukraine, Final Award, 26 Mar 2008, para.110.

③ Noble Ventures, Inc. v. Romania, ICSID Case No. ARB/01/11, Award, 12 Oct 2005, paras.68,85.

④ Eureko v. Poland, Partial Award, 19 Aug 2005, paras.126-134,244-260.

《国家责任条款草案》是否可以被用于确定在保护伞条款下一国实体违反合同的国家责任问题？这并不是一个不证自明的问题。保护伞条件给国家施加了遵守其签订的合同义务的责任。如前所述，《国家责任条款草案》只适用于构成对国际义务违背的行为的归责，签署合同本身并不可归因于国家。这种观点可能会得出这样的结论，国有实体签订的合同的违约不属于保护伞条款的范围。然而，这种解读并不能令人完全信服，因为这种形式路径的解释方法忽略了保护伞条款和《国家责任条款草案》的合理性，《国家责任条款草案》第 5 条和第 8 条归因原则正是为了防止出现国家通过授权或指示非国家机关实体的方式来规避国家责任的情形。有学者指出，对于保护伞条款，应该适用《国家责任条款草案》第 4 条、第 5 条、第 8 条来判断违反 IIA 义务的行为和违约的行为。①

（二）保护伞条款所涵盖的义务范围

IIA 纳入保护伞条款的目的是更好地扩大对投资者保护的力度。在涉及保护伞条款的 ISDS 中，投资者总是试图通过保护伞条款将投资者与国家间的每一合同纠纷"提升"为条约争端，被申请人则通常希望对保护伞条款进行限制解释，仅局限于遵守政府与政府间的投资条约义务，至少纯商业合同并没有被保护伞条款所覆盖。②

仲裁庭在解读保护伞条款含义时有两种立场：一种是限制解释，认为该条款实际上并没有将合同诉求提升为条约诉求的水平；另一种是扩大解释，认为任一合同义务的违反都构成对保护伞条款的违反。SGS v. Pakistan 案和 SGS v. Philippine 案的裁决是这两种解释方法的最早案例。

在 SGS v. Pakistan 案中，仲裁庭并不接受投资者提出的瑞士—巴基斯坦 BIT 第 11 条保护伞条款意味着"它将合同违约提升到违反条约的层面"的主张，③仲裁庭对保护伞条款作出了高度限制性的解释，它认为只有当国

① GALLUS N. An Umbrella Just for Two? BIT Obligations Observance Clauses and the Parties to a Contract[J]. Arbitration International，2008，24(1)：167-168.

② WALDE W T.Contract Claims Under the Energy Charter Treaty's Umbrella Clause：Original Intentions Versus Emerging Jurisprudence［C］//RIBEIRO C. Investment Arbitration and the Energy Charter Treaty，New York：JurisNet，2006：213-214.

③ SGS v. Pakistan，Decision on Jurisdiction，6 Aug 2003，para.99. SGS 案件是第一个涉及"保护伞条款"效力的投资仲裁案件。

家阻碍了投资者向国际仲裁庭提起诉请或国家拒绝接受这样的仲裁,才可能违背保护伞条款。①

　　SGS v. Philippine 案中,仲裁庭批评了 SGS v. Pakistan 案的推理,认为"如果国家对特定投资作出的承诺依准据法确实涉及有约束力的义务或承诺,那么依 BIT 第 10 条第 2 款认为它们属于条约的保护范围也是完全符合 BIT 的宗旨和目的的。……第 10 条第 2 款就是它所说的意思。相较于瑞士—巴基斯坦 BIT 中保护伞条款相当模糊的用语,瑞士—菲律宾 BIT 保护伞条款是不同的。第 10 条第 2 款使得东道国未能遵守其对特定投资承担的约束性承诺(包括合同承诺)的行为构成对 BIT 的违反"②。仲裁庭虽然承认了保护伞条款为合同争议提供条约诉求管辖的功能,但却又认为投资者要将该合同诉请提交菲律宾的国内法院,因为投资协议包含了一项专属管辖的条款,一方不得依合同为依据提起(国际仲裁)诉请。③

　　Salini v. Jordan 案、Joy Mining Machinery v. Egypt 案采用了 SGS v. Pakistan 案的限制解释方法,否认保护伞条款要求缔约方承担遵守任何义务的责任,反对将所有的合同诉求转变为条约诉求。④

　　而另外一些仲裁庭则采用了 SGS v. Philippine 案的扩大解释立场,如 Eureko v. Poland 案、Noble Ventures v. Romania 案。

　　Eureko v. Poland 案中,仲裁庭是这样分析美国—波兰 BIT 的保护伞条款的含义的:"'必须遵守'的措辞是命令式的和绝对的。'任何'义务是宽泛的,它意味着不仅是某一特定种类的义务,而是'任何'义务,也就是指所有缔约国对另一缔约国投资者的投资所负的全部义务。……依据 VCLT 第 31 条的解释规则,第 3 条第 5 款的上下文是'对投资的鼓励和相互保护'的条约宗旨目的,包括该条在内的条约具体规定都旨在达成这一宗旨目的。

----

　　① SGS v. Pakistan, Decision on Jurisdiction,6 Aug 2003,para.172.

　　② SGS v. Philippine, Decision on Jurisdiction,29 Jan 2004,paras.117,119,128. 仲裁庭认为瑞士—菲律宾 BIT 的用语(任何义务)比瑞士—巴基斯坦的用语(承诺)更加清晰和绝对。

　　③ SGS v. Philippine, Decision on Jurisdiction,29 Jan 2004,paras.154.

　　④ Salini v. Jordan, ICSID Case No. ARB/02/13, Decision on Jurisdiction,9 Nov. 2004,para.126. Joy Mining Machinery Limited v. Arab Republic of Egypt(Joy Mining Machinery v. Egypt), ICSID Case No. ARB/03/11, Award on Jurisdiction,6 Aug 2004, para.81.

条约解释的一项基本规则是,条约的每一项关键条款的解释都应解释为有效而不是无效。这同样被 PCIJ 和 ICJ 的国际法法理所确定,对条约及其条款的解释应使其有效而不是无效。"①因此该保护伞条款带来的直接、可操作的影响是,首先 Eureko 与波兰政府签署的合同属于仲裁庭的管辖范围,其次波兰政府因 SPA 违约行为违反了条约第 3 条第 5 款的规定。②

Noble Ventures v. Romania 案中,仲裁庭需要判断是否可以认为被申请人签署了包括股份购买合同在内的各种合同,基于保护伞条款的原因,违反这些合同义务就可以被认为违反了 BTI 义务。③ 仲裁庭首先指出,本案所涉 BIT 第 2 条第 2 款第 3 项保护伞条款的措辞与 SGS v. Pakistan 案、SGS v. Philippines 案和 Salini v. Jordan 案不同,因此对该条的解释不受其他案件的影响。BIT 的用语和目的都支持将该条解释为包括投资合同。④ 仲裁庭承认国际法一般规则是国家违反合同本身并不引发国家的国际责任,但是 BIT 的保护伞条款构成了一种例外。但仲裁庭发现罗马尼亚并未违反合同,也就没有必要回答保护伞条款是否涵盖了每个合同违约。⑤ 因此也就留下这个问题未解答。

El Paso v. Argentina 案仲裁庭在支持 SGS v. Pakistan 案的限制解释立场上,对保护伞条款进行了更加清晰的区分解释,明确区分合同诉求和条约诉求,对其保护问题作出了更加平衡的裁决。仲裁庭认为,为了区分国家以商人身份和以主权者身份行事的必要,根据美国—阿根廷 BIT 保护伞条款"各缔约方应该遵守其就投资可能承担的任何义务"的规定,并参照条约第 7 条第 1 款明确包含了国家作为主权者违反其义务的所有投资争端的规定,仲裁庭最后的结论是,保护伞条款的范围"不应该将条约保护扩大到国家或一国有实体签订的普通商业合同的违约,而应该涵盖国家作为主权者

---

① 美国—波兰 BIT 的保护伞条款规定,"缔约国应该遵守其对另一缔约方投资者的投资所承担的任何义务。"Eureko v. Poland, Partial Award, 19 Aug 2005, paras.246-248.

② Eureko v. Poland, Partial Award, 19 Aug 2005, para.250.

③ Noble Ventures v. Romania, Award, 12 Oct 2005, para.68.

④ 美国—罗马尼亚 BIT 第 2 条第 2 款第 3 项的保护伞条款规定,"各缔约方应该遵守其就投资可能承担的任何义务"。Noble Ventures v. Romania, Award, 12 Oct 2005, paras.50-52.

⑤ Noble Ventures v. Romania, Award, 12 Oct 2005, paras.53,55,61.

所同意在投资协议中加入的如稳定条款这样的额外的合同投资保护"①。也就是说,仲裁庭拒绝了任何合同违约都应依保护伞条款受到保护的这种解释。由于 Pan American v. Argentina 案仲裁庭的两位仲裁员也是 El Paso v. Argentina 案的仲裁员,两仲裁庭就美国—阿根廷 BIT 的保护伞条款的范围作出的裁决几乎一致。②

　　Siemens v. Argentina 仲裁庭并未采用 El Paso v. Argentina 案和 Pan American v. Argentina 案仲裁庭的方法。仲裁庭认为,该保护伞条款"明确地表达了其含义,即缔约一方未能履行对任何特定投资承担的义务,都会依该条转化为对条约的违反"③。仲裁庭继续指出,"其并不认同被申请人'应该区分投资协议与具有行政性质的特许协议'的观点,因为这不符合第 7 条第 2 款中所指的'任何义务'的规定和条约对投资的定义。基于保护伞条款,任何与投资相关的协议都属于义务的一部分。为条款通常意义的目的,仲裁庭没有发现其有明显地特指'特定的'投资。与'任何义务'相联系,在条约意义上的'投资'应该涵盖阿根廷承担的对投资的任何具有约束力的义务"④。

　　Sempra v. Argentina 案仲裁庭同意普通的合同违约并不等同于条约违反,同意明确区分违反合同的行为与违反条约的行为,以避免保护伞条款"无限和不合理"的扩张。而区分的基础就是看违约行为是来自普通合同方的行为,还是相反,牵涉只有主权国家的功能或权力才能产生效果的行为。⑤ 这与 El Paso v. Argentina 案 和 Pan American v. Argentina 案仲裁庭的区分观点相同。

---

　　①　El Paso v. Argentina,ICSID Case No. ARB/03/15,Decision on Jurisdiction, 27 Apr 2006,para.81.

　　②　Pan American v. Argentina,ICSID Case No. ARB/03/13,Decision on Preliminary Objections,27 Jul 2006,para.109.

　　③　Siemens AG v. Argentina (Siemens v. Argentina),ICSID Case No. ARB/02/8,Award,17 Jan 2007,para.204.德国—阿根廷 BIT 第 7 条第 2 款的保护伞条款规定"任一缔约方应该遵守其对在其境内的另一缔约方的公民或公司的投资所承担的任何义务。"

　　④　Siemens v. Argentina,Award,17 Jan 2007,para.206.

　　⑤　Sempra Energy International v. The Argentine Republic (Sempra v. Argentina),ICSID Case No. ARB/02/16,Award,28 Sep 2007,para.310.

从上述一系列有关保护伞条款的裁决中可以看到,这些案件仲裁庭的共识是,保护伞条款至少将保护一定的合同违约。Noble Ventures v. Romania 案和 SGS v. Philippines 案仲裁庭并未明确说明如何进行区分合同。El Paso v. Argentina 案和 Pan American v. Argentina 案以及 Sempra v. Argentina 案仲裁庭认为,只有当国家以主权者身份签订的合同才会落入保护伞条款的保护范围。

仲裁庭观点分歧的一部分原因可归于各 IIA 保护伞条款的用语不同。[①]对保护伞条款进行限制性解释的仲裁庭主要是担心过于宽泛的解释会将极小的合同诉求转化为条约诉求,而且会使得如 FET 或"充分保护与安全"这些更高标准的条约条款甚至是整个投资协定变得没有意义。[②] 而对保护伞条款进行宽泛(扩大)解释的仲裁庭主要认为这就是保护伞条款本身所表达的含义。[③]

晚近仲裁庭更多地对保护伞条款进行了精细化的解释,明确区分合同请求权和条约请求权。比较前一节的归因问题,可以发现有趣的一点,El Paso v. Argentina 案和 Pan American v. Argentina 案确立的只有具有国家主权特性的合同才属于保护伞条款保护范围的区分标准,与归因问题中依《国家责任条款草案》第 5 条的职能测试来判断一实体的行为归于国家的路径是类似的。正如沃尔德所指出的,"用于确定这些'实体'的行为可归属于国家的规则和标准与区分主要是商事的合同争端和明显的政府合同争端的

---

① 如 SGS v. Philippine 案和 Noble Ventures v. Romania 案仲裁庭在分析保护伞条款含义之前都强调了本案所涉 BIT 的保护伞条款的用语与其他案件不同。但 El Paso 和 Pan American 仲裁庭是反对保护伞条款的解释应依其保护伞条款应根据其起草的不同而不同这种观点的,El Paso v. Argentina,Decision on Jurisdiction,27 Apr 2006,para.70,Pan American v. Argentina,Decision on Preliminary Objections,27 Jul 2006,para.99.

② El Paso v. Argentina,Decision on Jurisdiction,27 Apr 2006,paras. 82, 76;Pan American v. Argentina,Decision on Preliminary Objections,27 Jul 2006, paras.110, 105.

③ SGS v. Philippines, Decision on Jurisdiction, 29 Jan 2004,para.119;Siemens v. Argentina,Award, 17 Jan 2007,para.204.

标准是类似的,很可能是相同的"①。

第四节　ISDS 中国家责任构成要件认定实践的启示

通过上述案例的讨论,我们较为详细地了解了《国家责任条款草案》关于国家责任构成要件的原则、规则在 ISDS 中的适用情况。一方面,从国家责任法的角度,认识了 ISDS 中东道国对其国内机关和相关实体的行为承担国家责任的国际法理依据;另一方面,更深刻地感受到了 IIA 就国家义务的规定缺乏精细度所导致的不利境地。

一、仲裁庭对国家机关与非国家机关实体"行为"的认定缺乏一致性

从前两节的讨论中,我们看到,在 ISDS 的裁判过程中,相较于国家机关的行为,确认国家对非国家机关实体违反合同义务的行为负有国家责任是更为复杂的问题。但根据《国家责任条款草案》,判断条件和步骤却是清晰的,分两步走。第一步,判断归因。只有在该非国家机关实体被授予政府权力并且当其违反合同时履行了这种权力,或者是该实体的行为是在国家控制或指示下进行的,该实体的行为才可归属于国家,国家才要负责任。如果一实体既有政府功能又有商业功能,如 Maffezini v. Spain 案中的 SODI-GA,则必须分析其订立和履行协议时是以哪一种身份进行。只有在它的行为具有主权性质时,该违约才可以被归于国家。第二步,判断违反合同行为的国际不法性。也就是说,合同违约必须构成对 IIA 义务的违背。通常有三种违约发生的情形可能构成违背 IIA,如果该违约构成对提供 FET 的义务、构成征收、因保护伞条款牵涉的合同义务等情况。

仲裁庭基本同意一项合同违约可能构成对 FET 条款的违背。然而,这一义务是否只有在违约是基于行使主权权力或是一种歧视性行为才会被违

---

① WALDE W T.Contract Claims Under the Energy Charter Treaty's Umbrella Clause: Original Intentions Versus Emerging Jurisprudence [C]//RIBEIRO C. Investment Arbitration and the Energy Charter Treaty,New York: JurisNet, 2006:229.

反（如 Waste Management v. Mexico II 案、Impregilo v. Pakistan 案）并没有一致的意见。有些案件仲裁庭建议这一门槛应该低一些（如 Mondev v. USA 案、SGS v. Philippines 案、Noble Ventures v. Romania 案）。

就违反征收条款的情况，仲裁庭认为，仅仅是未遵守合同本身不构成征收。只有当以该实体通过一个普通的合同缔约方无法获得的方式违反了合同义务或者投资者不能向法院提起求偿时（SGS v. Philippines 案、Waste Management v. Mexico II 案、Azurix v. Argentina），才会构成征收从而引发国家责任。

而在何种情形下会违反保护伞条款这一问题上，就更加没有一致性（SGS v. Pakistan 案和 SGS v. Philippines 案两案的极度不同），仲裁庭逐渐对保护伞条款的范围进行精细的区分，El Paso v. Argentina 案、Pan American v. Argentina 案和 Sempra v. Argentina 案都认为，如果可以确认该实体在履行合同时是以政府职能行事而且没有尊重其合同义务，那么就可以违反保护伞条款要求国家负责。

二、IIA 相关条款应进一步明晰化处理

仲裁庭对 IIA 中 FET、征收、保护伞条款的解释如此不一致性的根源在于，这些 IIA 条款本身具有不明确性和不统一性。因此，有必要对 IIA 条款本身进行明晰化，一定程度上减少后续的混乱。

(一)FET 条款

IIA 中 FET 条款本身极具不确定性和扩张性，国家应该特别注意这些条款的措辞技巧，从条约文本上明确作出解释和限定。

有学者认为，应对措施有两种：一是把 FET 理解为无差别待遇，只要东道国给予外国人以与其国民或其他外国人同等的待遇即达成条约义务。二是把 FET 作为私人非诉事项，不宜作为私人投资者基于条约索赔的依据。[1]

---

[1] 无差别待遇允许有某些重要的例外。如果把 FET 作这样的理解，其待遇就有了明确的内容，有了明确的标准可循，从而成为一种确定的法律制度。将 FET 排除在投资者的可诉事项之外，使其在条约的解释和适用中发挥应有的作用。余劲松.外资的公平与公正待遇问题研究：由 NAFTA 的实践产生的几点思考[J].法商研究.2005(6)：47-48.

而有学者则指出,为最大限度地防止国际仲裁庭滥用 FET 标准,应以国际习惯法规则来限定"国际待遇最低待遇"的内容,未给予外国投资者 FET 之情形,最多只可能是东道国政府违反正当程序与实行明显歧视、武断行为。[①]

UNCTAD 在 2015 年《世界投资报告》中就 FET 条款的改革提供了四种选项:(1)参照国际习惯法规定的外国人待遇最低标准来限定 FET 标准;(2)澄清 FET 标准,列出国家义务的开放式清单;(此种方式的缺点之一是可能会在仲裁中通过解释扩大 FET 的含义)(3)以穷尽的,即更具体的义务的"封闭"清单取代一般的 FET 条款;(4)完全省略 FET 条款。[②]

不论哪种做法,从减少 FET 条款解释的混乱程度目的出发,IIA 有必要对现有 FET 的内容和范围作出进一步精确化的修订。

(二)征收条款

征收,主要是间接征收条款的宽泛性。原有许多的讨论集中在间接征收的"间接程度"的判定和国家管制性权力的操作空间的保留上。而在前一节的讨论中,我们发现,征收的对象范围也会引发争论。合同权利是否构成征收的对象?现有 IIA 投资定义大多是包含了这种情形的。因此,从限定征收条款适用范围的角度出发,也可以从限定投资定义这一方面进行。

ISDS 仲裁实践显示,仲裁庭较为一致的认知是,若政府或国有实体违反合同义务的方式是普通合同缔约方不可获得的方式,或者说虽是一般合同违约行为,但投资者无法在法院寻求赔偿救济,都可能构成征收。因此,对合同权利的违反方式可能会造成国家对 IIA 义务的违反,当这种违约行为介入非普通商业行为的国家权力中时,国家有必要在 IIA 的修改上注意对这些问题的明晰。

(三)保护伞条款

El Paso v. Argentina 案和 Pan American v. Argentina 案确立了只有具有国家主权特性的合同才属于保护伞条款保护范围的区分标准,明确区分合同请求权和条约请求权。已有国家实践对保护伞条款带来不确定和不合理的情形作出反应。如美国 2004 年 BIT 范本第 24 条"提交仲裁请求"

---

① 徐崇利. 公平与公正待遇:真义之解读[J]. 法商研究. 2010(3):58.

② UNCTAD. World Investment Report 2015: Reforming International Investment Governance[M]. New York and Geneva: United Nations Publications,2015:137-138.

仅将违反 BIT 第 3 条至第 10 条之条约义务、特许协议和行政许可纳入国际仲裁管辖范围，并将东道国政府与外国投资者之间订立的民商事合同排除在 ISDS 仲裁之外。

在 IIA 中明确区分合同请求权和条约请求权，限定保护伞条款的适用范围，对东道国而言也是有利的。例如，可以在 IIA 中澄清，该条款仅涵盖针对特定具体的投资而订立的书面义务，或者该条款仅适用于政府因行使主权权力而造成的违反该条款的行为（而非一般的违约行为），还可以排除 ISDS 机制对依保护伞条款提起的索赔的适用性。[①]

三、IIA 特殊归因规则排除国家责任法的适用

根据"特别法优先原则"，IIA 对是否存在不法行为的条件有明确规定的，不再适用国家责任法的条款规定。

UPS v. Canada 案中，加拿大邮政公司的行为是否可以归因于加拿大是需要先行确定的附带问题。仲裁庭明确提到《国家责任条款草案》第 55 条并指出，NAFTA 就归因问题有特别的规定——NAFTA 第 15 章专门监管垄断和国有企业的行为，明确区别于国家机关，构成了特别法，排除了《国家责任条款草案》有关归因的一般规则（第 4 条、第 5 条）对 NAFTA 第 11 章的适用。仲裁庭对加拿大邮政公司可能存在的不正当竞争行为进行分析后认为，加拿大邮政公司并不是行使政府权力的机构，因而其行为并不归属于加拿大，进而裁决 UPS 的仲裁请求不成立。[②]

Al Tamimi v. Oman 案中，仲裁庭接受 UPS 仲裁庭关于特别法原则的解释，认为本案仅适用美国—阿曼 FTA 第 10.1.2 条规定的具体检验标准来判断归因，该条规定的检验标准在某些方面可能比国际习惯法下的国家责任检验标准更窄，《国际责任条款草案》第 5 条的标准并不直接适用于本

---

① UNCTAD. World Investment Report 2015：Reforming International Investment Governance[M]. New York and Geneva：United Nations Publications，2015：144.

② 本案申请人是一家在加拿大提供快递服务的美国公司——美国联合包裹服务公司（United Parcel Service of America Inc. 简称为 UPS），认为加拿大政府的出版物支援措施使得加拿大邮政公司能够以其国有企业的身份获得政府补贴，在与私人企业存在竞争关系的小型包裹邮件业务中，享有不公平的竞争优势，因而提起仲裁，认为该措施违反了 NAFTA 投资第 11 章项下的国民待遇条款，加拿大未能遵守 NAFTA 义务。UPS v. Canada，UNCITRAL，Award on the Merits，24 May 2007，paras.11,45-63.

案,也不适用第 8 条的标准。就美国—阿曼 FTA 下的归因而言,仅有阿曼矿业有限责任公司(OMCO)是一家国有企业这一事实是不够的,要归因于被申请人,OMCO 的行为必须是在行使阿曼"授权给它的监管、行政或其他政府权力"时发生。仲裁庭经过分析最终得出结论,没有证据表明 OMCO 曾经行使过阿曼国家授予它的任何管理、行政或政府权力,OMCO 的行为不符合美国—阿曼 FTA 第 10.1.2 条规定的归因于阿曼的标准。[①]

　　但有学者批评该案仲裁庭的做法,认为本可以就 OMCO 的行为的可归因性作出肯定的结论,其依据是明显的政府监督、先前对决议和行动的批准、国家对国有企业的具体授权,以及考虑了设想政府任命其管理人员的公司治理条款。美国—阿曼 FTA 第 10.1.2 条的规定并未偏离《国际责任条款草案》第 5 条的基本内容,仲裁庭完全排除第 5 条和(而且)第 8 条所规定的归因习惯规则适用于 OMCO 的行为的结论是没有充分根据的。[②] 这一批评的基础正是《国际责任条款草案》第 55 条的评注 4 所指出的,要适用特别法原则,仅有两种不同规定来处理同一主题事项是不够的,还必须是两者之间一定存在着某种实际的矛盾,或者可以看到用一种规定排斥另一规定的意图。

　　可以看到,就第 55 条"特别法优先原则"的适用,还是一个解释的问题。大多数 IIA 中即使有归因条款,也往往没有采用明确清晰的用语(如ECT),那么不能把它们解释为取代了反映在《国家责任条款草案》中的有关归因的国际习惯法。因此,如果国家有意排除《国家责任条款草案》中的归因规则的适用,就必须要在国际投资协定中明确清晰地规定本条约就归

---

　　① 本案申请人美国公民 Al Tamimi 先生投资开发和运营一个靠近阿曼—阿联酋边境的石灰石采石场。申请人分别通过 Emrock 和 SFOH 这两个公司的车辆与 OMCO 签署了两份租赁协议。此外,采石场的启动经常需要与阿曼商业和工业部(MOCI)和阿曼环境和气候事务部(MECA)进行互动,特别是为了获得必要的环境和经营许可证和许可证。采石作业开始后,两个部委对 OMCO/Emrock 提出了几次投诉、警告和罚款。最终,OMCO 决定终止 Emrock 租约协议。美国—阿曼 FTA 第 10.1.2 条规定:"一缔约方在本节项下的义务适用于国有企业或其他行使该缔约方授予其任何监管、行政或其他政府权力的人。"Adel A Hamadi Al Tamimi v. Sultanate of Oman,ICSID Case No. ARB/11 /33,Award,27 Oct 2015,paras. 317-335.

　　② STEFANO D C. Attributing to Sovereigns the Conduct of State-Owned Enterprises_ Towards Circumvention of the Accountability of States under International Investment Law[J]. ICSID Review,2017,32(2):267-274.

因问题的特别规定,若非如此,可能会被判定为并未排除《国家责任条款草案》的适用。

本章小结

从仲裁庭对ISDS中国家责任构成要件的认定实践中,我们可以感受到以《国家责任条款草案》为代表的国家责任法在ISDS中所起的重要作用。国家责任法作为一般国际法,对IIA这个特别法领域的补充和指导作用是不可忽视的,尤其是在归因问题上,这也是基于现有IIA中鲜有相关的规定。

ISDS中,仲裁庭要确认东道国的国家责任,同样根据国家责任法,从"归因"和"行为"两要件进行评估。"归因"问题主要涉及两类主体,一是国家机关,二是非国家机关实体。国家对其国家机关的行为必须负责,且不论其国内法上对国家机关的地位规定和职权规定。非国家机关实体在ISDS的归因问题,通常从是否行使政府性权力和受国家控制的角度进行判断。归因成功之后,还必须确认被归于国家的行为属于违反IIA义务的行为,这主要涉及IIA中的FET、征收、保护伞条款的解释问题。但这些条款自身规定的模糊或设计不合理又让仲裁庭在解释过程中享有了更大的自由裁量权,对国家而言更加难以防范。

因此,就IIA的改革而言,一方面,可以制定IIA的特殊归因规则;另一方面,更加明晰国家所承担的IIA义务,可以从IIA的实体义务条款入手,包括FET、征收、保护伞条款等具体内涵的澄清。这样,不仅可以有效防止仲裁庭的过度自由裁量,更能提升ISDS双方的可预见性,也能给国家行为提供更好的指示和约束。

第四章　ISDS 中国家责任的免除问题

　　阿根廷经济危机引发的一系列 ISDS 案件中,阿根廷政府以《国家责任条款草案》第 25 条"危急情况"的规定①及美国—阿根廷 BIT 第 11 条"根本安全例外"条款为由提出免责抗辩,各仲裁庭的矛盾裁决引发了争议,焦点问题包括国家责任法的"危急情况"抗辩与 IIA 例外条款的关系、"危急情况"或例外条款的构成要件以及成功援引抗辩后是否免除赔偿责任等问题。

　　当今国际风险社会中,在国家大政府的形式下,国家要对各方(不仅仅是外国投资者)负有更多的责任义务,包含"根本安全例外"在内的各种 IIA 例外条款正是为国家提供了必要的政策空间。简单地将 IIA 例外条款视为对国家责任法的重述,是完全忽略了 IIA 缔约国订立例外条款的目的和特别规定。例外条款的设置势必会减损原有 IIA 体系对投资者利益的保护,当前 IIA 实践日益重视平衡化趋势,为更好地平衡东道国利益与投资者的私人权益,有必要更好地设置 IIA 例外条款。

第一节　《国家责任条款草案》"危急情况"条款
　　　　与 IIA 例外条款

　　阿根廷经济危机引发的 ISDS 系列案件中,阿根廷政府援引《国家责任

---

　　①　《国家责任条款草案》第五章规定了 6 种解除国家行为不法性的情形:"同意"、"自卫"、"反措施"、"不可抗力"、"危难"和"危急情况"。

条款草案》第 25 条"危急情况"条款①及美国—阿根廷 BIT 第 11 条"根本安全例外"条款进行抗辩②,主张应排除其为应对经济危机而采取的措施的不法性,从而免除阿根廷的国家责任。

一、IIA 例外条款之历史发展与阿根廷系列案之背景

IIA 实践最早起源于美国在"二战"后对外签署的《友好通商航海条约》(Friendship Commerce Navigation Treaty,FCNT),规定了条约不能适用于有关国家根本安全利益(此时主要是指军事安全)的争端的例外。后来这类条款被沿用到美国 BIT 中,并成为其必备条款。③ IIA 例外条款多数是在国际贸易法领域 GATT 第 20 条"一般例外"和第 21 条"安全例外"的基础上加以修订达成的。由于美国 BIT 例外条款常常使用"本条约并不排除缔约方采取或施行……措施"这样的措辞,又被称为"不排除措施条款"(Non-precluded measures provisions,简称 NPM 条款)。④ 除了美国,加拿

---

① 《国家责任条款草案》第 25 条"危急情况"规定:

"1. 一国不得援引危急情况作为理由解除不遵守该国家所负的某项国际义务的行为的不法性,除非:

(a) 该行为是该国保护根本利益对抗某项严重迫切危险的唯一办法;而且

(b) 该行为并不严重损害作为所负义务对象的一国或数国的或整个国际社会的根本利益。

2.一国绝不得在以下情况下援引危急情况作为解除其行为不法性的理由:

(a) 有关国际义务排除援引危急情况的可能性;或

(b) 该国促成了该危急情况。"

② 美国—阿根廷 BIT 第 11 条规定:"本条约不排除任何一方为维持公共秩序的措施,为履行与维持或恢复国际和平与安全有关的义务,或保护其自身的根本安全利益所采取的措施。"

③ VANDEVELDE J K.Rebalancing through Exceptions[J]. Lewis & Clark Law Review,2013:449,452;BURKE-WHITE W W,STADEN V A. Investment Protection in Extraordinary Times:The Interpretation and Application of Non-Precluded Measures Provisions in Bilateral Investment Treaties [J]. Virginia Journal of International Law,2008,48(2):307,312.

④ 这种称谓是从条款的内容来讲,条约中的义务不排除东道国为保护国家安全等目的而有权采取违背 BIT 义务措施的权利。这源于美国 BIT 的做法。

大、德国、印度、比利时—卢森堡经济联盟等国签署的 IIA 中也包含例外条款。①

阿根廷政府从 1989 年开始实行新自由主义经济政策,全力吸引外资,进行经济改革,其中包括一项大规模的国有公司私有化计划,涉及重要工业和公用事业的私有化以及外国投资的参与。同时,90 年代签署了 50 多个高保护标准的 BIT,并加入 ICSID。2001 年阿根廷爆发金融危机导致经济崩溃、社会失序,政府颁布《公共紧急状态法》并出台一系列紧急措施,包括限制汇出、强制外币债务(存款)比索化、增征关税等。投资者以这些紧急措施侵犯自己利益为由,依相关 BIT 对阿根廷政府提起仲裁,引发国际投资仲裁浪潮。②

二、阿根廷系列案仲裁庭的矛盾适用

仲裁庭对阿根廷的免责抗辩主张作出了矛盾的解释,引发关注和讨论的焦点问题是,IIA 例外条款与国家责任法"危急情况"抗辩的关系,继而涉及二者的适用条件及法律后果的问题。

(一)第 25 条"危急情况"条款与第 11 条"根本安全例外"条款的关系

阿根廷系列案仲裁庭对于《国家责任条款草案》第 25 条和美国—阿根廷 BIT 第 11 条的关系给出了不同的解读。

1.第 25 条与第 11 条完全等同

CMS v. Argentina 案、Enron v. Argentina 案和 Sempra v. Argentina 案仲裁庭认为《国家责任条款草案》第 25 条充分反映了习惯国际法在危急情况问题上的现状,并认为"就危急情况的条件而言,条约和习惯法标准密不可分",因为 BIT 第 11 条没有明确规定其适用条件,所以适用第 25 条

---

①　BURKE-WHITE W W,STADEN V A. Investment Protection in Extraordinary Times:The Interpretation and Application of Non-Precluded Measures Provisions in Bilateral Investment Treaties [J]. Virginia Journal of International Law, 2008,48(2):313.作者统计了在现行生效的 2000 个 BIT 中有至少 200 个条约包含 NPM 条款。加拿大自 1994 年起在 BIT 中加入 NPM 条款。p.328.

②　至 2006 年 1 月 22 日,ICSID 未决案件有 103 个,其中 37 起的被诉方为阿根廷,数目之多令人咋舌。陈安. 中外双边投资协定中的四大"安全阀"不宜贸然拆除:美、加型 BITs 谈判范本关键性"争端解决"条款剖析[C]//陈安.国际经济法学刊. 北京:北京大学出版社, 2006,13(1):25-27.

"危急情况"的规定来分析阿根廷政府的措施是否满足这些条件,最终得出阿根廷未满足危急情况适用的条件,不能解除其违约行为的不法性。[①]

2.第 25 条与第 11 条性质不同

LG&E v. Argentina 案仲裁庭首先适用美国—阿根廷 BIT 第 11 条,认为依据该条款可以免除阿根廷在危急情况期间所采取措施的责任,接着分析第 25 条以支持仲裁庭的上述结论。[②] 但仲裁庭没有对二者的关系作更深入的分析。

CMS v. Argentina 撤销案委员会认为二者本质上是不同的,批评了仲裁庭假设第 11 条和第 25 条处于同一地位的做法,指出"仲裁庭应明确二者的关系,以确定它们是否都适用于本案",并对二者的关系进行了清晰的界定和分析,其分析得到 Continental v.Argentina 案仲裁庭、Enron v. Argentina 案撤销委员会、Sempra v. Argentina 案撤销委员会以及 El Paso v. Argentina 案仲裁庭的认同。[③]

CMS v.Argentina 撤销案委员会认为,"第 11 条是一个门槛要求:如果它适用,条约规定的实质性义务就不适用。而第 25 条是一个抗辩理由,只有在确定存在违反这些实质性义务的情况下才适用"。因此,二者"在本质上是不同的……第 11 条是涉及判断是否违反 BIT 义务的初级规则,而第 25 条是次级规则……仲裁庭本应先考虑是否存在违反 BIT 的情形以及这种违反是否可以被第 11 条排除责任,只有在得出该行为不符合 BIT 义务的结论时,才可以考虑是否可以基于国际习惯法从整体或部分上排除阿根

---

① CMS v. Argentina, ICSID Case No. ARB/01/8, Award, 12 May, 2005, paras.315-331,353-365; Enron v. Argentina, ICSID Case No. ARB/01/3, Award, 22 May, 2007, paras.303-313,332-334; Sempra v. Argentina, ICSID Case No. ARB/02/16, Award, 28 Sep, 2007, paras.344-355,374-378.

② LG&E v. Argentina, ICSID Case No. ARB/02/1, Award, 3 Oct 2006.paras.226-261.

③ Enron v. Argentina 案撤销委员会也认为第 25 条和第 11 条不同,但却基于不同的理由撤销了 Enron 案的裁决,因为仲裁庭没有恰当适用或者解释第 11 条与国际习惯法的危急情况的实施条件。Enron v. Argentina, ICSID Case No. ARB/01/3, Decision on the Application for Annulment of the Argentine Republic, 30 July, 2010, paras.355-395, 404-407.

廷的责任"①。

Continental v. Argentina 案仲裁庭指出两种抗辩的内容不同,根据第11条,此类措施将不在条约范围内,因此采取这些措施的缔约方不会违反相关的 BIT 条款。BIT 第11条被视为有关危急情况的具体双边规定,是一种特别法,优先于限制性更强的习惯法上的危急情况。如果要援引第25条的相关规定,也是因为其规定的检验标准有助于解释第11条的适用条件。②

Sempra v. Argentina 案撤销委员会也指出,第25条和第11条处理的情况完全不同:第25条处理的是在缔约国违反条约义务的情形下,以危急情况为由为其违反条约义务提出抗辩,并规定了接受这种抗辩的限制性条件;第11条规定的是,在其适用的情况下,采取这些措施不违反该国的国际义务,因此不是"不法行为"。因此,不能假定第25条是为了解释第11条的目的而"界定危急情况及其适用的条件"。③

El Paso v. Argentina 案仲裁庭同意并引用 Continental v. Argentina 案仲裁庭和 CMS v. Argentina 撤销案委员会对二者关系的论述,再次强调二者不同,认为本案应适用 BIT 第11条,没有必要适用和充分分析第25条。④

这些裁决观点在二者关系上是相同的:都认为第11条属于限定 BIT 义务范围的初级规则,在满足第11条适用条件的情况下,采取的措施不违反该国的国际义务,该措施不构成"不法行为"。第25条是次级规则,只有在确认第11条条件不满足,该国行为构成违反国际义务的情形下,才有适

---

① CMS v. Argentina, ICSID Case No. ARB/01/8(Annulment Proceeding), Decision of the ad hoc Committee on the Application for Annulment of the Argentine Republic, 25 Sep 2007, paras.129-135.

② Continental v. Argentina, ICSID Case No. ARB/03/9, Final Award, 5 Sep, 2008, paras.162-168.

③ Sempra v. Argentina, ICSID Case No. ARB/02/16, Decision on the Argentine Republic's Request for Annulment of the Award, 29 June, 2010, paras.199-204.

④ Continental v. Argentina, ICSID Case No. ARB/03/9, Final Award, 5 Sep, 2008, paras.162-168. Sempra v. Argentina, ICSID Case No. ARB/02/16, Decision on the Argentine Republic's Request for Annulment of the Award, 29 June, 2010, paras. 199-204; El Paso v. Argentina, ICSID Case No. ARB/03/15, Award, 31 Oct,2011,paras.552-555.

用第 25 条作为解除行为不法性的抗辩理由的可能性。

(二)阿根廷是否满足"危急情况"的适用条件

根据《国家责任条款草案》第 25 条的规定,危急情况的适用条件包括:(1)必须存在危及该国根本利益的严重和迫在眉睫的危险;(2)一国所采取的措施行为必须是应对危急情况的唯一办法;(3)该行为不严重损害其所负国际义务对象的根本利益;(4)该国未促成该危急情况。这些条件中,"根本利益""严重迫切危险""唯一办法"等关键术语的含义是模糊的、带有主观性的,并没有统一的认定标准,也给仲裁庭留下了极大的裁量空间,增加了矛盾裁决的可能性。

就第一个要件中"根本利益"是否包含经济危机这个问题,ILC 在《国家责任条款草案》评注中指出,某一特定利益是否为"根本"利益要视所有的情况而定,而不能事先加以判断,这涉及该国及其人民的特定利益,也涉及整个国际社会的特定利益。① 所幸,阿根廷系列案各仲裁庭就这一问题达成难得一致的共识,都认同经济危机可以包含在根本利益范围内。② 但仍需解答的问题有,阿根廷的经济危机是否达到"严重迫切危险"的程度? 如果满足第一个要件,那么东道国采取的措施是否满足第二个要件中应对危急情况的"唯一办法"的要求? 就第三个要件,各仲裁庭都认为并没有影响整个国际社会的基本利益,而是否影响其他国家的利益需要结合条约义务进行分析。③ 最后需要判断阿根廷是否促成了"危急情况"而导致丧失援引该

---

① 《国家责任条款草案》第 25 条评注第 15 点。国际法委员会. 2001 年国际法委员会年鉴(第 2 卷第 2 部分)(A/56/10)[R]. 纽约:联合国,2001:159. ILC 在相关评论中对某些"基本利益"作了列举,如"国家的存在,国家的政治和经济的生存,保证国家的基本服务运转的条件,维持国内秩序,确保部分人口的生存,对于其全部或部分领域内的环境的保护"。高云龙.国家责任上的"危急情况"原则与国际人权公约的克减条款[C]//北大国际法与比较法评论.北京:北京大学出版社,2004,3(1):9.

② 但有学者认为,就美国—阿根廷 BIT 第 11 条的文本规定及谈判历史来看,不应将该条的根本安全利益解释为包括经济利益,而应该从其他条款中所规定的"公共秩序"来解释包括了经济利益。MOON J W.Essential Security Interests in International Investment Agreements[J]. Journal of International Economic Law, 2012, 15(2): 501-502.

③ CMS v. Argentina, para.325. Enron v. Argentina, para.310. Sempra v. Argentina, para.352.

抗辩的资格?①

1.不满足适用条件

CMS v. Argentina 案、Enron v. Argentina 案和 Sempra v. Argentina 案仲裁庭认为:阿根廷面临的危机虽严重但并未达到危及国家根本的程度;采取的措施并不满足"唯一办法"的要求,《国家责任条款草案》评注指出只要存在其他方法就不能算唯一办法,即使这些方法可能更不经济、更不方便,其他国家的经历也表明还有其他许多方法来处理这样的关键性问题;阿根廷长期的经济政策及其缺陷都足以认定促成了经济危机的发生。② 最终认定阿根廷未能满足第 25 条的实施要件,不能解除行为不法性,无法免除国家责任。

El Paso v. Argentina 案仲裁庭指出,关于第 11 条措施必须是"必要的"的要求,预先假定国家没有促成需要采取措施的危急情况的局面。仲裁庭的多数成员得出结论,阿根廷未能控制几个内部因素,特别是财政赤字、债务积累和劳动力市场僵化,在很大程度上促成了这场危机。③

2.满足适用条件

LG&E v. Argentina 案就仲裁庭第 25 条的分析,"当一个国家的经济基础受到围困时,问题的严重性可以与任何军事入侵相当",阿根廷经济危机足以危及国家的根本利益,而采取的措施也满足必要性的要求;没有确凿证据表明阿根廷促成了国家所面临的严重危机,在这种情况下,经济复苏一

---

① BURKE-WHITE W W. The Argentine Financial Crisis: State Liability under BITs and the Legitimacy of the ICSID System [J]. Asian Journal of WTO & International Health Law and Policy,2008(3):216-220.

② CMS v. Argentina,ICSID Case No. ARB/01/8,Award,12 May,2005,paras. 320,324,329.Enron v. Argentina,ICSID Case No. ARB/01/3,Award,22 May,2007, paras.306,308,311-312. Sempra v. Argentina,ICSID Case No. ARB/02/16,Award, 28 Sep 2007,paras.350,351.

③ 斯特恩仲裁员有不同意见,倾向于采用与 Continental 案相同的结论,即证据不足以得出政府在危机前采取的政策对危机负有主要责任的结论。El Paso v. Argentina, ICSID Case No. ARB/03/15,Award,31 Oct,2011,paras.613-624,656-670.

揽子计划是应对危机的唯一办法。①

Enron撤销委员会认为,仲裁庭关于阿根廷政府采取的措施是否属于应对危急情况的唯一办法时的推理没有解决对是否满足"唯一办法"要求问题至关重要的三个问题——"唯一办法"一词的法律定义、替代措施的相对有效性、谁以及根据什么标准来决定是否有相关的替代方案。而就是否促成危急情况这一要件的分析,仲裁庭也没有恰当解释。②

Continental v. Argentina案仲裁庭在评估被指控的政府措施对于维护BIT意义上的阿根廷根本利益是否"必要"这个问题时,仲裁庭认为不是适用第25条的要求,而更适合参考WTO判例法中必要性的概念和要求。在分析是否有合理的可替代措施方案时,从是否满足阿根廷的政策目标而且与其国际义务更少冲突方面去比较。③

(三)成功援引抗辩后能否免除赔偿责任?

成功援引例外条款或危急情况抗辩后能否免除东道国的赔偿责任? 在这一问题上,仲裁庭的裁决仍是矛盾的。

1.不能免除赔偿责任

CMS v. Argentina案、Enron v. Argentina案以及Sempra v. Argentina案仲裁庭都认为,根据《国家责任条款草案》第27条的规定④,援引不影响对损失的赔偿问题。即使成功援引BIT第11条,其后果也是一样的,都不能

---

① 仲裁庭虽然适用BIT第11条来分析阿根廷是否满足该条的适用条件,但条款也涉及"根本利益""必要性"这样的概念解释,而且仲裁庭也分析了第25条的构成要件,最后认为满足第11条和第25条的使用条件。LG&E v. Argentina, ICSID Case No. ARB/02/1, Decision on Liability,3 Oct 2006, paras.230-244,247-259.

② Enron v. Argentina, ICSID Case No. ARB/01/3, Decision on the Application for Annulment of the Argentine Republic,30 July, 2010, paras.368-377, 385-393.

③ Continental v. Argentina, ICSID Case No. ARB/03/9, Final Award,Sep.5, 2008, paras. 192, 198.

④ 《国家责任条款草案》第27条"援引解除行为不法性的情况的后果""根据本章援引解除行为不法性的情况不妨碍:(a)在并且只在解除行为不法性的情况不再存在时遵守该项义务;(b)对该行为所造成的任何物质损失的赔偿问题"。

免除国家的赔偿义务。①

2.无须赔偿

LG&E v. Argentina 案、Continental v. Argentina 案、El Paso v. Argentina 案仲裁庭以及 CMS v. Argentina 撤销案、Enron v. Argentina 撤销案、Sempra v. Argentina 撤销案委员会均认为,BIT 第 11 条例外条款作为一项初级规则排除了 BIT 项下的实体义务的适用,任何属于第 11 条范围的行为不属于违反条约义务的不法行为,不需要对投资者进行赔偿。②

三、阿根廷系列案的思考

阿根廷系列案呈现的矛盾裁决,让人们重新思考了关于 IIA 例外条款与国家责任法相关规定间的关系、例外条款功效及缺陷等问题。

(一)在 ISDS 中适用"危急情况"抗辩的效果不佳

从阿根廷系列案来看,东道国想要成功援引"危急情况"主张免责的可能性较低,即使成功,效果也不佳。

1."危急情况"的适用条件较为模糊且解释严苛

阿根廷系列案中,多数仲裁庭在解释"危急情况"的适用条件时十分严苛,尤其是在解释措施是否属于应对"危急情况"的唯一办法以及国家是否促成"危急情况"时。

因为国家责任法属于一般国际习惯法,可以适用于国家责任的任何方

---

① CMS v. Argentina, ICSID Case No. ARB/01/8, Award, 12 May, 2005, paras. 388, 390, 394; Enron v. Argentina, ICSID Case No. ARB/01/3, Award, 22 May, 2007, para.344; Sempra v. Argentina, ICSID Case No. ARB/02/16, Award, 28 Sep 2007, paras. 392-397.

② LG&E 案仲裁庭确认了危急情况的存续时间(2001 年 12 月 1 日至 2003 年 4 月 26 日),阿根廷只在这期间免除责任,这期间遭受的损害应由投资者承担。但阿根廷应从 2003 年 4 月 27 日起恢复关税制度,因此,阿根廷从该日起向申请人承担赔偿责任。LG&E v. Argentina, ICSID Case No. ARB/02/1, Decision on Liability, 3 Oct 2006, paras.261,264, 266; CMS v. Argentina, ICSID Case No. ARB/01/8, Decision of the Ad Hoc Committee on the Application for Annulment, 25 Sep 2007, para.146; Enron v. Argentina, ICSID Case No. ARB/01/3, Decision on the Application for Annulment of the Argentine Republic, 30 July, 2010, paras.355-395,400-407. Continental v. Argentina, ICSID Case No. ARB/03/9, Final Award, 5 Sep,2008, paras.164,304; El Paso v. Argentina, ICSID Case No. ARB/03/15, Award, 31 Oct,2011, para.612.

面或全部领域，规定如此严苛的实施标准是为了限制可能的滥用。正如
CMS v. Agentina 案仲裁庭所指出的，"如果不需要或宽松地适用严格和苛
刻的条件，任何国家都可以援引危急情况来逃避其国际义务。这肯定有悖
于法律的稳定性和可预测性"①。但仲裁庭的限制解释让这些严苛的标准
变得几乎无法成就，剥夺了国家成功援引该抗辩的可能性。

2.援引成功后不免除赔偿责任

ILC 在《国家责任条款草案》评注中明确指出，第 27 条是一个"不妨碍
条款"，即该条款不因此排除国家承担的国际义务（当危急情况排除，义务恢
复履行），也不排除国家的赔偿责任。②

匈牙利在"加布奇科沃—大毛罗斯项目"案中也承认，在任何情况下，这
种危急情况都不能免除国家对其伙伴的赔偿义务。③

解除不法性的情况本质上不是豁免责任，也不是终止有关的国际义务，
一旦相关情况停止，国家仍然需要继续遵守这些国际义务。排除行为不法
性不妨碍在若干情况下支付赔偿的可能性，但也不能必然得出援引"危急情
况"的国家一定要给予受害者赔偿的结论。④

（二）IIA 例外条款与《国家责任条款草案》第 25 条的关系

1.IIA 例外条款究竟是次级规则还是初级规则？

如前所述，国际法委员会在《国家责任条款草案》评注中明确将法律规
则分成初级规则和次级规则，并明确草案案文属于国家责任问题的次级规
则范畴。若遵循此明确区分逻辑，可以看到，在阿根廷系列案中，各仲裁庭

① CMS v. Argentina，ICSID Case No. ARB/01/8，Award，12 May，2005，para.317.

② 《国家责任条款草案》第 27 条评注第 1 点，第 27 条是一个"不妨碍条款"，处理两个问题：第一，澄清了解除不法性的情况本身不影响（国家承担的）根本义务，一旦这些情况不再存在，义务也就恢复全部的效力和作用。第二，它指明在若干情况下支付赔偿的可能性。国际法委员会.2001 年国际法委员会年鉴（第 2 卷第 2 部分）（A/56/10）[R].纽约：联合国，2001.165.

③ Gabčikovo-Nagymaros Project (Hungary/Slovakia)，Judgment，1.C.J. Reports 1997，para.48.

④ 诚如我国参与《国家责任条款草案》制定过程的贺其治教授所指出的那样："(b)项并没有试图规定在何种情况下应提供补偿。一般说来，不宜规定一套详细的赔偿方法；而应由援引解除不法性的国家同任何受到影响的国家商定在何种情况下，提供补偿的办法。"贺其治.国家责任法及案例浅析[M].北京：法律出版社，2003：202.

对 BIT 第 11 条的定性分析仍是存在逻辑混乱的。

CMS v. Argentina 案、Enron v. Argentina 案和 Sempra v. Argentina 案仲裁庭将美国—阿根廷 BIT 第 11 条例外条款视为仅是对国家责任法的条约重述,这种观点是将 BIT 第 11 条例外条款的性质界定为同第 25 条一样的次级规则。① 而 CMS v. Argentina 撤销案委员会与其他几个撤销委员会和仲裁庭则认为,美国—阿根廷 BIT 第 11 条和《国家责任条款草案》第 25 条在性质上是不同的,第 25 条属于次级规则,第 11 条属于限定义务适用范围的初级规则,二者处理的情况不同,适用的条件也不同。但仲裁庭在具体分析时,对第 11 条的性质定性仍体现出逻辑上的混乱。

其中,Sempra v. Argentina 撤销案委员会在分析美国—阿根廷 BIT 第 11 条的适用条件时特别指出,基于二者处理的情况完全不同,第 25 条规定的条件不能用于解释第 11 条,比起第 25 条,WTO 判例法中有关必要性的概念和要求更适合解释第 11 条中必要性的检验标准。②

众所周知,WTO 第 20 条和第 21 条的例外条款,一般认为属于义务责任例外条款,是用来处理违法行为的正当性问题,是规定违反义务的行为在满足规定的特殊条件下可以不承担违反义务的责任或后果的内容。③ 因此,它和第 25 条一样属于规定责任例外的次级规则。因此,如果说作为次级规则的第 25 条规定的条件不适宜用于解释作为初级规则的第 11 条,那么同样属于次级规则的 WTO 第 20 条和第 21 条的例外条款也不适宜用来解释美国—阿根廷 BIT 第 11 条。用排除行为不法性的次级规则的条件要求去解释限定义务适用范围的初级规则的条件是否满足,这个逻辑上是有问题的。

---

① 这种解释也违背了条约有效解释原则。因为,不论 IIA 是否规定例外条款,国家都可以援引国家责任法进行抗辩,将"根本安全例外"条款简单等同于"危急情况"抗辩,会让 IIA 例外条款的规定变得毫无意义,也是对缔约国意志的漠视。条约有效解释原则源自 WTO 判例 United States-Standards for Reformulated and Conventional Gasoline,WT/DS2/AB/R,p.23.

② Continental v. Argentina,ICSID Case No. ARB/03/9,Final Award,5 Sep,2008,para.192.

③ 《国际经济法学》编写组. 国际经济法学[M]. 2 版. 北京:高等教育出版社,2019:165.

2.何为第 55 条的特别法？

基于《国家责任条款草案》对整体案文属于次级规则这一明确的性质类型划分，第 55 条"特别法优先原则"中的特别法优先，应该是指同性质类型、规定同一事项的规则之间的适用顺位，即在同属于次级规则性质的条约规则和国际习惯法之间进行选择。①

各仲裁庭对第 11 条和第 25 条的关系进行分析时也常会提到"特别法"，如若遵循第 55 条"特别法优先原则"中同性质类型、涵盖同事项的规则间才谈论特殊与一般关系的话，那么美国—阿根廷 BIT 第 11 条应定性为规定违法行为的正当性的次级规则，在逻辑上更加合理。但仲裁庭似乎并不太在意二者是否属于同类型规则。例如，Continental v. Argentina 案仲裁庭认为，虽然是两种类型的规则，但存在一定联系，适用二者的实际结果可能是相同的：宽恕本来是非法的行为，从而免除国家的责任。第 11 条可以被视为 BIT 中关于危急情况的具体双边规定（因此是一种特别法）。②

仲裁庭裁决出现的这种逻辑混乱，也引发了人们对第 25 条的次级规则定性和内容的质疑。有学者指出，简单作出明确的二元区分不能反映出国际法上某些规则的复杂性，因为可能一项规则的初级或次级性质往往不明确（如征收补偿义务），可以在两个层面上都可以适用，特别是在解除行为不法性这一情景领域。而一项规则是否根据《国家责任条款草案》第 55 条被

---

①　CMS 撤销案委员会在分析第 25 条和第 11 条的关系时指出，"如果危急情况意味着甚至没有表面上违反 BIT，那么用国际法委员会的术语来说，这将是国际法的一项初级规则。但第 11 条也是如此。……这样解释的第 11 条和第 25 条将涵盖同一领域，仲裁庭本应适用第 11 条作为管辖该事项的'特别法'，而不是第 25 条。"也就是说，假设第 25 条和第 11 条都属于确定是否违反条约义务的判断的，那它们都属于涵盖同一领域的初级规则，此时第 11 条属于特别法。CMS v. Argentina, ICSID Case No. ARB/01/8（Annulment Proceeding），Decision of the ad hoc Committee on the Application for Annulment of the Argentine Republic，25 Sep 2007，para.133.

②　Continental v. Argentina 案，paras.167-168. El Paso v. Argentina 案仲裁庭也同样在承认二者是不同性质的条款的基础上认为，第 11 条是特别法，第 25 条是一般法。El Paso v. Argentina 案，para.552.

定性为相关制度的特别法也很关键,在实践中也容易出问题。[①]

第二节　IIA 例外条款及仲裁实践问题

　　IIA 设置例外条款的目的,是让缔约国在面临严重的经济、社会甚至政治危机时或为经济的可持续发展和公共利益等目的,能采取必要的措施保障国家或公共利益,而不承担违反 IIA 义务的法律责任。[②]除了阿根廷系列案中焦点讨论的"根本安全例外"条款,IIA 还有为实现其他公共政策目标而设立的例外条款。UNCTAD 早在 2012 年的《世界投资报告》中就建议,为实现可持续发展目标,可纳入例外条款以促进 IIA 与公共政策目标的一致性。[③] 近年来,也有越来越多的国家注意将例外条款纳入 IIA 中。可以说,IIA 例外条款为缔约国确保其国内经济、社会安全、稳定提供了一个"安全阀"。

一、IIA 例外条款涉及的事项

　　根本安全例外条款是 IIA 中最早、最普遍的例外条款,国家通常根据其政策目标的不同而设计不同的 IIA 例外条款,涵盖包括根本安全、公共利益、投资待遇、征收、税收和金融审慎等目标事项。

(一)根本安全和公共利益事项

　　IIA 例外条款体系中最早、最常见的成员是根本安全例外条款,为保护

---

　　① 征收补偿义务乍一看可能像一项初级规则,因为它是"行为合法性的条件"。如果一个国家出于公共目的,在非歧视的基础上,在向被征收行为者提供正当法律程序并支付适当赔偿后,它一开始就没有违法行为。然而,如果该国拒绝赔偿被征收行为者,则违反了以支付适当赔偿等标准为合法征收条件的基本规则。在后一种情况下,可以将国家的赔偿义务定性为非法征收的后果。征收国未能支付赔偿金违反了一项主要规则,使国家赔偿的义务成为次要规则。SLOANE D R. On the Use and Abuse of Necessity in the Law of State Responsibility[J]. The American Journal of International Law, 2012, 106(3):491-492.

　　② 余劲松.国际投资协定仲裁中投资者与东道国权益保护平衡问题研究[J].中国法学.2011(2):133.

　　③ UNCTAD. World Investment Report 2012: Towards a New Generation of Investment Policies [M]. New York and Geneva: United Nations Publications, 2012:151.

一国根本安全利益所必需措施而设,是在GATT第21条"安全例外"①基础上修改而来的。美国2004年BIT范本第18条"根本安全"条款、加拿大2004年FIPA范本第10条第4款规定了"根本安全例外"事项,这些规定的目的同GATT一样,2009年中国与东盟的投资协定中的安全例外条款也是如此规定。

规定公共利益事项的例外条款最典型代表是GATT第20条的"一般例外"条款。② 公共利益一词有不同的说法,可以包括公共道德、公共秩序、公共健康等政策目标。③ 以加拿大2004年FIPA范本第10条(一般例外)第1款为例,其公共利益所涉及的政策目标和宗旨范围,还扩展到人类、动植物生命与健康、环保、维护公共秩序、维护世界和平与安全、金融审慎目的、货币或汇兑政策、税收以及促进文化多样性等。④

(二)投资待遇与征收等实体义务事项

IIA通常就投资待遇等实体义务和征收事项规定条约适用的例外情形。如加拿大2004年FIPA范本第9条的规定,该条款规定了国民待遇、最惠国待遇、高管人员和董事会及业绩要求等条约义务的例外。美国2012

---

① GATT第21条"安全例外":"本协定不得解释为:(甲)要求任何缔约国提供其根据国家基本安全利益(essential security interests)认为不能公布的资料;或(乙)阻止任何缔约国为保护国家基本安全利益对有关下列事项采取其认为必需采取的任何行动:……或(丙)阻止任何缔约国根据联合国宪章为维持国际和平和安全而采取行动。"

② GATT第20条"一般例外"条款:"本协定的规定不得解释为禁止缔约国采用或加强以下措施,但对情况相同的各国,实施的措施不得构成武断的或不合理的差别待遇,或构成对国际贸易的变相限制:(甲)为维护公共道德所必需的措施;(乙)为保障人民、动植物的生命或健康所必需的措施;……(西)……"

③ 公共利益(public interest),也有的IIA用"公共福利"(public welfare)一词,或译为"公共福祉"例外,见温先涛. 孰南? 孰北? 妥协还是共识? ——评中国—加拿大投资保护协定[C]//曾令良. 武大国际法评论. 武汉:武汉大学出版社,2014,16(2):287. 另有称其为"公共道德、公共秩序和公共健康例外",余劲松.国际投资协定仲裁中投资者与东道国权益保护平衡问题研究[J].中国法学,2011(2):135.

④ VANDEVELDE J K.Rebalancing through Exceptions[J]. Lewis & Clark Law Review, 2013:449-450.文化多样性的政策目的是加拿大BIT例外条款的一项特色。加拿大2004年FIPA范本第10条,允许的目标包括:保护人类动植物生命及健康,遵守与本协定条款不相符的法律和法规,为保护耗竭性的生物和非生物自然资源,以及维护国家金融体系的整体性和稳定性,有关国家和国际安全问题的措施,一方采取的符合WTO决定的措施。

年范本第 14 条"不符措施"条款规定了国民待遇、最惠国待遇、业绩要求以及高级管理人员和董事会等条款的例外,并且就例外的事项以负面清单方式列作条约附件。

有些例外规定是美国和加拿大吸取 NAFTA 投资仲裁的教训而作出的重大修订,在各自 BIT 范本中对相关定义进行澄清、对适用范围进行限制等。

就最惠国待遇条款例外而言,如规定"最惠国待遇"不适用于"其他国际投资条约和其他贸易协定中的争端解决机制",如中国—加拿大 BIT 第 5 条最惠国待遇条款就规定:"本条第 1 款和第 2 款提及的'待遇'不包括如第 3 部分所述的,其他国际投资条约和其他贸易协定中的争端解决机制。"又或者明确规定最惠国待遇"类似情况"的标准,避免不确定性,如 2018 年签署的《美国—墨西哥—加拿大协定》(简称《美墨加协定》,该协定取代 NAF-TA)第 14 章第 5 条"最惠国待遇"条款第 3 款规定,"为了更加明确,在本条规定的'类似情况'下是否给予待遇取决于情况的整体情况,包括相关待遇是否基于合法的公共福利目标区分投资者或投资",即可以根据合法监管目标区分不同外国投资者。

就征收条款例外而言,明确规定特定情形下采取的措施不构成间接征收的例外,即排除了不属于间接征收、无须补偿的政府管理行为。加拿大 2004 年 FIPA 范本规定,"为了公共目的、依照正当程序而采取的对外国投资者或投资产生影响的非歧视性管制,不被认为是征收性的和可补偿的,除非实施管制的政府有不采取此种措施的具体承诺"。美国 2004 年、2012 年 BIT 范本附件 B 关于征收问题中明确规定:除了在极少数情况下,缔约一方旨在保护合法的公共利益目标如公共健康、安全与环境等的非歧视管理行为,不构成间接征收。

(三)税收、金融审慎事项

1.税收事项

IIA 引入税收例外条款的功能主要是为了维护东道国税收主权[①],尽可能地降低东道国因税收措施而被诉的风险,保留必要的政策空间。实践中,

---

① 税收主权是国家主权中最为核心的组成部分,只有有效地维护税收主权,才能为国家机器的正常运转,以及政府向公众提供足够的公共产品或者追求特定的公共政策目标,提供必要的物质保障,确保必要的政策空间。

把税收措施完全排除在 IIA 的适用范围之外的情形是较少的,如 2007 年挪威 BIT 范本对第 4.5.5 条的评注明确指出,"投资协定不应当管制税收问题,而且未来的协定也不能限制挪威的税收政策。……涉及税收问题的争端原则上只能由国内法院处理"。1999 年阿根廷—新西兰 BIT 第 5 条第 2 款规定:"本协定规定不适用于任何缔约方领土内的税收措施。此类税收措施应当由各缔约方的国内法,并按缔约方之间缔结的任何涉及税收的协定的规定调整。"①

普遍实践是,IIA 将税收措施不同程度地、有限地纳入条约的适用范围,首先将税收措施排除于 IIA 的适用范围之外,再通过肯定清单的方式列举出缔约国在税收方面承担的具体义务,即税收例外的例外。具体而言,首先规定"除非该条款另有规定,条约所有条款均不适用于税收措施",接着规定可适用于税收措施的条约义务,如投资待遇(国民待遇和最惠国待遇)、征收、业绩要求等。② 在这种模式下,还可设置"税收否决"机制③来甄别"税

---

①　蔡从燕. 国际投资协定实践中的税收措施问题[C]//黄进.武大国际法评论. 武汉:武汉大学出版社,2010,13(2):117.

②　IIA 缔约方普遍认为税收措施可能构成征收,2007 年挪威 BIT 范本对第 4.5.5 条的评注承认,"与税收有关的主要风险是,现实中东道国对于投资者以税收为名,行征收之实,由此逃避对投资者的责任"。蔡从燕. 国际投资协定实践中的税收措施问题[C]//黄进.武大国际法评论. 武汉:武汉大学出版社,2010,13(2):120.但这种征收与具有掠夺性的征收不同,"税收是我们为文明社会付出的代价"(美国法官霍尔姆斯语),是要取之于民、用之于民的,所以税收是有偿征收的例外,即不需要补偿,这也就给了东道国以行使税收主权为名,而行征收之实并逃避对投资者责任的机会。温先涛. 孰南? 孰北? 妥协还是共识? ——评中国—加拿大投资保护协定[C]// 曾令良. 武大国际法评论. 武汉:武汉大学出版社,2014,16(2):297.

③　"税收否决"(tax veto)机制由美国 BIT 首创,指在就某项税收措施是否构成征收的投资争议提交国际仲裁之前,必须先由缔约国双方国家税收当局先行磋商,对所争议的税收措施是否构成征收进行评估认定,如果两国税务机关一致认为该措施属于在东道国税收主权范围内正常的依法课税或者一致认为该措施与依法征税无实质性关联,则争议须由双方税务当局磋商解决,投资者不能再提交国际仲裁;反之,如果双方税务机关未能就所争议措施的征收性质形成共识,则可提交国际仲裁。EnCana v. Ecuador 案裁决中指出的"在税收措施方面仲裁庭不是厄瓜多尔的上诉法院"也体现了对这一原则的承认。蔡从燕. 国际投资协定实践中的税收措施问题[C]//黄进.武大国际法评论. 武汉:武汉大学出版社,2010,13(2):118-121. 温先涛. 孰南? 孰北? 妥协还是共识? ——评中国—加拿大投资保护协定[C]// 曾令良. 武大国际法评论. 武汉:武汉大学出版社,2014,16(2):297.

收"与"征收"。NAFTA 第 2103 条(税收)、ECT 第 21 条(税收)、2004 年加拿大 FIPA 范本第 16 条(税收措施)和 2004 年美国 BIT 范本第 21 条(税收)都采用了这种模式。

2.金融审慎事项

金融审慎措施(Financial Prudential Measures)源自"巴塞尔协议"的审慎监管原则,在 WTO 得以补充发展,典型代表是 GATS《关于金融服务的附件》。[①] 金融审慎措施[②]赋予东道国金融监管部门很大的自由裁量权。

传统 IIA 并未包含专门的金融审慎例外安排,有规定金融审慎例外的 IIA 也大多参照 GATS《关于金融服务的附件》第 2 条内容规定或发展,如 NAFTA 第 14 章(金融服务)第 1410 条(例外)和美国 2004 年和 2012 年 BIT 范本第 20 条(金融服务),加拿大 2004 年 FIPA 范本第 10 条(一般例外)第 2 款和第 17 条(审慎措施)。NAFTA 和美国 IIA 把金融审慎例外规定在金融服务条款中,而加拿大 FIPA 范本将金融审慎例外规定在第 10 条一般例外条款中,可适用于所有 IIA 义务范围,更适合金融危机后国家加强金融审慎措施的现状与需求。[③]

阿根廷经济危机中政府采取的措施多为金融管制措施,但因美国—阿根廷 BIT 中没有专门的金融审慎例外条款,只能援引 BIT 第 11 条的例外

---

① 温先涛. 孰南? 孰北? 妥协还是共识? ——评中国—加拿大投资保护协定 [C]// 曾令良. 武大国际法评论. 武汉:武汉大学出版社,2014,16(2):298. 陈欣. 论国际投资条约中的金融审慎例外安排[J]. 现代法学,2013(4):131. GATS《关于金融服务的附件》第 2 条"国内法规"规定了金融审慎例外,"尽管有本协定的任何其他规定,但不得妨碍一成员为审慎原因而采取措施,包括为保护投资人、存款人、保单持有人或金融服务提供者对其负有信托责任的人而采取的措施,或为保证金融体系完整和稳定而采取的措施。……"。

② 可以包括冻结存款、限制资金转移、停止兑付、拆分业务直至国有化金融机构等。温先涛. 孰南? 孰北? 妥协还是共识? ——评中国—加拿大投资保护协定[C]// 曾令良. 武大国际法评论. 武汉:武汉大学出版社,2014,16(2):298.

③ 例如,金融危机后美国政府采取的救助措施多采用"补贴或津贴包括政府支持的贷款、担保和保险"的方式,它们属于美国 2012 年 BIT 范本第 14.5 条规定的国民待遇和最惠国待遇例外,但投资者可以未获得与美国银行相同的救助计划为由指控美国政府违反 FET 条款。陈欣. 论国际投资条约中的金融审慎例外安排[J]. 现代法学,2013(4):134.

条款进行抗辩。2008 年全球金融危机的爆发使人们再次深刻认识到,由于金融行业当事人之间密切关联的特殊性,经济全球化的背景下,需要对全球金融活动进行更严格的审慎监管,保证其健康发展。IIA 中金融审慎例外条款的存在及更为详细的规定就显得必要和重要。

二、ISDS 实践中适用 IIA 例外条款存在的问题

由于例外条款不是 IIA 的传统内容和必备条款,就此类条款的名称、措辞、性质、类型等问题,各国 IIA 实践都没有统一。一系列 ISDS 仲裁实践由此也容易出现不一致的裁决,引发诸多争议。

(一)IIA 例外条款的性质

1.初级规则与次级规则之分

阿根廷系列案,很清晰地展示了对于 IIA 例外条款的初级规则和次级规则性质之区分,会带来完全不同的适用后果。如前所述,阿根廷系列案所涉美国—阿根廷 BIT 第 11 条例外条款,若界定为裁决中提及的"特别法",适用《国家责任条款草案》第 55 条将其定性为属于第 25 条规定事项的次级规则的特别法,这样是比较符合逻辑的,而适用 BIT 自身规定的条件,标准也会比第 25 条严苛的条件低,更易援引成功。

但若从给予东道国管理权行使政策空间的保护强度角度来看,则宜将其界定为仲裁庭裁决中提及的限定义务适用范围的初级规则性质,直接将某些措施排除在条约的义务适用范围之外,既然没有不得采取这些措施的义务,那么东道国采取这些措施也就谈不上违反条约义务。正如有学者指出,例外条款同"危急情况"抗辩虽然具有解除国家行为不法性的类似,但二者在实体内容、理论根据、法律权威的渊源以及适用范围上都是不同的,如表 4-1 所示:[①]

---

① BURKE-WHITE W W, STADEN V A. Investment Protection in Extraordinary Times: The Interpretation and Application of Non-Precluded Measures Provisions in Bilateral Investment Treaties [J]. Virginia Journal of International Law, 2008, 48(2): 321-322.

表 4-1 危急情况抗辩与例外条款的区别

区别	危急情况抗辩	例外条款
1.实体内容	为违反国际条约义务的国家行为提供了解除国家责任的理由	将特定国家行为排除在 IIA 保护范围之外
2.理论依据	确定行为具有不法性后,基于更高的政策目标免除其法律责任	直接否定行为具有不法性
3.法律权威渊源	次级规则,源自国际习惯法	排除 IIA 适用于某些类型行为的初级规则,源自条约法
4.适用范围	作为国家责任法的一部分,适用于所有国家,抗辩是统一的	仅适用于包含该条款的 IIA 缔约国,抗辩因 IIA 规定的不同而不同

2.自裁决性质

阿根廷系列案引发的另一个争议问题是,美国—阿根廷 BIT 第 11 条是否属于"自裁决"(Self-judging)性质。即判断是否属于例外条款规定的情形是由东道国自行判断即可,还是需要经仲裁庭审查确认才有效?仲裁庭对阿根廷根据 BIT 第 11 条所采取的措施进行实质审查的行为本身,就是对该条款自裁决性质的否定。这一问题上各仲裁庭的结论倒是一致,都裁判 BIT 第 11 条"根本安全例外"条款属于非自裁决条款,其主要依据是条约未明确界定缔约国意图的"其认为"(it considers)一词。

美国 IIA 实践的历史变化和现行 IIA 明确措辞的做法,是仲裁庭否定美国—阿根廷 BIT 第 11 条属于自裁决条款的重要依据。美国在 FCNT 时期,其条款并没有体现"自裁决"的措辞。后因尼加拉瓜案中 ICJ 对国家根本安全的限制解释而吸取教训,在后续的条约和政府文件表态上都表达了这类条款属于自裁决条款的一贯态度。20 世纪 90 年代后期,美国通过在条款中加入"其认为"这样明确的措辞来澄清缔约国的意图。[①]

学者们的观点也不统一。有的赞同仲裁庭做法,认为自裁决条款的定

---

① 美国 2012 年 BIT 范本第 18 条(根本安全)规定:"本条约不应被解释为:一、要求缔约方提供或允许使用其确定如果披露则会违背其根本安全利益的任何信息;或二、阻止缔约方使用其认为(it considers)是履行有关维护或恢复国际和平与安全义务,或者保护其自身根本安全利益的必要措施。"

性某种程度上取决于条款本身的措辞。[①] 有学者则认为,基于根本安全所关涉事项关系国家安危存亡,该条款在本质上属于自裁决条款,不论条款中是否有明确表示自裁决的措辞。[②] 本书赞同后一种观点,基于"根本安全例外"条款所涉及的根本安全事项对于一个主权国家的重要性,不论条约是否具有"其认为"的自裁决性质的措辞,"根本安全例外"条款都应属于自裁决条款。

除了根本安全例外条款,公共利益例外条款也会涉及自裁决性质的讨论。有学者认为,公共利益例外条款兼具自裁决与非自裁决的性质,主张根据国际上就相关公共利益目的是否存在统一判断为标准进行区分:就公共秩序、公共道德而言,因国际上不存在一个统一的判断标准,应认定为自裁决条款;而就公共健康而言,国际上有相关统一认定规则,认定为非自裁决条款更为恰当。[③] 有学者反对这种同一条款区分认定的做法,认为该条款应为非自裁决性质:首先,从条款结构上要进行如此区分不太可行。其次,已有 WTO 和 IIA"根本安全例外"条款与公共利益例外条款的差异性规定已经暗示后者应为非自裁决性质。最后,公共利益含义和范围更具抽象性与宽泛性,被滥用的可能性大大增加,定为非自裁决性质,由争端解决机构

---

① 缔约方可以通过明确的措辞来体现某一条款具有自裁决性质,反映其真实意图,并影响仲裁庭的评审标准;否则,就不能被定性为自裁决。韩秀丽.双边投资协定中的自裁决条款研究:由"森普拉能源公司撤销案"引发的思考[J].法商研究,2011(2):20.

② 基于根本安全关系到一国的生死存亡,缔约国很难会将这种重大事项交由无利害关系的第三者来审查,而且是否危及国家根本安全的判断,相较于置身事外的第三者而言,本国的实际情况只有作为当事国的缔约国最为清楚,在紧急情况发生当时绝对更有权去判断和决策是否适用该条款。ROBERTS A. Power and Persuasion in Investment Treaty Interpretation:The Dual Role of States[J]//余劲松.国际投资协定仲裁中投资者与东道国权益保护平衡问题研究.中国法学.2011(2):134.

③ 对公共秩序或者公共道德而言,因为各国的政治、经济、社会制度不同以及文化传统和价值观的差异,国际上不存在一个统一的判断标准,因而应允许东道国根据本国国情自行判断并采取其认为必要的措施。而有关公共健康和环境保护的条约、WTO体制的相关协议和规则已带来国际上统一适用的标准,如 WTO 的《动植物卫生与健康检疫措施协定》《北美环境合作协定》等,这些国际条约的内容详尽而具体,为相关行为设立了标准。因此,缔约国在这一问题上的判断要受到相应的约束。余劲松.国际投资协定仲裁中投资者与东道国权益保护平衡问题研究[J]. 中国法学,2011(2):136.

审查可以更好地防止滥用。①

(二)IIA 例外条款的适用条件

1.区别公共利益与根本安全利益

在国际贸易法领域,通常都规定了公共利益例外和根本安全例外,都属于一般例外条款,②严格意义上讲,根本安全利益也属于国家公共利益的范围,有学者比较二者的区别在于:③

表 4-2   根本安全利益与公共利益的区别

	根本安全利益	公共利益
国家利益的严重性不同(最核心的区别)	关系国家安危存亡	未及国家生死攸关
范围	仅关系国家安危存亡的重大政治、军事、经济、生态、社会利益	政治安全、经济稳定、社会公共利益发展,公共健康、环境保护等
适用的条件限制	通常没有条件限制或者援用条件更为宽松	通常有条件限制

鉴于二者存在以上区别,有必要参照国际贸易法中的通常做法,在 IIA 中将根本安全例外和公共利益例外分列条款。

Philip Morris (Switzerland) v. Uruguay 案和 Philip Morris (Asia) v. Australia 案再一次引发人们关注国家因公共利益采取管制措施与投资者

---

① (1)从条款结构来说,公共秩序、公共道德和公共健康一并作为该条款的目标部分而存在,根据保护公目的不同而将该条款界定为不同性质在现实中不可行;(2)"根本安全例外"条款与公共利益例外条款的差异性规定是指前者有"其认为"的字样,后者无;(3)公共道德、公共秩序、公共健康、环境、人类及动植物生命健康、可用尽的自然资源等都是公共利益例外条款中的公共目标。张庆麟.公共利益视野下的国际投资协定新发展[M].北京:中国社会科学出版社,2014:96-98.

② 二者的典型表述为"本协定不得解释为排除(妨碍)一方采取为保护下列利益而采取必要措施的权利……"。

③ 张庆麟.公共利益视野下的国际投资协定新发展[M].北京:中国社会科学出版社,2014:77-78.余劲松.国际投资协定仲裁中投资者与东道国权益保护平衡问题研究[J].中国法学,2011(2):136.

利益保护之间的冲突，虽然两案最终都被驳回，但两案所涉 BIT 中公共利益例外条款的缺失值得思考。①

　　Philip Morris（Asia）v. Australia 案所涉之澳大利亚—香港 BIT 的第 7 条（例外）的规定仅是最惠国待遇例外，即投资待遇例外。② 而 Philip Morris（Switzerland）v. Uruguay 案仲裁庭认为，瑞士—乌拉圭 BIT 第 2 条是有关准入规定的，公共健康只能是在投资准入阶段作为禁止该经济活动进入东道国的例外理由，乌拉圭政府也承认这一例外权利是在准入阶段享有。③ 若两项 BIT 中能有专门的公共利益例外条款，那么东道国政府可以更好地进行抗辩。

　　新冠疫情的全球大流行凸显了公共卫生对国家和国际投资政策的制定

---

　　①　2010 年，菲利普·莫里斯（瑞士）公司向 ICSID 提起仲裁请求，指控乌拉圭公共卫生部于 2008 年至 2009 年颁布了一系列有关烟草包装控制的法案，这些措施构成对其投资的征收、违反 FET 义务标准、拒绝司法等。2012 年菲利普·莫里斯亚洲有限公司向 PCA 对澳大利亚提起仲裁，指控澳大利亚 2011 年出台《烟草平装法案》及实施条例《烟草平装条例》（统称平装措施）构成对其投资的间接征收，要求澳大利亚政府停止平装措施并赔偿其相应损失。这两案的申请人属于全球最大的烟草公司菲利普·莫里斯国际公司的子公司。新加坡仲裁庭对 Philip Morris（Asia）v. Australia 案作出管辖权和可受理性裁决，裁决其对于申请人提出的诉请并无管辖权，驳回诉请。ICSID 仲裁庭最终认定，投资者在预计争端可能发生前，通过改变公司结构的方式来获取投资协定的保护，构成对权利的滥用。因此，该诉请是不可接受的。驳回 Philip Morris 公司的全部仲裁请求。Philip Morris Brand Sàrl, Philip Morris Products S.A. and Abal Hermanos S.A. v. Oriental Republic of Uruguay（Philip Morris（Switzerland）v. Uruguay），ICSID Case No. ARB/10/7, Decision on Jurisdiction, 2 Jul 2013. Philip Morris Asia Limited v. The Commonwealth of Australia（Philip Morris（Asia）v. Australia），UNCITRAL, PCA Case No. 2012-12, Award on Jurisdiction and Admissibility, 17 Dec 2015.

　　②　澳大利亚—香港 BIT 签订于 1993 年，第 7 条（例外）"本协定中有关授予待遇不低于给予任何其他国家投资者的待遇的规定不应解释为迫使缔约一方向另一方的投资者提供源自以下的待遇、优惠或特权的利益：……"。

　　③　瑞士—乌拉圭 BIT 于 1988 年签署，第 2 条（促进、准入）第 1 款规定"缔约双方承认对方因公共安全和秩序、公共健康或公共道德等原因而不允许经济活动的权利，以及依法为其本国投资者保留活动的权利"。乌拉圭政府提出的一项抗辩理由是，瑞士—乌拉圭 BIT 第 2 条对投资者的保护范围不包括公共健康安全措施，申请人挑战的这些措施正是基于公共健康的原因，在源自 20 世纪 70 年代起的持续的烟草控制努力的背景下采取的。Philip Morris（Switzerland）v. Uruguay, ICSID Case No. ARB/10/7, Decision on Jurisdiction, 2 Jul 2013, para.170.

越来越重要,老一代 IIA 没有明确为包括保护公众健康在内的公共利益留出监管行动空间,这突出表明,迫切需要加快全面的 IIA 改革,以平衡投资促进和保护与监管灵活性。①

2.适用范围

IIA 例外条款的适用范围有两种,一种是仅适用于排除特定条款所规定的实体义务范围,另一种是适用整个条约范围,可排除所有条约实体性义务。②

第一种适用范围如在投资待遇条款中规定相关投资待遇不适用于税收措施。如德国 2008 年 BIT 范本第 3 条(国民待遇与最惠国待遇条款)第 5 款规定,"本条不得要求缔约国将依其国内税法上只赋予其境内投资者的税收特权、免税和减税扩展至另一缔约国投资者"。

第二种适用范围如加拿大 2004 年 FIPA 范本第 10 条的规定,其使用的措辞是"本条约中没有任何条款可被解释为排除或要求缔约方",这意味着当该条款规定的事项理由发生时,条约中的任一条款义务都不再对缔约国具有约束力。美国 BIT 范本有单列"根本安全"例外、金融审慎例外、税收例外条款,均适用于全部协定义务。中国与东盟投资协定、中国—加拿大BIT 的公共利益例外条款也采用排除整个条约义务范围的模式。

很明显,第二种适用范围对东道国主权政策空间的维护度较高,更有利于东道国在 ISDS 仲裁中进行抗辩。

Occidental v. Ecuador 案和 Encana v. Ecuador 案就显示出 BIT 税收

---

① UNCTAD. International Investment Policies and Public Health[M].New York and Geneva: United Nations Publications,2021.

② 有学者将这两类例外条款称为一般例外(General exceptions)条款与特定例外(Special exceptions)条款。VANDEVELDE J K.Rebalancing through Exceptions[J]. Lewis & Clark Law Review,2013:449. BURKE-WHITE W W,STADEN V A. Investment Protection in Extraordinary Times: The Interpretation and Application of Non-Precluded Measures Provisions in Bilateral Investment Treaties [J]. Virginia Journal of International Law,2008,48(2):331.

条款在可适用于税收事项的条约范围规定上的差异带来的显著后果差异。① Occidental v. Ecuador 案中,仲裁庭指出,基于美国—厄瓜多尔 BIT 第 10 条的规定,条约在涉及投资合同的遵守及履行的情形下可适用于税收事项,因此它有权管辖该涉税争端。仲裁庭最终认定厄瓜多尔拒绝给予增值税退税的行为不构成间接征收,但违反了国民待遇和 FET 条款。② EnCana v. Ecuador 案仲裁庭指出,基于加拿大—厄瓜多尔 BIT 第 12 条,增值税退税权利的争议属于"税收措施"是被排除在 BIT 的适用范围外的,除非涉及征收问题。本案中拒绝 10％增值税退税的行为并不构成间接征收。③ 仲裁庭最终驳回了申请人的请求。

　　PSEG v. Turkey 案与 Occidental v. Ecuador 案类似,因为其所依据的美国—土耳其 BIT 第 11 条税收条款仅排除部分条约义务适用于税收措施,规定缔约方在税收政策方面负有给予缔约另一方的投资者 FET 的义

---

　　① 两案都涉及增值税返还的税收争议,背景是,厄瓜多尔税务部门(SRI)自 2001 年起,拒绝包括 Occidental 公司和 Encana 公司在内的石油行业公司的增值税(Value-Added Tax)退税申请。2006 年 4 月,厄瓜多尔通过的《石油修改法案》把石油暴利税税率提高到 50％。2006 年 5 月,厄瓜多尔能源矿业部颁布法令(caducidad decree),导致 Occidental 与厄瓜多尔间石油合同的终止。2007 年 10 月,厄瓜多尔进一步将暴利税税率提高到 99％。对此,多家外国石油企业再次启动了国际仲裁程序。

　　② 美国—厄瓜多尔 BIT 第 10 条的税收条款规定可适用于税收政策和事项的条约义务极为广泛,包括了公平与公正待遇、征收、汇兑、投资合同或授权等义务,也并未对投资合同或授权作出限定。仲裁庭在考察 FET 含义时指出,虽然条约本身没有明确定义,但条约序言中清楚表明,该待遇是为了保持一种稳定的投资环境和最大化有效利用经济资源。所以,法律和商业环境的稳定性是 FET 的一项基本要素。Occidental Exploration and Production Company v. The Republic of Ecuador(Occidental v. Ecuador),LCIA Case No. UN3467,Final Award,1 Jul 2004,paras.77,92,179,183,191.

　　③ 加拿大—厄瓜多尔 BIT 第 12 条(税收条款)第 1 款规定"除了本条规定的事项,本协定不得适用于税收措施",第 3 条、第 4 款又规定,缔约国的税收措施只有在"违反与中央政府签订的投资合同"的情况下才可被视为违反本协定,征收义务也可适用于税收措施,但都必须在投资者对税收措施提出诉请的 6 个月内经缔约国税务当局共同确认该措施属于违反投资合同或征收的情形,方可提交国际仲裁庭。仲裁庭在分析是否构成征收问题时,表明"只有当某一税法是异乎寻常的、在数额上是惩罚性的,或是征税对象是任意的,才可以引发间接征收的问题"。因此,EnCana Corporation v. Republic of Ecuador(EnCana v. Ecuador),LCIA Case UN3481,Award,3 Feb. 2006,paras.149,168,177-178,199.

务,并排除了条约第 2 条(投资待遇)和第 5 条(有关条约解释和适用以及与投资有关的信息提供)适用于税收事项。① 仲裁庭最终以包括税法在内的政府行为违反 FET 义务为由,裁定土耳其政府承担责任。

PSEG v. Turkey 案与 Occidental v. Ecuador 案都将税收纳入 FET 条款的适用范围之内,而在 FET 本身含义不清、仲裁庭扩张解释的背景下,国家税收行为极易受到挑战。美国在此后的缔约实践中,放弃了原来的做法,明确将税收措施排除在 FET 条款的适用范围之外。

3.仲裁庭的审查标准

(1)自裁决例外条款的善意审查标准

人们主要担心,例外条款的自裁决性质赋予东道国政府自由裁量权过大,东道国可能会滥用此例外条款而给投资者利益带来不利影响。CMS v. Argentina 案和 Continental v. Argentina 案仲裁庭都认为,如果根本安全例外条款是自裁决的,阿根廷的决定就要依照善意来审查。② 善意审查标准是最大限度地尊重东道国。

确定"根本安全例外"条款的自裁决性质并不意味着国家的自裁决权力毫无约束,仲裁庭对国家自裁决给予最大的尊重,不对其进行实质审查,而只是善意审查。仲裁庭判断国家行为是否"善意"的要素是:(1)国家是否诚

---

① PSEG 是一家美国公司,和土耳其政府签订了一项建立一个火力发电厂和煤炭开采厂的投资合同,该公司依据该合同进行了投资项目的可行性研究并开始了其他的准备性工作。后来土耳其政府颁布加征能源税的法案,取消项目公司获得财政部担保和长期能源销售协议的合同权利,导致其生产成本增加,其投资项目在其发展的初级阶段便告终止。申请人指控土耳其政府违反包括 FET、充分保护和安全、不得采取武断和歧视的措施、保护伞及间接征收等义务。仲裁庭裁决,包括税法在内的土耳其法律的不断改变及武断、不一致的政府行为,导致其无法为投资者保证一个稳定、可预期的商业环境,违反了 FET 条款义务,但驳回了其他指控。PSEG Global, Inc., The North American Coal Corporation, and Konya Ingin Electrik Üretim ve Ticaret Limited Sirketi v. Republic of Turkey (PSEG v. Turkey), ICSID Case No. ARB/02/5, Award, 19 Jan 2007, paras.68,238-280.

② CMS v. Argentina, ICSID Case No. ARB/01/8, Award, 12 May, 2005, para 214. Continental v. Argentina, ICSID Case No. ARB/03/9, Final Award, 5 Sep 2008, para.182.

实且公正地行事;(2)政府采取的行为是否有合理的基础。①

　　仲裁庭的善意审查更多地从程序方面进行,考察国家的应对措施是否公开、公正、合理,如是否公开宣布处于危及国家根本利益的情形,是否同时将其采取的措施和理由及时通知相关机构等,而不是去审查是否构成根本安全利益的威胁及采取措施的形式。

　　(2)非自裁决例外条款的公法审查标准

　　对于具有非自裁决性质的例外条款,仲裁庭又该采取何种审查标准呢?学者们认为,ISDS含有公法性、准宪法性争端,ISDS仲裁是对公共权力的行使进行审查和控制,国际投资法带有公法的性质,因此有必要适用公法审查标准。② 其中较多被提及的是,WTO争端解决机制法理中的"最少限制"(The Least Restrictive)标准③和欧洲人权法院(European Court of Human Rights,ECHR)审理法理的"裁量余地"(Margin of Appriciation)标准。④

　　①WTO"最少限制"标准

　　WTO "最少限制"标准是指,在判断国家采取措施是否符合GATT例

---

　　①　BURKE-WHITE W W, STADEN V A. Private Litigation in a Public Law Sphere: The Standard of Review in Investor-State Arbitrations [J]. Yale Journal of International Law, 2010(35):312-313. 仲裁庭会考虑,一个理性的人处在该国立场时,是否可以认定存在国家安全的威胁,足以证明采取这种措施的合法性。UNCTAD. The Protection of National Security in IIA[M]. New York and Geneva: United Nations Publications, 2009:40.

　　②　HARTEN V G. Investment Treaty Arbitration and Public Law [M]. New York: Oxford University Press, 2007. SCHILL S. International Investment Law and Comparative Public Law[C]. New York: Oxford University Press, 2010.

　　③　有学者认为,有关"必要性"判断标准有演进,后来发展为较为灵活的"比例原则"。安佰. WTO"必要性测试"规则探析[J]. 财经法学,2015(2):97-99.也有的学者认为,"比例原则"来自国内宪法与行政法的论述,进入WTO法的主要表现就是在涉及GATT第20条例外的争端中所使用的"最少限制"标准对所采取措施与追求政策目标进行"必要性"测试所形成的法理。韩秀丽. 寻找WTO法中的比例原则[J]. 现代法学,2005, 27 (4): 180-182.本书借用后一种观点,用"最少限制"标准来表述。

　　④　BURKE-WHITE W W. The Argentine Financial Crisis: State Liability under BITs and the Legitimacy of the ICSID System [J]. Asian Journal of WTO & International Health Law and Policy, 2008(3):228. BURKE-WHITE W W, STADEN V A. Private Litigation in a Public Law Sphere: The Standard of Review in Investor-State Arbitrations [J]. Yale Journal of International Law, 2010:35.

外条款所规定的公共政策目的之"必要性"要求时,是否存在一种可行的替代性措施比现有措施更有助于实现目标,如果有,现有措施就会被认为不符合必要性,未达到"必需"之程度。①

在美国博彩案中,上诉机构报告详细分析了如何确定"必要性","要确定这些措施是否'必要',是一个客观标准……必须通过权衡一系列因素的过程来确定,一个有关成员可以'合理期待使用'、与 WTO 一致的替代措施是否可得,或者一个与 WTO 较少不一致措施是否'合理可得'。……这个过程首先对受挑战的措施所提出的利益或价值的'相对重要性'进行评估,确定了特别利害关系的重要性后,还需要权衡两个要素:措施对其实现目的的贡献、措施对国际贸易的限制性影响。然后,对比受挑战的措施与可能采取的替代措施,这种比较的结果应考虑到问题的重要性"②。

Continental v. Argentina 案仲裁庭指出,相较于习惯国际法对援引危急情况的要求,仲裁庭认为更适合参考 WTO 判例法,承认并适用了 WTO "最少限制"标准,来判断阿根廷政府采取的措施是否具有必需性,是否是唯一可得措施。③ LG&E v. Argentina 案仲裁庭在认定政府采取的措施是否是应对危机的唯一办法时的论述表明,其承认临时仲裁庭并不适合对政府的政策进行二次审查。④

---

① GATT 第 20 条一般例外的"保护公共道德的必要性"或"保护人类,动物或植物的生命或健康所必须的"政策目标,第 21 条安全例外的"为保护国家基本安全利益"的政策目标。BURKE-WHITE W W,STADEN V A. Private Litigation in a Public Law Sphere:The Standard of Review in Investor-State Arbitrations [J]. Yale Journal of International Law,2010(35):302-304.曾炜. 论 WTO 法中必要性检验的判断标准[J]. 政治与法律. 2013(6):92-94.

② United States-Measures Affecting the Cross-Border Supply of Gambling and Betting Services(美国博彩案),WT/DS285/AB/R,Appellate Body Report,Apr. 7,2005,paras. 304-307.

③ 仲裁庭认为,WTO 判例法广泛处理了减损 GATT 所载义务的经济措施之必要性的概念和要求。Continental v. Argentina,ICSID Case No. ARB/03/9,Final A-ward,Sep.5,2008,paras.192,198.

④ LG&E v. Argentina,ICSID Case No. ARB/02/1,Decision on Liability,3 Oct 2006,para.257.

②ECHR "裁量余地"标准

ECHR 有关"裁量余地"①的法理,最早是在欧洲人权委员会对《欧洲人权公约》第 15 条克减条款的适用和解释的报告中出现的,随后扩大到《欧洲人权公约》其他条款的解释和适用上,最后几乎适用于所有案件并作为公约的最终解释工具。《欧洲人权公约》语境下的"裁量余地"可以被理解为是国际机构赋予国内机构的"呼吸空间"或"肘部空间",可以被定义为"尊重的广度",ECHR 愿意承认国家立法、行政和司法决策者的决定。②

裁量余地承认某些国家限制公约权利的决定可能是有必要保护其他价值和被允许的目标,如国家安全、公共秩序、健康或道德。这种制度的形成有这样的理论基础:与人权保护的国内制度相比,ECHR 系统是处于附属地位,国内的决策者因其"与国内主要势力有直接和持续的接触"往往处于更好的决策地位。③

ECHR 在不同案件中运用的裁量余地的范围并不统一,影响裁量余地的广度的因素包括:(1)公约权利的性质及对个人的重要性;(2)各缔约国就所涉问题是否存在共识或法律实践的一致性;(3)所涉行为的性质。④

就第一要素而言,《欧洲人权公约》对公约保护的权利进行了某种等级排序,某一权利的性质越重要,国家享有的裁量余地就越窄。例如,所保护的人权如果是最关乎人身的基本权利,如生命权、禁止酷刑和不人道待遇等方面几乎没有裁量余地,表达自由权方面法院的审查标准会较严格,留给国内机构的自由裁量余地较窄,而在财产权方面允许国家享有的裁量余地则

---

① "裁量余地"标准原是国内宪法行政法上对公权力行政机关行为(特别是行政裁量行为)进行审查所采用的标准(体现司法尊重或司法谦抑)。BURKE-WHITE W W,STADEN V A. Private Litigation in a Public Law Sphere:The Standard of Review in Investor-State Arbitrations [J]. Yale Journal of International Law,2010(35):283.

② YOUROW C H. Margin of Appreciation Doctrine in the Dynamics of European Human Rights Jurisprudence[J]. Connecticut Journal of International Law,1987(3):111,118.

③ YOUROW C H. Margin of Appreciation Doctrine in the Dynamics of European Human Rights Jurisprudence[J]. Connecticut Journal of International Law,1987(3):305.

④ YOUROW C H. Margin of Appreciation Doctrine in the Dynamics of European Human Rights Jurisprudence[J]. Connecticut Journal of International Law,1987(3):306.

较宽松。①

第二要素和第三要素的含义是,国家在采取干涉个人权利的措施或行为时是为了保护其他的目的,如国家安全、公共秩序、公共道德等。那么根据这些目的的不同,国家享有的裁量余地也不同。而缔约国法律之间就公共政策目的是否存在共同基础(共识、共同点)也是限制国家裁量范围的重要考量因素,如果存在共识,则国家裁量余地越小,国家的规制行为将受到严格审查。以"维护道德"和"维护司法的权威"两种目的为例。涉及公共道德问题的,法院给予国内立法机构较宽泛的裁量余地,因为缔约国之间没有相关的解释协定。而为了维护司法权威进行的管制就要受到更加严格的审查,因为各缔约国国内法律和实践就相对更客观的"司法权威"领域有着较高程度的共同认识。②

在 ISDS 仲裁庭对 IIA 例外条款的适用和解释上,适用这些公法审查标准,有助于满足在国家主权、社会利益与投资者利益之间进行平衡处理的需求。ECHR 形成的"裁量余地"标准,被认为是替代 ISDS 仲裁庭现有严格审查标准的最恰当的审查标准,这种制度可以在保持国际裁决机构的监督作用的同时,给予东道国在公法事项上充分的行动自由。③

(三)IIA 例外条款的法律后果

成功援引例外条款是否免除东道国赔偿责任这一问题在学界也无法达成共识。有学者认为,IIA 例外条款相当于 GATT/WTO 中的例外条款,

---

① 孙世彦.欧洲人权制度中的"自由判断余地原则"述评[J].环球法律评论,2005(3):377.

② 如 Handyside v. United Kingdom 案,国家措施涉及"维护道德"的目的。法院认为,各缔约国对"道德的要求"所采取的观点"因时、因地而变,特别是在我们这个时代",因而"大致说来,在说明什么是道德要求的确切内容方面,国内当局比国际法官处于更有利的地位"。张志铭.欧洲人权法院判例法中的表达自由[J].外国法译评,2000(4):67.

③ BURKE-WHITE W.W.,STADEN V A The Need for Public Law Standards of Review in Investor-State Arbitrations[M]//SCHILL W S. International Investment Law and Comparative Public Law,New York:Oxford University Press,2010:690.

一旦援引成功,特定的行为(措施)就不属于违法行为,赔偿责任也就无从谈起。①

有学者则认为,从 BIT 文本、目的宗旨以及美国—阿根廷的谈判历史来看,即使成功援引例外条款也不能完全改变一国的赔偿责任,一方面是因为该例外条款只排除了措施的违法性却没有免除赔偿责任,另一方面因为具有剩余性质的《国家责任条款草案》第 27 条还应该继续适用。②

第三节　IIA 例外条款的修正

传统 IIA 只关注投资者的保护,协定大多只让东道国单方面承担义务,投资者母国和外国投资者却并未承担对等的义务。③ ISDS 机制遭遇正当性危机的一个核心问题就是,如何处理投资者保护与东道国公共利益的关系问题。当前国际投资法改革的趋势是关注平衡,在保护投资者利益的同时也要求投资者承担应有的责任,在限制东道国行为的同时也要给东道国留足充分的政策空间。UNCTAD 2015 年发布的《世界投资报告》中就提到,为推行可持续发展目标保障监管权是现有 IIA 改革面临的五大挑战之一,并为 IIA 改革提出了路线图,五个改革领域之一就是在提供投资保护的同时维护国家监管权(空间),IIA 例外条款正是维护国家监管权的一种很

---

①　BURKE-WHITE W W,STADEN V A. Investment Protection in Extraordinary Times:The Interpretation and Application of Non-Precluded Measures Provisions in Bilateral Investment Treaties [J]. Virginia Journal of International Law,2008,48(2):386. 梁丹妮. 论双边投资协定中的不排除措施条款:以 ICSID 专门委员会撤销 Sempra 案与 Enron 案裁决为视角[J]. 西北大学学报(哲学社会科学版),2011,41(5):146-152.

②　ALVAREZ J,KHAMSI K. The Argentine Crisis and Foreign Investors:A Glimpse into the Heart of the Investment Regime[M]//SAUVANT P K. Yearbook on International Investment Law & Policy 2008-2009,New York:Oxford University Press,2009:460. 韩秀丽. 双边投资协定中的自裁决条款研究——由"森普拉能源公司撤销案"引发的思考[J].法商研究,2011(2).

③　DOLZER R,SCHREUER C. Principles of International Investment Law[M]. 2nd ed. Oxford:Oxford University Press,2012:20-21.

好手段,是一种安全阀的设置。① 现有 IIA 例外条款并无统一模式和内容,存在定义模糊、适用范围、适用条件不明确等规则不够明晰的问题,缔约国的意愿难以被很好地体现和尊重。在平衡东道国公共利益和投资者利益的大变革背景下,缔约国有必要在新订 IIA 中纳入例外条款或对已有例外条款进行更好的设计。

一、例外条款的性质选择

(一)初级规则与次级规则的性质

例外条款如果是设计成将某些措施直接排除在条约的义务适用范围的限定义务适用范围模式,则为初级规则性质。若是按 GATT 第 20 条、第 21 条那样,设定那些措施在符合某些条件下可以解除行为不法性的模式,那么可以归为次级规则的性质。很明显,前者对于国家管理权的保护空间是更大的,但是对投资者利益的保护明显不利。缔约国可以根据事项重要性的不同,来进行区分设计。

(二)例外条款的自裁决性质与条款解释指导

已有 ISDS 仲裁庭的普遍实践是,依据例外条款是否包含"其认为"的明确表明自裁决性质的用语,来区分例外条款的自裁决与非自裁决性质。这一解释方法虽说是遵守了 VCLT 第 31 条所规定文本解释优先原则,但略显死板,完全排除了条约解释中的"宗旨目的"解释原则,特别是在例外条款所涉政策目标对一国来说具有性命攸关的重要性时。

如前所讨论的"根本安全例外"条款,不论是否有自裁决的术语,都应为自裁决性质。ISDS 仲裁庭作为非涉事国家,应尊重国家的自裁决,不适宜擅自加以实质审查。当然,这是针对已有的 IIA 而言。若是订立新的 IIA 或对已有 IIA 进行重新谈判修订时,为了避免不必要的争议,还是建议缔约国在制定"根本安全例外"条款时,加上明确的表明条款自裁决性质的措辞。

就其他事项的例外条款也不宜简单依据条款是否有自裁决的措辞来

---

① 国际投资协定改革的各种方案中包括进一步完善和界定国际投资协定的保护标准(如公平和平等待遇、间接征收、最惠国待遇等)以及加强"安全阀"(如公共政策例外、国家安全、国际收支平衡危机)。改革路线图包括六项准则、五个领域和可供四个决策层级采取行动的选项。UNCTAD. World Investment Report 2015:Reforming International Investment Governance[M]. New York and Geneva:United Nations Publications,2015:133.

"一刀切"。例如,有关公共利益例外,基于其政策目标关涉的严重性低于根本安全例外,且公共利益的含义本身带有更大的含糊性和不统一性,若只要条款中加入自裁决的术语,第三方就不能进行审查监督,会增加条款被滥用的风险。再如其他例外条款,如税收例外、金融审慎例外、投资待遇例外,缔约国都在条款中加入"其认为"的措辞表示自裁决性质而完全排除仲裁庭的实质审查吗? 如金融审慎例外,有学者建议,就金融审慎例外措施的特殊性而言,自裁决性质的条款是最符合各国监管主权的选择。[①]但审慎措施的范围较之公共利益的范围更加宽泛和专业,若如此设计,更容易被滥用,定为非自裁决性质更为妥当,第三方仲裁机构可以对国家的行为进行审查。但正如税收措施一样,判断一国所实施金融审慎措施的必要性和措施是否过当,是一个复杂而专业的问题。就投资者就金融措施起诉东道国违反条约义务而东道国又援引金融审慎例外进行抗辩的,可以借鉴税收例外中的"否决机制",这样也有利于平衡东道国和投资者之间的利益保护。此外,在审查国家采取的审慎措施是否恰当时,还可以引入如巴塞尔协议等国际监管标准进行判断,如果符合相关国际标准,则推定该措施可援引"审慎例外";不符合的,东道国仍需说明其措施的合理性。[②]

从平衡保障国家监管权和投资保护的角度来看,自裁决性质应仅限于根本安全例外条款,其他例外条款都属于非自裁决条款,允许仲裁庭予以监督审查,但 IIA 可以通过更加细化的条款设计,来限制仲裁庭的自由裁量权。

[①] 金融危机的严重性是否危及国家的金融稳定或其他利益只有当事国最为清楚,当事国应最有权根据自己的判断采取其认为必要的措施,而置身事外的第三方的事后判断无法取代当事国在当时的决策。陈欣. 论国际投资条约中的金融审慎例外安排[J]. 现代法学,2013(4):137.

[②] 现有的金融审慎例外条款中,只有极少数提及各方对此应尽力遵守国际标准机构制定的审慎措施标准,即根据相关国际组织,如巴塞尔委员会、国际证券监管者组织和国际保险监管者协会制定的金融监管标准。但也有学者质疑参照国际标准的建议,认为事实上这些机构制定的标准不一定适用于所有国家,如巴塞尔协议主要是由发达国家的中央银行制定的,并且深受行业巨头的影响,其关注开展国际活动的金融机构面临的问题,并以促进不同国家间的公平竞争为己任。而新兴经济体和封闭市场面临的问题与巴塞尔协议试图解决的问题并不完全相同。将审慎措施简单地等同于巴塞尔协议等国际标准的要求只会鼓励各方降低审慎监管的共同公分母。徐昕. 区域贸易协定中的金融审慎例外条款分析[J]. 上海对外经贸大学学报,2015(2):66.

二、例外条款的适用条件设计

缔约国若想让 IIA 例外条款发挥其应有的作用与价值,应更加明确地规定其适用条件,为仲裁庭适用该条款提供更充分的指导依据及限制。

(一)义务例外的适用范围

比起具体义务条款例外模式,采用可排除 IIA 全部义务的一般例外条款模式,将各类例外事项均纳入这个例外条款,可以防止投资者依 IIA 其他义务条款为由对东道国提起索赔,这种模式可以给予国家更多的政策空间。例如,即使被诉行为根据征收例外条款的规定不构成间接征收时,投资者仍可援引 FET 条款追究东道国责任。又如,若仅在特定投资待遇条款排除税收措施的适用,投资者仍可以借助该投资待遇以外的其他条款对东道国的税收主权行为提出挑战。但从投资者的角度,必定不希望有太多这样的例外条款,因为这会让其投资面临更多不可测的风险。有学者就反对 IIA 拥有大量一般例外条款,其指出,BIT 最主要的目的是要保证外国投资得到符合法治的待遇,应更多地以义务条款例外模式进行规定。①

从保障国家监管政策空间的角度看,IIA 例外条款应更多采用一般例外条款模式,若担心此种模式导致适用范围过于广泛而过分减损投资者利益的,可以在一般例外条款的设计上更加具体细微,进行相应的限制来约束平衡。例如,中国—加拿大 BIT 第 33 条中就根本安全例外措施,就明确限定在与军事、核能、紧急状态以及维护国际和平与安全有关的极窄范围内。又如,以税收例外条款为例,在采用一般例外条款模式时,对肯定清单的内容进行一定扩展,如 NAFTA 的肯定清单就包括了国民待遇、最惠国待遇、业绩要求和征收。一般例外条款模式虽然更大强度地减少东道国在税收方面所承担的条约义务,更好地维护东道国的税收主权,但如何合理设计国家仍要承担的义务范围的"肯定清单"(税收例外之例外的范围),更好地给国家税收行为留足充分的政策空间,仍是关键的问题。例如,加拿大 2004 年 FIPA 范本仅将征收列入国家要承担的义务范围,美国 2004 年 BIT 范本的

---

① 该学者甚至认为,为了公共利益而采用的非歧视立法,若能以透明、非征用方式、符合国家先前义务的方式施行,并且符合法律的正当程序,那么 BIT 应该几乎不需要例外规定。VANDEVELDE J.K.Rebalancing through Exceptions[J]. Lewis & Clark Law Review,2013(17):458-459.

税收条款中则将征收和业绩要求都纳入可适用于税收措施的范围。而 NAFTA 的"肯定清单"范围就更加广泛了。从东道国的立场来看,"肯定清单"的内容越少越有利于税收主权的维护,但反之,对投资者而言就带来了更多的风险。

(二)适用条件的分类设计

IIA 应根据例外条款的不同事项内容分别设计适用条件。

1.措施与政策目标之间的联系要求

例外条款要求缔约国采取的偏离 IIA 义务的措施必须与条款中规定的允许目标充分联系,这种关系称为"联系要求"(nexus requirement),这种联系在解释例外条款时十分重要,因为它决定了国家行为与追求目标如何密切相关。[①] 根据追求目标对于一国的重要程度的不同,对采取措施与目标之间联系的密切程度要求也不同,也决定了国家适用例外条款的难易程度。

根本安全例外的目标是保护国家的根本安全利益,公共利益例外的目标是保护公共道德、维持公共秩序、保护生命或健康等,税收例外的目标是要保护国家税收主权,金融审慎例外的目标是要保护金融服务消费者利益、维持金融系统稳定。

根本安全例外条款、公共利益例外条款表明联系要求的措辞通常是用"必要的"(necessary for/to),而金融审慎例外条款采取的措辞是"为"(for),还有一些表明联系要求的措辞如"必须"(required)、"针对"(directed to)、"为……不得不采取"(have to be taken for)、"为了……利益"(in the interests of)、"为保护"(for the protection)等。[②]根本安全例外和公共利益例外的援引条件是最为严格的,而其他例外的援引条件要相对宽松。WTO 法理对"必要"的测试采用"最少限制"标准,而采取金融审慎措施只需满足

① BURKE-WHITE W. W., STADEN V A. Investment Protection in Extraordinary Times: The Interpretation and Application of Non-Precluded Measures Provisions in Bilateral Investment Treaties [J]. Virginia Journal of International Law, 2008, 48(2): 329-331.

② BURKE-WHITE W. W., STADEN V A. Investment Protection in Extraordinary Times: The Interpretation and Application of Non-Precluded Measures Provisions in Bilateral Investment Treaties [J]. Virginia Journal of International Law, 2008, 48(2): 330, 333.

最低标准,①即使存在更优的替代性措施,仍有可能被认为符合金融审慎例外的要件。

2.实施要件的区分

现有 IIA 中的根本安全例外和公共利益例外条款通常都规定了东道国在采取措施时必须是"非歧视"地进行。但有些例外条款并不适合"非歧视"这一要求,最典型的是金融审慎例外条款。例如,有些导致金融风险的行为明确来自某个特定的国家,此时完全要求非歧视地适用审慎监管措施,可能是不合理的。②

3.程序条件的设置

由于例外条款都是为了一国公共政策目标的实现而设置,而就此类与政治相关的术语的解释各国必定都有不同的理解,为了更好地解决争端,可以设置一定的程序性要求。如可以借鉴推广税收否决这样的程序性要求,并规定依此程序作出的结论对仲裁庭有约束力,使国家保留较大政策空间具有现实的可操作性。

三、例外条款的法律后果

IIA 例外条款应明确规定相关的法律后果,否则就会再现 ISDS 仲裁实践中用其他国际法规范对 IIA 例外条款进行解释的问题。

(一)无须赔偿

若是将其定性为限定条约义务适用范围的条款,那么成功援引后,使条约义务不适用,也就不存在违法行为,无须任何赔偿。这也是 CMS 撤销裁决众多仲裁庭采用的。这种情形下,对国家而言最友好,但也使得这种情况下产生的损失完全由投资者承担,对投资者而言不太公平。

(二)仍需赔偿

若是将其界定为解除行为不法性的条件规范,很可能会按照《国家责任条款草案》第 27 条的规定要求赔偿。但《国家责任条款草案》第 27 条的赔

---

① 也有学者认为,GATS《关于金融服务的附件》第 2 条第 2 款第 2 句话"如果这些措施不符合本协定条款,则它们不应用来逃避该成员在本协定下的承诺或义务"的规定是防止滥用"审慎例外"限制条件,可类比于"最少限制"要件。彭岳.例外与原则之间:金融服务中的审慎措施争议[J].法商研究,2011(3):93.

② 徐昕.区域贸易协定中的金融审慎例外条款分析[J].上海对外经贸大学学报,2015(2):65.

偿不同于第 34 条至第 39 条的赔偿损害中的赔偿。后者属于第 2 部分第 2 章"赔偿损害"的内容,是不法行为的法律后果,而第 27 条是归属第 1 部分第 5 章"解除行为不法性的情况"的法律后果,既然已经解除不法性,所以行为不再具有不法性,其赔偿范围也仅限于"该行为所造成的任何物质损失",不包括其他的损失赔偿,这里所载述的损害概念要更狭隘。同时,还有一个限定条件是在"解除行为不法性的情况不再存在时"才遵守这项赔偿义务。但如果成功援用例外条款,东道国仍需进行补偿,会使例外条款的规定变得毫无意义。就好比传统征收条款中,合法性征收条件中高标准补偿要件,实际上是限制了东道国援引该条款的权利。①

(三)建议路径

可以参考 LG&E v. Argentina 案和 Continental v. Argentina 案仲裁庭的做法,免除赔偿责任的范围仅限于例外条款中所涉及的事件发生期间,一旦相应威胁或危险被排除了,东道国若还继续执行例外措施,就需要对投资者赔偿由此造成的损失。缔约国就援引例外条款能否免除赔偿责任及免除的范围作出规定,能在很大程度上防止国际仲裁庭作出矛盾的裁决。这种情况下,似乎是在平衡国家和投资者利益之间较优的选择。

哪一种选择更合适,还留待各国实践证明。但无论选择哪种,都必须在未来 IIA 例外条款中明确其性质和法律后果,避免出现阿根廷系列案中的混乱。

本章小结

当今风险时代下,国家经常面临紧迫和意想不到的威胁,无论是恐怖袭击,金融危机或自然灾害,如果国家承担由危机应对措施引起的投资者的全部损失,他们现有的政策选择可能会受到限制。② 而现代 IIA 的义务内容

①　陈丹艳. 国际投资条约中的间接征收:理论与实践的新发展[D]. 厦门:厦门大学,2006:4.

②　BURKE-WHITE W. W., STADEN V A. Investment Protection in Extraordinary Times: The Interpretation and Application of Non-Precluded Measures Provisions in Bilateral Investment Treaties [J]. Virginia Journal of International Law,2008,48(2):407.

在不断扩大,不仅包含传统的投资保护和投资自由化义务,还扩展到环境、劳工、健康与安全等方面的义务,缔约国兼顾不同 IIA 义务的履行时,也可能会有冲突矛盾。在 IIA 中订入例外条款,保留缔约国必要的政策空间是必要的。

例外条款通常是有利于东道国政府的,使投资者承担更多的风险,但为缔约国保留足够的权力空间以应对危机也是完全必要的。例外条款的设置是合理平衡投资者与东道国权益关系的一种有效方式。[①]

IIA 例外条款根据其维护国家利益、公共政策目的的不同,有根本安全例外、公共利益例外、税收例外、金融审慎例外等类型。采用排除 IIA 全部义务的一般例外条款模式,可以最大限度地留足东道国的政策空间和自由,却也将相应的风险转嫁给投资者。具体义务条款例外模式相对而言可以为投资者的风险和东道国的政策空间提供更明确的预期,但需要作出更为详细的修订。从 IIA 可持续发展的改革角度,不论采用哪种例外条款模式,都有必要进行更加详细的修订,明确相关的问题,如条款性质、适用条件、援引后果等,让 IIA 例外条款更好地发挥作用。而 ISDS 仲裁庭应在更大程度上尊重东道国的缔约权和意志,在条约解释上谨慎行使其自由裁量权。

---

① 该学者也指出,更重要的事是提升对条约条款的恰当解释。VANDEVELDE J.K.Rebalancing through Exceptions[J]. Lewis & Clark Law Review,2013(17):449, 458-459.

第五章　　　　ISDS 中国家责任的救济问题

　　确定国家需要承担国际责任后,随之而来的问题就是确定恰当的救济:责任国的责任形式有哪些,受害方可以获得哪些救济?《国家责任条款草案》第 2 部分规定了"一国国际责任的内容":第 1 章规定了国家责任的"一般原则",责任国必须对本国不法行为承担相应的法律后果,有三种责任形式:继续地履行、停止和不重复不法行为、赔偿;第 2 章具体规定了"赔偿损害"的内容。

　　在 ISDS 仲裁中,投资者多主张金钱赔偿的救济形式,已有仲裁实践中,东道国(尤其是较为贫穷的发展中国家)被裁决向发达国家的投资者支付天价金钱赔偿费并不是少数。据 UNCTAD 统计,已裁决案件中赔偿额超过 10 亿美元的共有 13 个,调解结案的案件赔偿额超过 10 亿美元的共有 4 个,其中,赔偿额最高的 ISDS 案件是 Hulley Enterprises v. Russia 案,仲裁庭裁决东道国的赔偿数额竟高达 400 亿美元,Repsol v. Argentina 案调解的赔偿金额也高达 50 亿美元。① 这些高额赔偿金即使对发达国家而言也是极具负担性的,也引发了各方对赔偿标准的确定和赔偿数额确定方法的争议与讨论。

---

　　① 数据来源:UACTAD 的投资争端解决数据库,https://investmentpolicy.unctad.org/investment-dispute-settlement.

第一节　国家责任法的赔偿规则与 IIA 的赔偿规则

一、国家责任法的赔偿规则

国家责任法有关损害赔偿的一般原则是,国家必须对其国际不法行为所造成的损害进行"充分赔偿"(full reparation)。这一国际习惯法原则被认为主要体现在常设国际法院(Permanent Court of International Justice, PCIJ)在霍茹夫工厂案(Factory at Chorzów)①的裁决中,这些内容在《国家责任条款草案》中得到了重述。

(一)霍茹夫工厂案

霍茹夫工厂案中,PCIJ 判决有两个重点:首先,区分合法征收与非法征收的赔偿计算标准;其次,指出国家不法行为的法律后果是需要给予"充分赔偿",并对充分赔偿的内涵作出详细说明。

1.区分合法行为与非法行为的赔偿标准

在确定赔偿数额所依据原则的分析中,PCIJ 首先指出,"波兰政府的行为不是支付公平补偿(fair compensation)即为合法征收的行为,而是对即使支付补偿也不能征收的财产、权利和利益进行没收(seizure)的非法行为。在这种违反条约规定的情况下,其后果是补偿(reparation),首要救济方式是恢复原状"。接着说明,若波兰政府的行为是合法征收行为的话,则不要

---

① Factory at Chorzów (Claim for Indemnity) (Germany v. Poland), Judgment (Merits), PCIJ Series A, No. 17(1928), 13 September 1928. 第一次世界大战后,德国上西里西亚的一部分(包括霍茹夫地区)被划归波兰。霍茹夫硝酸厂最初由德国建立、后于 1919 年 12 月 24 日转让给德国私人公司。1920 年,波兰颁布《清算法》,宣布所划入领土上的一切德国财产属波兰所有,并规定 1918 年 11 月 11 日(停战之日)之后的一切财产转移均属无效。根据该法律,波兰没收了霍茹夫硝酸厂。因德波两国就上西里西亚的边界和权利归属等问题有着重大争议,1922 年,两国签署《关于上西里西亚的日内瓦公约》(以下简称《日内瓦公约》),该公约除了实体性规定外,还设立混合仲裁委员会。1925 年,德国依据《日内瓦公约》将争端提交 PCIJ。德国提出的诉求涉及两个案件:一个是德国在波兰上西里西亚的某些利益案;另一个是霍茹夫工厂案。PCIJ 在前一案件中判决波兰违反《日内瓦公约》。霍茹夫工厂案则涉及赔偿支付的性质、数额和方法,PCIJ 作出了充分赔偿的判决。

求恢复原状,同时在补偿数额的估算上享有赔偿限制,仅需支付财产被征收时的价值,并加上征收日至实际支付时的利息。接着强调,在本案中不能适用合法征收的赔偿限制,这会造成合法清算与非法没收在经济结果上是不加区分的,而这么做是不公平(unjust)的。① 判决还指出,"在非法征收的情况下,赔偿应考虑从征收之日起至裁决作出之日间被征收财产价值的增加"②。

可以看到,霍茹夫工厂案确认了合法征收与非法征收在赔偿标准和限制上是不同的:首先,是否要求恢复原状(即返还财产);其次,赔偿数额估算上是否有限制,合法征收只需要补偿财产被征收时的价值,加上实际支付日期间的利息,而在非法征收的情况下,为消除不法行为所有后果的目的,还可能要赔偿额外的损失,如征收日后投资可能出现的升值和投资者的其他损失。

霍茹夫工厂案对合法行为与不法行为的区分赔偿标准的做法不断得到承认与支持,美国—伊朗仲裁庭在一些案件中支持了这一区分观点和做法,如 Sedco v. NIOC 案中 Brower 法官在其单独意见中支持了这一区分观点和做法,Phillips Petroleum v. Iran 案中也得到了证明。③ 有学者认为,区分合法与非法征收的法律后果(适用不同的赔偿标准)是霍茹夫工厂案判决更为重要的方面。④

2."充分赔偿"标准的具体含义

PCIJ 首先指出,"任何违反约定的行为都有义务进行赔偿,这是一项国

---

① Factory at Chorzów (Claim for Indemnity) (Germany v. Poland), Judgment (Merits), PCIJ Series A, No. 17(1928), 13 September 1928, pp.46-47.

② SABAHI B.Compensation and Restitution in Investor-State Arbitration: Principles and Practice[M]. New York: Oxford University Press, 2011:28. 判决指出,调整赔偿的法律是在两个国家间的国际法规则,而不是调整作出不法行为国家与受到损害的个人之间的法律。……个人受到的损害与国家受到的损害从来不是同一性质的。

③ MARBOE I. Compensation and Damages in International Law: The Limits of Fair Market Value[J]. Journal of World Investment & Trade, 2006,7(5):727-728.

④ SABAHI B.Compensation and Restitution in Investor-State Arbitration:Principles and Practice[M]. New York: Oxford University Press, 2011:49.

际法原则,甚至是一项基本法律概念"①。接着阐述了赔偿的含义,指出"非法行为(an illegal act)的概念包含着一项基本原则——一项似乎经由国际实践,特别是仲裁庭裁决所确立的原则——赔偿必须尽可能地消除(wipe out)非法行为的所有后果,并尽一切可能重建若该行为未发生时本应存在的状况。若恢复原状不可能,偿付一笔与恢复原状价值相当的金额。如果需要的话,还应赔偿恢复原状或替代偿付不能包括的损失。——这些原则应用来确定违反国际法行为的赔偿数额"②。

上述裁决表达了三层意思:第一,不法行为的后果是赔偿,这是一项国际法原则;第二,赔偿的首要方式是恢复原状,若恢复原状不可能,则支付替代赔偿;第三,可以判决赔偿恢复原状或替代赔偿不能涵盖的额外损失。

这些论述在 ILC 编纂国家责任法时被重述,也被后续许多 ISDS 仲裁庭不断援引,可以说成为众所周知的格言。

(二)《国家责任条款草案》的"充分赔偿"规定

《国家责任条款草案》有关"充分赔偿"规定的条款有第 31 条、第 34 条至第 39 条。

1.损害赔偿的"充分赔偿"原则

《国家责任条款草案》第 31 条规定,责任国有义务对其国际不法行为造成的损害进行"充分赔偿",损害包括了物质损害和精神损害③。

2."充分赔偿"的具体内容

《国家责任条款草案》第 34 条至第 39 条具体规定了"赔偿损害"问题。赔偿包括恢复原状(restitution)、补偿(compensation)和抵偿(satisfaction)三种主要形式,但都应对造成的损害给予"充分赔偿"。

---

① Factory at Chorzów (Claim for Indemnity) (Germany v. Poland),Judgment (Merits),PCIJ Series A,No. 17(1928),13 September 1928,p.29.

② Factory at Chorzów (Claim for Indemnity) (Germany v. Poland),Judgment (Merits),PCIJ Series A,No. 17(1928),13 September 1928,p.47.

③ ILC 在评注中说明,"精神"损害包括由于个人或家庭的私生活受到侵扰而引起个人的哀伤和苦难,以及亲人的死亡或个人受到冒犯等事项。但并没有明确构成精神损害的标准,即精神损害达到何种程度才能索赔。国际法委员会. 2001 年国际法委员会年鉴(第 2 卷第 2 部分)(A/56/10)[R]. 纽约:联合国,2001:178.

　　补偿是最常用、最主要的赔偿形式。第 36 条规定,补偿应当弥补经济上可评估的任何损害,不管其是物质的还是精神的,并包括可以确定的利润损失。ILC 在评注中说明,这一损失通常按具体损失项目算出:(1)资本价值(capital value);①(2)利润损失(loss of profits);②(3)杂费(incidental expenses)。③

　　为达到充分补偿的效果,《国家责任条款草案》第 38 条和第 39 条还规

――――――――

　　①　第 36 条评注中指出,资本价值通常按受损财产的"公平市场价值"进行评估,评估"公平市场价值"的方法取决于有关资产的性质。当有关财产或可比财产可在公开市场上自由交易时,其价值较容易确定。还可以选择和采用基于市场数据和资产实际性质的估价方法。与之相反,当有关财产独特或不寻常如艺术品和其他文化财产,或不属于频繁或经常性市场交易的对象时(如某些企业的股票并非经常交易),确定价值比较困难。国际法委员会. 2001 年国际法委员会年鉴(第 2 卷第 2 部分)(A/56/10)[R]. 纽约:联合国,2001:203.

　　②　第 36 条补偿评注之第 28 点至第 32 点指出,利润损失可以明确区分为三种类型:第一类是指在使用权暂时丧失但所有权未受干涉(仍享有所有权)期间,产生收入的财产的利润损失。在这些情况下,这段期间获赔的利润损失是指索赔者在所有权未遭侵犯时理应得到的收入。第二类涉及非法征收产生收入的财产,在这类情况下,对所有权被剥夺之日直至裁决之日时,产生收入财产的利润损失。第三类是在特许权和其他受合同保护利益的情况下发生的利润损失。在这类情况下,未来收入损失有时会获得赔偿。涉及合同时,获赔的是直至对所有权的法律承认结束时的未来收入。但在其他情况下,利润损失因不能被充分确定为受法律保护的利益而遭排斥。国际法委员会. 2001 年国际法委员会年鉴(第 2 卷第 2 部分)(A/56/10)[R]. 纽约:联合国,2001:207-209.

　　③　第 36 条评注之第 34 点指出,杂费是指在修复损害和以其他方式减轻破坏行为造成的损失时合理支出的费用,这种费用可能包括人员的解雇、撤离、遣返或必要的修缮、保存或出售未交付的物品等。国际法委员会. 2001 年国际法委员会年鉴(第 2 卷第 2 部分)(A/56/10)[R]. 纽约:联合国,2001:209.

定,在采取三种赔偿方式时还要考虑利息①和受害者促成损害②的问题。

二、IIA 的赔偿规则

现代 IIA 大多就合法征收的补偿标准作了明确的规定,③但是对其他违反 IIA 的不法行为的损害赔偿问题却大多没有明确规定,未明确不同赔偿标准的适用条件。这一问题在众多 ISDS 仲裁庭的裁决中都有提及。

(一)IIA 仅规定合法征收的赔偿规则

现有 IIA 都有规定合法征收的补偿标准,但并未使用"充分补偿"术语,而更多使用了"充分、及时和有效"这样的表述,这一征收赔偿公式又被称为"赫尔公式"(Hull Formula)。

20 世纪 50—70 年代,直接征收(国有化)的补偿标准问题一直占据着国际投资法的中心议题,南北国家争议焦点集中在,赫尔公式的"充分"赔偿与"适当"赔偿(just compensation)的冲突。赫尔公式的核心——"充分"(adequate)的补偿标准是发展中国家最难接受的,即补偿多少算够。④ 但

---

① 《国家责任条款草案》第 38 条规定:(1)为确保"充分赔偿",在有必要时,应支付根据本章所应支付的任何本金金额的利息。应为取得这一结果规定利率和估算方法。(2)利息应从支付本金金额之日起算,至履行了支付义务之日为止。根据 ILC 评注,有关利息会有以下几方面的问题:(1)利息不是一种自动的赔偿方式,在每一案例中亦非属于补偿的必要部分。利息的裁定取决于每个案件的情况,尤其是裁定利息属于确保"充分赔偿"之必须。(2)实际计算赔偿时应付本金的利息时还有一系列复杂的问题,它会涉及起始日、终止日以及应采用的利息率。对于应付利息额的量化和评估问题国际上没有统一的做法。国际法委员会. 2001 年国际法委员会年鉴(第 2 卷第 2 部分)(A/56/10)[R]. 纽约:联合国,2001:214-219.

② 《国家责任条款草案》第 39 条规定:在确定赔偿时,应考虑到提出索赔的受害国或任何人或实体由于故意或疏忽以作为或不作为促成损害的情况。ILC 在评注中指出,这个问题类似于国内法律制度中"被害人本身的过失""相对过失""受害者的过失"等概念。受损害国促成损害的因素与确定恰当赔偿之间的关系已得到法律文献和国家实践的广泛承认。国际法委员会. 2001 年国际法委员会年鉴(第 2 卷第 2 部分)(A/56/10)[R]. 纽约:联合国,2001:219-220.

③ 与霍茹夫工厂案所涉的《日内瓦公约》(其禁止征收)不同,现代 IIA 通常都允许国家对外国投资和投资者征收,因为一国的征收权被普遍认为是其主权的一部分,但是,征收必须符合相关要件才是合法征收。

④ 温先涛. 孰南? 孰北? 妥协还是共识? ——评中国—加拿大投资保护协定[C]// 曾令良. 武大国际法评论. 武汉:武汉大学出版社,2014,16(2):300.

随着 IIA 的发展,赫尔公式已成为普遍接受的赔偿标准。[①] 即使 IIA 中采用了适当赔偿的措辞,[②]仍可能被解释为充分补偿标准。[③]

许多 IIA 进一步明确用"公平市场价值"(fair market value)作为补偿的具体估算方法,如 NAFTA 第 1110 条、ECT 第 13 条[④]、美国 2004 年和 2012 年 BIT 范本第 6 条[⑤]以及加拿大 2004 年 FIPA 范本第 13 条和德国 2004 年范本第 4 条。这些 IIA 还规定,赔偿应包括征收日起至付款日的利息以及以可自由兑换的货币形式支付。

(二)IIA 未规定合法征收之外不法行为的赔偿规则

很明显,投资者提起 ISDS 仲裁所指向的东道国违反条约义务的不法行为不仅仅限于违反征收保护义务的行为,IIA 的实体保护义务还涉及其他方面,如国民待遇、MFN 待遇、FET 和国际最低待遇、充分安全与保护、保护伞条款等,IIA 不仅没有对这些违反非征收条约义务的赔偿标准作出规定,甚至没有明确规定这些不法行为的后果是否要"充分赔偿"损害。

正因为 IIA 对非征收义务违反的赔偿问题规定的缺失,导致各仲裁庭处理规则、标准各不相同,引发争议。

---

　　①　UNCTAD. Taking of Property[M]. New York and Geneva：United Nations Publications,2000：28-31.

　　②　如"适当"(appropriate)、"合适"(proper)、"公正"(justice)、"公平"(fair)、"合理"(reasonable)或"公正与公平"(fair and equitable)补偿等措辞。

　　③　例如,1992 年世界银行和国际货币基金组织联合设立的"发展委员会"制订的《外国直接投资待遇指南》"指南四"第 2 条规定的虽然是"适当"补偿标准,但在具体诠释该标准时,又采用了"充分、及时、有效"的"赫尔公式"。而且从 ICSID、美伊仲裁庭的实践来看,几乎所有的案件都支持"充分"补偿标准。徐崇利. 外资征收中的补偿额估算[C]//陈安.国际经济法学刊. 北京：北京大学出版社,2006,13(1)：74. CME Czech Republic B.V. v. The Czech Republic,UNCITRAL,Final Award,14 Mar 2003,paras. 490-507.

　　④　ECT 第 13 条规定,"赔偿应等于征收前或以影响投资价值方式即将到来的征收被知晓时(以下简称'估值日')投资的公平市场价值"。

　　⑤　美国 BIT 范本第 6 条对"充分"的解释是"相当于征收发生之前('征收日')被征收投资的公平市场价值"。

第二节　ISDS 仲裁庭对 IIA 赔偿规则的
适用及存在问题

　　若按霍茹夫工厂案区分合法与非法征收的赔偿标准的做法,违反 IIA 非征收义务的行为和违反投资合同的行为属于不法行为,赔偿标准也应该有别于合法行为的赔偿标准。但 IIA 对违反非征收义务行为的赔偿问题未作任何规定,仲裁庭享有了极大的自由裁量权,或适用合法征收补偿标准,或适用国家责任法的"充分赔偿"原则。① 裁决的非一致性也导致裁决的确定性与可预见性低。

　　补偿标准确定之后更为重要的是具体赔偿数额的确定问题,这也是 ISDS 仲裁庭和学术界研究争论的焦点。但就赔偿数额的估算方法,ISDS 仲裁裁决也缺乏一致性。

一、ISDS 仲裁庭区分合法与非法征收赔偿的做法不一

　　根据 IIA 的规定,合法征收的赔偿标准是"赫尔公式",且数额相当于投资被征收前或以影响投资价值方式即将到来的征收被知晓时的"公平市场价值"。而对于不合法征收,根据国家责任法的"充分赔偿"原则,允许更高的恢复性赔偿。二者最明显的差别就是,合法征收是以征收日为准,非法征收则会看征收日后的影响。

(一)ISDS 仲裁庭未统一区分合法与非法征收的赔偿标准

　　ICSID 仲裁庭有支持霍茹夫工厂案区分合法与不法行为的赔偿标准的,如 MTD v. Chile 案同样强调了(合法)征收补偿与违反法律义务的后果的区别。② 2006 年,ADC v. Hungary 案区分了合法征收与非法征收,非法征收情况下,仲裁庭是以裁决日而不是征收日为估算日期来计算被征收企

---

　　①　一些条约明确规定,可以将源自一项合同(如投资协议)的争端提交仲裁,如美国 2004 年和 2012 年 BIT 范本。在这种情况下,条约只是提供了争端解决的平台,并没有提供其他的适用法。合同所规定的适用法将调整任何确定的违约的救济,也就是调整有关赔偿确定的问题。

　　②　MTD Equity Sdn. Bhd. and MTD Chile S. A. v. Republic of Chile (MTD v. Chile), ICSID Case No. ARB/01/7, Award, 21 May, 2004, para.238.

业的"现金流量贴现"（Discounted Cash Flow），从而增加了补偿额。①

但 ISDS 仲裁庭有时未能遵守这一合法、非法标准之区分，在确认国家行为构成非法征收的情况下，仍然适用 IIA 规定的合法征收的赔偿标准，如 CMS v. Argentina 案②、Azurix v. Argentina 案③。有学者批评这种不加区分的做法，指出，从法律的普遍预防功能来看，合法征收与非法征收将会导致相同的经济后果的做法是不可取的。④

（二）合法征收与非法征收认定的争议

目前，IIA 中一般规定国家合法行使征收权必须满足四个普遍认可的条件，即公共利益、非歧视、正当程序以及支付补偿（compensation）。争议主要集中在最后一个补偿要件上。如果东道国行为满足了前三个要件，仅违反补偿要件，是否必然导致征收行为非法？是否有不需补偿的征收存在？ Santa Elena v. Costa Rica 仲裁庭指出，"依据哥斯达黎加法律和国际法，即使是合法征收，征收国也要支付赔偿。……无论环保征收性措施如何值得称道且有利于整个社会，它们和国家为实现其政策而采取的任何其他征收性措施一样，只要财产被征收，即便是为了环保的目的，不论是国内或国际的义务，国家支付赔偿的义务仍然存在"⑤。Tecmed v. Mexico 案仲裁庭还引用前案的分析来表达其观点。⑥ 但 Methanex v. USA 案仲裁庭认为，"作为一般国际法，一项为公共目的的非歧视性规定，依照正当程序制定，影响外国投资者或投资的，不应被认为是征收性的和可补偿的，除非监管政府对

---

① ADC Affiliate Limited and ADC & ADMC Management Limited v Republic of Hungary (ADC v. Hungary)，ICSID Case No ARB/03/16，Award，2 Oct 2006，paras. 479-500.

② CMS v. Argentina，ICSID Case No. ARB/01/8，Award，12 May 2005，para. 410.

③ Azurix v. Argentina，ICSID Case No. ARB/01/12，Award，14 Jul 2006，para. 424.

④ MARBOE I. Compensation and Damages in International Law: The Limits of Fair Market Value[J]，Journal of World Investment & Trade，2006，7(5):726.

⑤ Compañia del Desarrollo de Santa Elena S.A. v. Republic of Costa Rica (Santa Elena v. Costa Rica)，ICSID Case No. ARB/96/1，Final Award，17 Feb 2000，paras. 68,72.

⑥ Técnicas Medioambientales Tecmed，S.A. v. The United Mexican States (Tecmed v. Mexico)，ICSID Case No. ARB (AF)/00/2，Award，29 May 2003，para.121.

考虑投资的潜在外国投资者作出具体承诺的,政府将不能采取这种规定"①。美国2004年和2012年BIT范本附件B对间接征收作出了一定的澄清和限制。②

无须补偿、不属于征收的管制行为的确认,也从另一方面说明补偿并不是认定征收合法与否的要件。将补偿作为判断征收是否合法的条件的传统做法受到了挑战。合法征收通常要求具有公共利益、非歧视、正当程序,而是否支付了恰当的补偿并不能影响征收行为的性质。这种构成要件的判断也符合现有在东道国的公共利益与投资者私人利益之间寻求恰当的平衡的趋势与理念。

二、ISDS仲裁庭对合法征收之外不法行为赔偿问题的处理不一

针对合法征收之外不法行为的赔偿问题,仲裁庭主要有两种处理方式,一种是适用合法征收的"公平市场价值"补偿标准,另一种则适用国家责任法的"充分赔偿"原则。

(一)仍适用合法征收的"公平市场价值"补偿标准

投资者在提起非法征收的诉求时,也常常依据"公平市场价值"来提出求偿。在东道国行为同时违反征收和其他条约义务(常见的如FET、保护伞、充分保护与安全等义务)时,一些仲裁庭统一适用合法征收补偿标准作为赔偿数额的估算基础,甚至在裁定并不存在征收的情况下,依旧适用合法征收补偿标准作为估算基础。美国—伊朗仲裁庭和世行投资待遇指南中,认为"充分、及时、有效"的补偿标准就是指被征收财产的"公平市场价值"。③

ISDS仲裁中,"公平市场价值"定义通常为"在一个开放的和不受限制的市场的作用下,当双方都不在强制购买或出售和双方对相关事实有着合理认知的情况下,财产在一个假设的自愿的和有能力的买家(a hypothetical willing buyer)和一个假设的和有能力的卖家(a hypothetical and able

---

① Methanex Corporation v. United States of America (Methanex v. USA), UN-CITRAL, Final Award, 3 Aug 2005, Part IV—Chapter D, para.7.

② 其中一款规定"除非极个别情况,缔约方旨在保护合法的公共福利目标,如公众健康、安全和环境,而制定并适用的非歧视管制行为不构成间接征收"。

③ MARBOE I. Compensation and Damages in International Law: The Limits of Fair Market Value[J]. Journal of World Investment & Trade, 2006,7(5):730-731.

seller)之间换手时以现金等价物表示的价格"①。

1.ISDS 仲裁庭实践

CME v. Czech Republic 案中,仲裁庭认定东道国违反了 BIT 的征收、FET、免受不合理与非歧视措施保护、充分保护与安全等条约义务,虽然指出就非征收违反的赔偿适用霍茹夫工厂标准②,但却适用合法征收补偿的"公平市场价值"来估算具体赔偿数额。③

CMS v. Argentina 案中,仲裁庭认为,"基于违约行为的累积性质(cumulative nature of the breaches),在本案适用'公平市场价值'标准更为恰当。虽然这一标准很明显是涉及征收,但如果其他违反条约的行为导致了重大长期损失,也不排除适用该标准是恰当的"④。这一"违约行为的累积性质"的推理也被后续的 Enron v. Argentina 案⑤在适用"公平市场价值"标准时所采用。

Azurix v. Argentina 案仲裁庭认为,采取"公平市场价值"作为评估损毁赔偿的基础是恰当的,特别是投资被当地省级部门接管。⑥

Sempra v. Argentina 案仲裁庭认为,虽不存在征收情形,但违约行为对投资造成重大破坏,在这种情况下,可能很难区分间接征收或其他形式的征收与 FET 待遇,因此,适用相同的赔偿标准可能是合理的。因此适用"公

---

①　CMS v. Argentina,ICSID Case No. ARB/01/8,Award,12 May 2005,para. 402,citing "International Glossary of Business Valuation Terms,American Society of Appraisers,ASA website,June 6,2001,p.4". 仲裁庭直接援引了美国资产评估协会《国际企业估值术语词汇》的定义,此后许多仲裁庭也沿用这一定义。如 Enron v. Argentina,ICSID Case No. ARB/01/3,Award,22 May 2007,para.361;Sempra v. Argentina,ICSID Case No. ARB/02/16,Award,28 Sep 2007,para.405.

②　CME Czech Republic B.V. v. The Czech Republic(CME v. Czech Republic),UNCITRAL,Partial Award,13 Sep 2001,paras.615-618.

③　CME v. Czech Republic,UNCITRAL,Final Award,14 Mar 2003,paras.490-513.

④　CMS v. Argentina,ICSID Case No. ARB/01/8,Award,12 May 2005,para. 410.

⑤　Enron v. Argentina,ICSID Case No. ARB/01/3,Award,22 May 2007,paras. 360-363.

⑥　东道国的行为涉及违反 FET 及其他 BIT 义务(不涉及征收),造成了 Azurix 公司的特许协议被当地省级部门接管。Azurix v. Argentina,ICSID Case No. ARB/01/12,Award,14 Jul 2006,para.424.

平市场价值"来确定损失的价值。①

值得注意的是,投资在准备过程中因东道国行为而告终止,所产生的损失不宜适用"公平市场价值"计算。PSEG v. Turkey 案中,仲裁庭指出,"众多 NAFTA 和 ICSID 案件证明,针对不构成征收的违约和违反 FET 及其他条约保护标准的违约,适用公平市场价值作为赔偿计算标准是恰当的。但所有这些情况下,需补偿的违约都是对处在生产阶段的投资产生损害,而不是对计划中或者尚在谈判的投资的损害。本案违反 FET 义务的行为不是对生产性资产的损害,而是政府未能以适当的方式进行谈判和其他形式干涉的行为,因此不宜适用公平市场价值来计算赔偿"②。

2. "公平市场价值"的估算方法

IIA 通常没有就"公平市场价值"的具体估算方法作出明确的规定。"公平市场价值"的概念来自经济学领域,因此其具体数额的估算也使用了许多经济学方法。在仲裁过程中,仲裁庭也常常会请经济学专家来估算,提供具体的数额。

CMS v. Argentina 案中,仲裁庭认为,确认"公平市场价值"通常有四种方法:资产价值或重置成本法、可比交易法、选择价值法和现金流量贴现法。③ 仲裁庭最终采取了现金流量贴现法来估算本案的"公平市场价值"。④

ILC 在《国家责任条款草案》第 36 条的评注中也提到了现金流量贴现

---

① Sempra v. Argentina, ICSID Case No. ARB/02/16, Award, 28 Sep 2007, paras. 400-405.

② PSEG v. Turkey, ICSID Case No. ARB/02/5, Award, 19 Jan 2007, paras.307-309.

③ CMS v. Argentina, ICSID Case No. ARB/01/8Award, 12 May 2005, para.403. 除了这些方法,还有"实际投资"或"资本净额"方法、"清算价值"方法等。徐崇利. 外资征收中的补偿额估算[C]//陈安. 国际经济法学刊. 北京:北京大学出版社,2006,13(1):75-76.

④ (1)资产价值(asset value)或重置成本(replacement cost)法,在他们"分手"或替代成本的基础上评估资产;(2)可比交易(comparable transaction)法,回顾类似情况下的可比交易;(3)选择价值(option value)法,研究涉案资产的替代用途,以及它们的成本和收益;(4)现金流量贴现法,以反映各种风险和不确定性的比率确定未来预测现金流量贴现的现值来评估资产。CMS v. Argentina, ICSID Case No. ARB/01/8Award, 12 May 2005, paras. 411-417.

法,还提到其他一些估算方法,如账面净值方法和清算价值方法。① 但 ILC 是将"公平市场价值"方法与其他各种方法并列进行说明,而不是把其他方法作为确定公平市场价值的方法。这也再一次印证了前面讨论过的在赔偿问题上,国际法上并没有很明确地区分合法、非法行为的赔偿标准,"公平市场价值"方法也用于非法行为的赔偿后果的计算。

(二)适用国家责任法的"充分赔偿"原则

从 ISDS 仲裁实践来看,被申请人并没有因 IIA 未规定违反其他 IIA 义务的法律后果就主张不存在支付相应赔偿的义务,仲裁庭倾向于借鉴国家责任法"充分赔偿"原则,针对其他违反 IIA 义务的行为行使自由裁量权来确定赔偿评估方案,这也导致了仲裁庭的裁决并不一致。

1.ISDS 仲裁庭实践

PCIJ 在霍茹夫工厂案中确认了恢复原状的优先地位,其指出,责任国"有义务恢复原状,如果不可能做到这一点,则有义务支付赔偿额,以代替已变得不可能的恢复原状措施"。② 恢复原状是国际公法领域不法行为的首要救济方式,但在国际投资法领域却不是。

(1)有关适用"恢复原状"救济方式的争议

在 ISDS 仲裁中,投资者极少要求恢复原状,主要寻求金钱赔偿的救济形式。如 Tecmed v. Mexico 案仲裁庭就指出,申请人认为恢复原状是完全不可能的,所以主要寻求的是金钱损害赔偿。基于此,仲裁庭也不会考虑恢复原状在本案的可受理性问题。③ 恢复原状通常被认为不是最好的救济方式,所以申请人和仲裁庭经常立刻转向"补偿"这种救济。

有学者认为,这种标准的选择会被认为更能被仲裁庭和被申请人所接受,因为它没有对实行不法行为的国家进行"惩罚"。④ 这种观点体现出,对

---

① 《国家责任条款草案》第 36 条评注第 22 点至第 26 点。账面净值(net book value)方法和清算价值(liquidation value)方法。国际法委员会. 2001 年国际法委员会年鉴(第 2 卷第 2 部分)(A/56/10)[R]. 纽约:联合国,2001:203-205.

② Factory at Chorzów (Claim for Indemnity) (Germany v. Poland),Judgment (Merits),PCIJ Series A, No. 17(1928), 13 September 1928, p.48.

③ Tecmed v. Mexico, ICSID Case No. ARB (AF)/00/2, ICSID Case No. ARB (AF)/00/2, Award, 29 May 2003,para.183.

④ MARBOE I. Compensation and Damages in International Law:The Limits of Fair Market Value[J], Journal of World Investment & Trade, 2006,7(5):728.

仲裁庭是否有作出恢复原状裁决的权力这一问题,是有争议的。

反对者认为,即使在一般国际法上,恢复原状这种救济的地位也是备受质疑的。虽然 ISDS 仲裁裁决中常常援引霍茹夫工厂案,但该案判决并没有承认案件所涉条约中有恢复原状的特定条款赋予 PCIJ 对该案的管辖权,事实上,德国并没有要求恢复原状的主张。国际不法行为的首要救济方式是恢复原状的论述严格上说只是裁决的附带意见(obiter dictum),而且该论述的有效性也因缺乏国际仲裁庭作出恢复原状的裁决的实例而未得到证实。此外,裁决实际上有说明投资者与其国家可获得的赔偿形式间存在区别①,但却被忽略了。这段文字强调了对个人的不法行为的赔偿与对国家的不法行为的赔偿有着实质上的区别,因此 PCIJ 就恢复原状是国际法上第一性救济以及损害赔偿的衡量的经典论述在投资条约体制中应谨慎对待。②

《ICSID 公约》第 54 条第 1 款要求缔约国必须执行 ICSID 裁决中的金钱义务,这一规定意味着,非金钱义务是不可执行的。在一些缔约国的国内法律体系中明确规定了这一原则。该条款的起草历史也表明,一些国家是反对执行非金钱义务的。ECT 第 26 条第 8 款与 NAFTA 第 1135 条第 1款明确规定,国家可以以支付金钱损害赔偿金来代替任何可能作出的其他相关的裁决的履行,如恢复原状。

Enron v. Argentina 案中,被申请人主张依据《ICSID 公约》,仲裁庭只有裁决支付金钱赔偿的权力,申请人要求撤销阿根廷特定省份作出的税务评估的请求不能成立。但仲裁庭最终依据 ICJ 和 ICSID 一些案件裁决确定,其有权作出涉及履行或禁止实施特定行为的措施的裁决。③

Nykomb v. Latvia 案中,投资者主张东道国违反了 ECT 项下的 FET、最低待遇、不合理及歧视措施以及征收等义务。仲裁庭最终认定不存在征收,东道国未能向申请人支付两倍平均电价的合同协议电价(仅支付了平均电价的 75%),但给其他合同相对方(本国投资者)支付了两倍平均电价的

---

① Factory at Chorzów (Claim for Indemnity) (Germany v. Poland), Judgment (Merits), PCIJ Series A, No. 17(1928), 13 September 1928, p.28.

② DOUGLAS Z. The International Law of Investment Claims [M]. Cambridge: Cambridge University Press, 2009:101.

③ Enron v. Argentina, ICSID Case No. ARB/01/3, Decision on Jurisdiction, 14 Jan 2004, paras. 75-81.

合同协议电价。这种区别对待行为(2倍和0.75倍之间的销售电价差异)被仲裁庭认定违反了ECT条约下的国民待遇条款,构成了歧视措施。仲裁庭认为,"就被申请人违反条约第10条所造成的损失或损害的赔偿救济问题,仲裁庭以及争议双方都同意必须主要依据国家责任法确立的原则解决。这些原则的权威表述在2001年ILC通过的《国家责任条款草案》中。⋯⋯根据《国家责任条款草案》第34条和第35条,恢复原状被认为是赔偿的首要救济方式。⋯⋯而在本案中,恢复原状是可能的"①。裁定东道国继续履行剩余的合同义务。

正如有学者所指出的,恢复原状不等同于特殊履行,后者仅限于合同义务的履行。Nykomb v. Latvia案恰恰涉及的是特许合同义务的履行。似乎还没有一个国际仲裁庭作出要求履行特定条约义务的例子。该学者认为更恰当的观点是,除非投资条约明确赋予其相应的权力,否则投资条约仲裁庭无权作出恢复原状的裁决。②

(2)适用国家责任法的"补偿"救济方式

S.D. Myers v. Canada案,仲裁庭认为加拿大政府的行为违反了NAF-TA第1102条国民待遇和第1105条国际最低待遇标准的条约义务,在确定损害赔偿原则时,仲裁庭认为,"NAFTA仅有第1110条第2款规定了征收的赔偿原则,该条款并没有给违反第11章的其他条款义务的情形提供恰当的标准。NAFTA起草者们并没有声明'资产的公平市场价值'公式适用于所有违反第11章义务的行为,他们明确表示只适用于征收。⋯⋯虽然有些仲裁庭可能认为可以同样适用'公平市场价值'标准,但本仲裁庭认为适

---

①　Nykomb v. Latvia，Award，16 December 2003，pp.38-39.

②　DOUGLAS Z. The International Law of Investment Claims[M]. Cambridge：Cambridge University Press，2009：100.

用该标准不合逻辑，不是恰当可行的选择"①。"在不涉及征收的情况下，(NAFTA)未确定赔偿的具体方法，NAFTA起草者们的目的是，让仲裁庭参考国际法原则和NAFTA的规定，根据案件的具体情况来确定赔偿措施。……无论采取何种具体的方法，都应反映国际法一般原则，即赔偿应当消除违反国际义务而造成的物质损害。"②

Feldman v. Mexico案仲裁庭也认为，NAFTA就违反非征收条款的损害赔偿问题没有给出进一步的指导。裁决提到在此之前另外两个NAFTA案例——S.D. Myers v. Canada，Pope & Talbot v.Canada，两案都涉及违反非征收条款的问题，两仲裁庭行使自由裁量权来选择它们认为合理的方式来确定损害赔偿。因此，本案仲裁庭也有权自由裁量。③

CMS v. Argentina案仲裁庭同样认为，"就违反FET和其他待遇的恰当赔偿问题，条约没有提供任何指导。仲裁庭必须行使裁量权来确定最符合违约性质的赔偿标准"④。

LG&E v. Argentina案仲裁庭援引 S.D. Myers v. Canada 案和 Feldman v. Mexico案的裁决，再次表明，条约在这方面的沉默被解释为缔约方有意将此问题留给仲裁庭在考虑国际法原则和NAFTA规定的情况下确定适合于特定情形案件的恰当的赔偿标准。⑤

---

① 申请人是一家位于美国俄亥俄州的PCB废物处理厂，1993年在加拿大设立公司，打算通过将加拿大产生的PCB废物运送到俄亥俄州处理来提供跨境服务。并游说两国开放PCB废物跨境流动。1995年11月，加拿大政府颁布了PCB废物的出口禁令，1997年2月又修订了PCB废物出口条例重新开放了边境。申请人认为这项禁令影响了其投资利益。于是提起仲裁，诉称加拿大违反了第1102条规定的国民待遇义务，第1105条的公正与公平待遇义务，以及第1110条征收问题的规定。仲裁庭认为颁布该禁令并不是为了合法的环境原因，而是为了保持加拿大企业有持续处理的能力，这些目的可以通过其他的措施来达成。S.D. Myers, Inc. v. Government of Canada（S.D. Myers v. Canada），UNCITRAL，Partial Award, 13 Nov 2000，paras.195,305-309.

② S.D. Myers v. Canada，UNCITRAL，Partial Award,13 Nov 2000，paras.309，315.

③ Feldman v. Mexico，ICSID Case No. ARB(AF)/99/1，Award, 16 Dec 2002，para.194-197.

④ CMS v. Argentina，ICSID Case No. ARB/01/8，Award, 12 May 2005，para.409.

⑤ LG&E v. Argentina，ICSID Case No. ARB/02/1，Award，25 Jul 2007，para.40.

MTD v. Chile 案仲裁庭认定东道国违反了 FET 义务,认为 BIT 第 4 条第 3 款"及时、充分、有效"的征收赔偿标准并不能适用于违反其他条约义务的情形,因而适用了霍茹夫工厂案的"充分赔偿"标准。①

Nykomb v. Latvia 案仲裁庭同样认为,ECT 第 13 条第 1 款关于征收赔偿的原则不能适用于违反第 10 条(歧视措施)导致的损害的评估。②

LG&E v. Argentina 案中,仲裁庭认为应适用"充分赔偿"原则,不同意投资者提出的"公平市场价值"方法作为赔偿估算方法。仲裁庭的理由有三:(1)适用"公平市场价值"方法的场合应该是,投资者丧失了对投资的所有权或者是其财产权受到的干预已经导致等同于投资完全损失的情形,而本案并不属于这些情形。(2)正如 S. D. Myers 仲裁庭所分析的,NAFTA 没有说明将明确适用征收问题的规定适用于所有 NAFTA 条款的违反。(3)补偿是合法行为的后果,而损害赔偿是不法行为的后果。这是被许多仲裁庭所注意到的。③

2."充分赔偿"的具体估算方法

"充分赔偿"具体如何估算? ISDS 仲裁庭主要考虑实际损失、利润损失、利息和精神损害赔偿等事项。

(1)实际损失

许多 ISDS 仲裁庭都指出,应赔偿投资者遭受的实际损失。

LG&E v. Argentina 案仲裁庭指出,其必须解决的问题是,识别投资者因阿根廷行为所导致的"实际损失"。④

S.D. Myers v. Canada 案仲裁庭认为,"在本案中适当的损失是净收益流的损失……加拿大政府关闭边境期间(1995 年 11 月至 1997 年 2 月将近

---

① MTD v. Chile, ICSID Case No. ARB/01/7, Award, 21 May 2004, para.238.

② Nykomb v. Latvia, Award, 16 Dec 2003, p.38, Sec. 5.1.

③ LG&E v. Argentina, ICSID Case No. ARB/02/1, Award, 25 Jul 2007, paras. 33-38.

④ LG&E v. Argentina, ICSID Case No. ARB/02/1, Award, 25 Jul 2007, paras. 41-45. 仲裁庭在援引卢西塔尼亚号案、霍茹夫工厂案、ILC 评论、Feldman v. Mexico 案的基础上得出该结论。

16 个月)导致的投资者净收益流损失"①。

Feldman v. Mexico 案仲裁庭认为,在未给予出口退税的歧视行为尚未构成间接征收的情况下,不能适用公平市场价值标准,只应就实际发生的损失或损害进行赔偿。就申请人寻求就利润损失进行赔偿,因其不能证明其存在及范围程度,仲裁庭予以驳回。仲裁庭认为,赔偿的数额等于墨西哥政府拒绝支付给申请人申请的合法退税数额。②

Nykomb v. Latvia 案中,除了裁定东道国继续履行剩余的合同义务,仲裁庭还裁决直至本裁决作出之日时电力购买价格的估计损失的 1/3 作为东道国歧视行为的赔偿给予投资者。③

Occidental v. Ecuador 案仲裁庭也裁定,损害赔偿额应为厄瓜多尔政府没有退还的增值税数额。④

Tecmed v. Mexico 案中,被申请人也主张不适用现金流量贴现法,因为企业仅运营了两年半的时间,没有充分的历史数据据以预测其持续经营价值。仲裁庭认可被申请人的主张,认为现金流量贴现法要在对至少 15 年的未来进行预测的基础上进行,仅有的两年运营历史不足以进行预测。仲裁庭认为,被申请人违反条约而产生剥夺申请人投资的损害效果,应根据垃圾填埋场的市场价值这些参数作出赔偿。⑤

LG&E v. Argentina 案中,仲裁庭认为阿根廷的相关措施已经导致被许可人收入的显著减少,反过来,导致分配给股东股息的减少。因此,确定受到不法措施影响的实际损失是本来应该收到但因这些措施而没有收到的

① 1997 年 7 月,边境再次关闭。物质跨越边境移动仅开放了 5 个月(1997 年 2 月至 7 月)。仲裁庭以投机和非近因性驳回了投资者的机会损失诉求。S.D. Myers v. Canada,UNCITRAL,Second Partial Award,21 Oct 2002. paras. 100,161-162,167.

② Feldman v. Mexico,ICSID Case No. ARB(AF)/99/1,Award,16 Dec 2002,paras. 194,198-206.

③ Nykomb v. Latvia,Award,16 Dec 2003,pp.39-41. Sec. 5.2.

④ 仲裁庭裁决厄瓜多尔拒绝向投资者支付一定的增值税退税构成违反 BIT 国民待遇条款和 FET 条款义务。Occidental Exploration and Production Company v. The Republic of Ecuador,LCIA Case No. UN3467,Final Award,1 Jul 2004,paras. 200-210.加上利息赔偿,厄瓜多尔需向申请人一共支付约 7513 万美元。

⑤ Tecmed v. Mexico,ICSID Case No. ARB (AF)/00/2,ICSID Case No. ARB (AF)/00/2,Award,29 May 2003,paras. 185-188.

股息数额。①

PSEG v. Turkey 案中,申请人提出公平市场价值、利润损失评估以及投资实际支出费用等三种赔偿计算标准。仲裁庭根据案件的具体情形(因投资者并未与东道国达成特许协议的签署,投资尚在商谈准备过程中被迫终止)分析了前两种赔偿计算标准不可适用,最后依据投资者为了进行该项投资而实际花费的金钱数额来计算赔偿。②

实际损失通常为因东道国不法行为而导致应得而未得的损失,如不法措施期间减少的净收入、未支付退税退费、未履行的合同价格、受影响的股息数额等。

(2)利润损失

加拿大 2004 年 FIPA 范本第 13 条第 2 款和 NAFTA 第 1110 条第 3 款中就赔偿估算标准中都提到"持续经营价值",这一概念就涉及利润损失。③

Feldman v. Mexico 案中,仲裁庭不支持申请人的持续经营价值主张,一是因为其认为只有在计算征收赔偿时才会考虑持续经营价值,二是因为申请人不能证明其企业是有持续盈利能力的。④

Metalclad v. Mexico 案仲裁庭认为,"如果企业经营时间不够长,没有建立业绩记录或没有盈利,未来利润不能用来确定持续经营价值或公平市场价值。……由于该垃圾填埋场从未营运,因此本案不适宜使用现金流量

---

① LG&E v. Argentina,ICSID Case No. ARB/02/1,Award,25 Jul 2007,paras. 47-49.

② PSEG v. Turkey,ICSID Case No. ARB/02/5,Award,19 Jan 2007,paras. 283,340.

③ 前者直接援引后者,规定"估算标准应该包括持续经营价值、资产价值(包含有形资产的申报税收价值)和其他适合于确定公平市场价值的标准"。

④ Feldman v. Mexico,ICSID Case No. ARB(AF)/99/1,Award,16 Dec 2002,paras. 199-200.

贴现法,任何基于未来利润的裁决都是完全投机性的"①。

　　LG&E v. Argentina 案申请人提出,因东道国措施导致其投资完全毁损,价值损失近 93%。仲裁庭发现投资者的投资价值已经开始反弹,东道国的措施并没有永久影响其股份价值。并认为,事实上,资本价值的损失并不够明确。如果 LG&E 和其他外国投资者一样基于措施所导致价值的减损而出售了其投资,那么资本价值将成为决定赔偿的一个切实可行的基础。因此,仲裁庭认为,资本价值损失的索赔是不成熟的,拒绝将其作为补偿的基础。②

　　SPP v. Egypt 案仲裁庭指出,"很明显,只有针对合法的利润才允许补偿利润损失。……即使接受申请人的现金流量贴现法,利润损失的补偿最多只能截止到 1979 年《保护世界文化和自然遗产公约》(以下简称《UNESCO 公约》)对其产生约束力之时,在该日期之后,申请人在金字塔保护区内的活动就会违反《UNESCO 公约》而违反国际法,因此任何因这些活动而产生的利润都不予补偿。③

　　在国际法上,利润损失数额的估算必须受合法性和确定性的约束。

　　PSEG v. Turkey 案仲裁庭认为,利润损失计算方法通常是针对已在实质性进行中并且有利润记录的投资,而在利润具有不确定性时拒绝使用这种方法。利润损失的概念首先要求是因特定的合同违约或其他原因而导致的结果,而本案中完全不存在合同这个基础,因为双方并未就合同的根本商业条款达成一致谈判,并没有详细的合同条款,更不可能预测未来的损失。申请人提出的未来利润的损失完全是一种不确定的主观臆断。所以本案不

---

　　①　Metalclad v. Mexico,ICSID Case No.ARB(AF)/97/1),Award,30 Aug 2000,paras. 120-121. 有学者认为,持续经营价值含有较多的主观因素,一个目前繁荣的企业,即使不被征收而持续经营,也没有人能保证它将来一定发达,要求东道国为投资者支付主观预期利润显然缺乏依据。如果要求东道国赔偿投资者预期利润损失,就必须由投资者来证明被征收的企业能够盈利。温丝涛. 孰南? 孰北? 妥协还是共识? ——评中国—加拿大投资保护协定[C]// 曾令良. 武大国际法评论. 武汉:武汉大学出版社,2014,16(2):301.

　　②　LG&E v. Argentina,ICSID Case No. ARB/02/1,Award,25 Jul 2007,paras. 47-48.

　　③　Southern Pacific Properties (Middle East) Ltd v. Egypt (SPP v. Egypt),ICSID Case No ARB/84/3,Award,20 May 1992. paras.190-191.

能用利润损失的方法来计算赔偿数额。①

（3）利息

ISDS实践中，仲裁庭在合法征收和非法行为的情形下都会裁决支付利息，有时会以非法行为发生日作为利息起算日（dies a quo），有时会从评估日开始计算，利息计算终止日通常为实际支付日。② 利息率通常由仲裁庭依个案裁定，有时可能会基于双方协议而确定，如 Autopista v. Venezuela 案就是依据特许协议第 26 条规定的利率来确定的。③ 此外，利息计算还涉及单利和复利计算问题。在国际法上一般是反对裁定复利的，但在 ISDS 仲裁中，从 2006 年开始，仲裁庭越来越多地裁决复利，如 Santa Elena v. Costa Rica 案。④

（4）精神损害赔偿

国际法的卢西塔尼亚号（Lusitania）案是最常被提及涉及精神损害赔偿的案件。而在 ISDS 仲裁实践中，有关精神损害赔偿的裁决并不多见，如 Tecmed v. Mexico 案仲裁庭就认为，其没有理由裁决赔偿精神损害。⑤

唯一作出精神损害赔偿裁决的是 Desert Line Projects v. Yemen 案，仲裁庭裁决赔偿申请人 100 万美元的精神损害金。仲裁庭指出，"被申请人违反 BIT 行为（特别是对申请人高管的身体胁迫）是恶意的，因此构成一种过失责任。被申请人应该赔偿申请人所遭受的伤害，无论是身体上的伤害还是精神的或物质的。仲裁庭同意申请人的观点，这些影响了申请人高管的身体健康和申请人的信用和声誉，伤害是巨大的。然而，申请人要求的金额过分夸大了，不能完全支持。仲裁庭认为，基于已有信息和一般原则，应赔偿 100 万美元包括名誉损失在内精神赔偿金（无利息）。这一数额并不仅是

---

① PSEG v. Turkey, ICSID Case No. ARB/02/5，Award，19 Jan 2007，paras.310-315.

② SABAHI B. Compensation and Restitution in Investor-State Arbitration：Principles and Practice[M]. New York：Oxford University Press，2011：148-150.

③ Autopista Concesionada de Venezuela CA（Aucoven）v Venezuela，Award，ICSID Case No. ARB/00/5，Award，23 Sep 2003，para.387.

④ SABAHI B. Compensation and Restitution in Investor-State Arbitration：Principles and Practice[M]. New York：Oxford University Press，2011：152.

⑤ Tecmed v. Mexico，ICSID Case No. ARB（AF）/00/2 ，ICSID Case No. ARB（AF）/00/2，Award，29 May 2003，para.198.

象征性的,但相较于本案巨大的项目比例,却也是恰当的"①。

ISDS 仲裁实践表明,就赔偿标准和赔偿估算方法这些问题,并没有形成统一的法理。

第三节　ISDS 仲裁实践中"充分赔偿" 估算的限制因素

国家责任法的"充分赔偿"原则也有例外,那就是限制赔偿,典型表现在战争赔款问题上。如"二战"后对日审判中的赔偿就不是全部赔偿,德国也如此,但日本尤其明显。其出发点之一就是考虑到不要因战争赔款而让一个国家崩溃。在 ISDS 仲裁领域,从平衡东道国与投资者的角度,赔偿时也应该考虑限制因素。Nykomb v. Latvia 案仲裁庭指出,在估算损害赔偿时,要考虑国家责任法上的因果关系、可预见性及合理性因素。② ILC 在《国家责任条款草案》评注中指出,利润损失索赔还必须服从于对弥补损失的通常限制范围,如因果关系、间接性、证据要求以及会计原则,以试图从估计数据中剔除风险成分。③ 这些限制因素都有出现在 ISDS 仲裁庭的裁决中。

一、因果关系

ILC 在《国家责任条款草案》评注中指出,第 31 条第 2 款"损害包括一国国际不法行为造成的任何损害"的规定处理了另外一个问题:国际不法行为与损害之间的因果关系问题。只有"一国国际不法行为造成的……损害"才必须给予充分的赔偿,同时指出,"就每一违背国际义务情况来说,因果关系的必要条件不一定一样"④。

S.D. Myers v. Canada 案的第二份部分裁决中,仲裁庭赔偿因加拿大

① Desert Line Projects LLC v. The Republic of Yemen(Desert Line Projects v. Yemen),ICSID Case No. ARB/05/17,Award,6 Feb 2008,paras.290-291.

② Nykomb v. Latvia,Award,16 Dec.2003,pp.39-41. Sec. 5.2.

③ 国际法委员会. 2001 年国际法委员会年鉴(第 2 卷第 2 部分)(A/56/10)[R]. 纽约:联合国,2001:208.

④ 国际法委员会. 2001 年国际法委员会年鉴(第 2 卷第 2 部分)(A/56/10)[R]. 纽约:联合国,2001:179,181.

措施直接导致的投资者的总体经济损失,裁定损害赔偿的基础在于,违反特定 NAFTA 条款与投资者遭受的损失之间有着充分的因果关系,换言之,就是违约行为必须是造成损害的近因。① 仲裁庭进一步说明,这种方式类似国内法上有关侵权损害赔偿②的估算标准,这种标准的重点在于强调因果关系,这不同于合同违约的可预见性标准。因此,没有必要争论损害是直接的还是间接的,只要这些损害是因违反第 11 章的国家行为所导致的,并且是近因,那么总体经济损失都可以要求赔偿。③

　　LG&E v. Argentina 案中,仲裁庭在分析得出应确定投资者的实际损失后马上指出,问题之一是因果关系:投资者因违法行为失去了什么? 在确定被申请人需要赔偿申请人本应获得的利益但因关税制度而遭受的损失时,仲裁庭也特别指明,被申请人的行为是这一损失发生的近因。④

　　这意味着,对于投资者实际损失的计算,必须要考虑与东道国违法行为之间的因果关系。与东道国行为无直接因果关系或近因的损失,不能纳入赔偿范围内。

二、禁止双重赔偿原则

　　国家责任法上,对于不法行为的损害赔偿应该遵循"充分赔偿"原则,但也应遵循禁止双重赔偿原则。ILC 在《国家责任条款草案》第 36 条补偿的

---

　　① S.D. Myers v. Canada,UNCITRAL,Second Partial Award,21 Oct 2002,paras.122,140.

　　② 有学者认为,现代国际法上的国家责任与赔偿的制度源自欧洲民法典中的合同外责任(extra-contractual liability)——这又可追溯至普通法中的侵权行为法(the law of torts in common law)以及恢复原状的救济(the remedy of restitutio in integrum)。因此,在适用国际习惯法上的"充分赔偿"原则时,会有一些国内法律制度的限制。SABAHI B.Compensation and Restitution in Investor-State Arbitration:Principles and Practice[M]. New York:Oxford University Press,2011:12-15.

　　③ S.D. Myers v. Canada,UNCITRAL,Second Partial Award,21 Oct 2002,paras.159-160.

　　④ LG&E v. Argentina,ICSID Case No. ARB/02/1,Award,25 Jul 2007,paras.45,50.

评注中明确提到,要在确保充分赔偿的同时避免双重赔偿。[①]

在 ISDS 案件的赔偿问题处理上,仲裁庭特别需要关注这一问题,这是因为投资者往往指控东道国行为同时违反多项 IIA 投资保护义务。S.D. Myers v. Canada 案,仲裁庭在分析应适用的赔偿原则时就明确指出,"对于任何一个违反 NAFTA 规定的损害赔偿可以考虑任何已作出的违反另一个 NAFTA 规定的损害赔偿裁决,必须禁止双重救济(double recovery)"[②]。

三、受害方促成损害的考量

《国家责任条款草案》第 39 条的赔偿限制规定中提到了受害方促成损害的问题,ILC 在评注中解释了其类似于国内法律制度中的"共同过失""相对过失""受害者的过失"等,也与责任国和不法行为受害者之间应当公平合理的原则相一致,而评注将这种促成损害限制在受害人故意或疏忽的情形下。[③]

在 ISDS 背景下,这一原则也可以明确为考量投资者的行为,查看其行为在整个损害后果中所占的比重,从而减少责任国的赔偿数额。有学者归纳了可能影响赔偿额计算的投资者行为,包括:腐败行为,对其资质的错误陈述,不良商业判断,缺乏适当注意、风险评估与现实预测;恶意;不知晓或

---

① 第 36 条评注第 27 点指出,企业的资本价值与合同所定利润之间关系中会产生双重计算风险。评注第 33 点指出,若已经裁定支付利润损失,又在同一时期对获利资本支付利息是不恰当的,因为资本金额不能既赚取利息又同时获得利润。国际法委员会. 2001 年国际法委员会年鉴(第 2 卷第 2 部分)(A/56/10)[R]. 纽约:联合国,2001. 205,209.

② S.D. Myers v. Canada,UNCITRAL,Second Partial Award,21 Oct 2002,para. 316.

③ 第 39 条规定"在确定赔偿时,应考虑到提出索赔的受害国或任何人或实体由于故意或疏忽以作为或不作为促成损害的情况"。contributory negligence 在官方译本中翻译为"被害人本身的过失"。评注同样指出,"并非促成所受损害的每一作为或不作为都有关。相反,第 39 条只要求将那些可认为属于故意或疏忽的作为或不作为加以考虑,即不法行为的受害者对其本人的财产或权利明显缺乏应有的注意"。国际法委员会. 2001 年国际法委员会年鉴(第 2 卷第 2 部分)(A/56/10)[R]. 纽约:联合国,2001:219-220.

不遵守管制环境;违反人权。①

Azinian v. Mexico 案中,有证据证明申请人是通过欺诈而签署了特许合同,缺乏履行合同的能力。申请人的主要努力集中在获得特许合同的签署,之后,他们打算将有价值的合同权分包给更能干的合作伙伴。②

Maffezini v. Spain 案中,仲裁庭指出,"必须强调的是,BIT 不是不良商业判断的保险政策。虽然 SODIGA 和其相关机构在相关时期执行的政策和做法是有缺陷的,但他们不能被视为减轻了投资者对任何投资所固有的商业风险。在某种程度上明确的是,西班牙对 Maffezini 先生负责的损失不能超过任何私人实体在相似的情况下可能遭受的损失"③。

Generation Ukraine v. Ukraine 案中,仲裁庭指出,"申请人被吸引到乌克兰投资是因为可能赚取的资本回报率远远超过在更发达经济体的其他投资机会。因此其在乌克兰投资是知道前景和潜在的缺陷的。它的投资是投机的。也许正是因为这个原因,申请人在对企业投入大量资金是十分谨慎的,而更倾向于从第三方寻求资金来资助建筑的建设"④。

Olguín v. Paraguay 案中,仲裁庭指出,"很明显,巴拉圭法律系统以及各种国家机构的运作都存在严重缺陷。显而易见的是,申请人作为一个成功的商人,有着在世界各个国家经商的经历,不会不知道巴拉圭的情况。不管其有何理由在此投资,他对自己作出的投机的或者说是不太谨慎的投资所遭受的损失寻求赔偿是不合理的。……仲裁庭认为,谨慎会促使一个来到一个遭受了严重的经济问题国家的外国人,在他的投资中更加保守"⑤。

MTD v. Chile 案中,投资者 MTD 公司是一家马来西亚建筑公司,在尽

① TUDOR I.The Fair and Equitable Treatment Standard in the International Law of Foreign Investment[M]. Oxford：Oxford University Press，2008:218-222.文章指出,虽然目前尚无仲裁案件有涉及违反人权问题的,但值得关注。最常见的假设例子就是投资者不尊重其雇佣的东道国当地居民的工作状况。

② Robert Azinian，Kenneth Davitian，& Ellen Baca v. The United Mexican States（Azinian v. Mexico），ICSID Case No. ARB（AF）/97/2，Award，1 Nov 1999，paras.33，114.

③ Maffezini v. Spain，ICSID Case No. ARB/97/7，Award，13 Nov 2000，para.64.

④ Generation Ukraine，Inc. v. Ukraine，ICSID Case No.ARB/00/9，Award，16 Sep 2003，paras.20,37.

⑤ Eudoro Armando Olguín v. Republic of Paraguay（Olguín v. Paraguay），ICSID Case No.ARB/98/5，Award,26 Jul 2001，paras. 65(b),75.

职调查旅行后和当地政府官员的鼓励下,确定投资一个住宅项目,但事后发现该区域属于政府规划管理中禁止建设规划住宅项目的区域。仲裁庭认定东道国行为违反了 FET 义务,但估算赔偿数额时,仲裁庭指出,"即使有当地官员的保证,申请人在签署合同时也已经决定提高该交易的风险和责任。他们接受了在没有适当的法律保护的情况下为该项目的土地支付价格,一个明智的投资者不会基于该项目实现的假设而支付土地价值的全价,他至少会对项目进展进行阶段性支付,包括所需开发许可证的发放"。仲裁庭最终裁定申请人应当承担该项目的内在风险以及 50％的损害数额,将赔偿数额减少了 50％。①

在上述这些案件中,投资者遭受的损失,在很大程度上都有其自身有违法行为或者无视基本商业风险带有投机行为的原因。投资者自身作出不良商业判断,在对项目进行投资前并没有进行合理的尽职调查,或明知政治风险大,但为了高回报率而冒险投资,甚至通过欺诈手段进行投资以谋取高额利润,这些因素都应该在赔偿估算过程中予以考虑。因为在国际投资领域,投资者本应当承担一定的商业风险责任,不宜将这些风险转嫁给国家,IIA 的投资保护不应该为投资者缺乏专业素质的投资行为,甚至是恶意行为全部买单,这有失公允。对其他谨慎、守法的投资者而言,也是一种不公平。

四、减轻损害义务的考量

ILC 在《国家责任条款草案》第 31 条赔偿的评注中提到,影响赔偿范围的另一因素是减轻损害问题。② ICJ 在"加布奇科沃—大毛罗斯项目"案中也明确指出,"因另一缔约方不履约而受到损害的一方必须设法减轻它所遭受的损害,这是一项国际法原则。根据这项原则,受害国未采取必要措施限制损害持续的,没有权利要求赔偿本来可能避免的损失。虽然这项原则不

---

① MTD v. Chile, ICSID Case No. ARB/01/7, Award, 25 May 2004, paras.242-246.

② 第 31 条第 11 点评注:"不法行为的受害者即使完全无辜,在面临伤害时应该也会采取合理的行动。受害方如果没有采取减轻损害的行动,可能失去相应的赔偿。这一点常被称为'减轻损害的义务'。"国际法委员会. 2001 年国际法委员会年鉴(第 2 卷第 2 部分)(A/56/10)[R]. 纽约:联合国,2001:181.

能证明一项不法行为是正当的,但可为损害赔偿的估算提供依据"①。

Middle East Cement v. Egypt 案中,埃及辩称,虽然其颁布了禁止进口波特兰水泥的禁令,但申请人本应通过进口其他类型的水泥来减少损失,申请人答辩称这种方法在经济上并不可行。仲裁庭认为,"减轻损害的义务可以被认为是一般法律原则的一部分,可以适用于本案争端。……被申请人对设立此种义务及申请人没有履行这个义务的事实负有举证责任"。在具体分析情形后,仲裁庭最终接受了申请人的观点,裁定其不必因减损义务而被减少赔偿。②

CME v. Czech Republic 案中,仲裁庭承认减轻损失原则是仲裁判例法中确立的一项法律原则,但认为投资者事实上已经尽了他们最大的努力去克服政府行为的后果,因此驳回被申请人以未尽减损义务而减少赔偿的主张。③

五、国家非 IIA 义务

国家非 IIA 义务是指东道国承担的除了 IIA 义务以外的其他国际条约义务。这个问题已有学者进行研究。④正如 Biwater v. Tanzania 案中法庭之友观点所指出的,需要考虑的关键问题不是这个问题理论上是否具有可

① Gabčikovo GabCikovo-Nagymaros Project (Hungary/Slovakia), Judgment, ICJ Reports 1997, p.55, para.80.

② 埃及颁布法令禁止进口各种波特兰水泥。这条禁令导致申请人在埃及的业务的停止,其业务专注于进口水泥包装,并在埃及境内分销。仲裁庭最终认定埃及禁令构成征收。已被吊销其投资活动基本许可证长达三年的投资者有理由决定,在征收过后,即使是重新被允许经营活动也不再继续这一投资活动。虽然减轻损害的义务这一义务没有在 BIT 中被明确提到,但有规定在埃及民法典的第 221 条。Middle East Cement Shipping and Handling Co. S.A. v. Arab Republic of Egypt (Middle East Cement v. Egypt), ICSID Case No. ARB/99/6, Award, 12 Apr 2002, paras.166-171.

③ CME v. Czech Republic, Final Award,14 Mar 2003, para.482.

④ LAHRA L.The Relevance of Non-Investment Treaty Obligation in Assessing Compensation[C]// DUPUY P M , PETERSMANN E U, FRANCIONI F. Human Rights in International Investment Arbitration, New York: Oxford University Press, 2009:557-564.

行性,而在于它们与具体案件是否相关。①

早在 1992 年 ICSID 仲裁庭对 SPP v. Egypt 案作出的裁决中,就全面深入地讨论过非 IIA 义务在评估赔偿问题中的相关性问题。仲裁庭在确定争端解决的准据法可以是《UNESCO 公约》时指出,"争端双方对源于《UNESCO 公约》的国际义务的相关性没有疑义:申请人在法国上诉法院的诉讼程序中承认《UNESCO 公约》要求被申请人有义务放弃违反公约的行为或合同。同时,双方对《ICSID 公约》第 42 条有关准据法适用的解释也不存在分歧"②。

埃及主张,其依据《UNESCO 公约》第 4 条和第 5 条第 4 款规定而取消金字塔绿洲项目。针对这一主张,申请人反驳道,"取消项目并不是因为公约义务,因为埃及批准该项目是在其签署《UNESCO 公约》一年半以后。即使高原存在文物,公约也没有任何规定要求取消项目,而且取消的措施本来是可以符合公约规定的方式来保护这些文物。而且埃及直到申请人项目被取消后的近九个月,才提名项目所在的金字塔领域列入《UNESCO 公约》第 11 条的世界遗产名录"③。

仲裁庭认为,"《UNESCO 公约》本身并不能证明被申请人取消该项目

---

① LAHRA L.The Relevance of Non-Investment Treaty Obligation in Assessing Compensation[C]// DUPUY P.M. , PETERSMANN E.U.,FRANCIONI F. Human Rights in International Investment Arbitration,New York:Oxford University Press, 2009:560.

② SPP v. Egypt, ICSID Case No ARB/84/3,Award,20 May 1992.paras.78,80. 裁决第 75 段和第 76 段陈述了埃及主张:双方默示争端适用埃及法,而《UNESCO 公约》已经被批准且被并入埃及法,因此《UNESCO 公约》是可以适用的。

③ 第四条:"缔约国保护本公约缔约国承认,保证第一条和第二条中提及的、本国领土内的文化遗产和自然遗产的确定、保护、保存、展出和传与后代,主要是有关国家的责任。该国将为此目的竭尽全力,最大限度地利用本国资源,适当时利用所能获得的国际援助和合作,特别是财政、艺术、科学及技术方面的援助和合作。"第五条:"为确保本公约各缔约国为保护、保存和展出本国领土内的文化遗产和自然遗产积极采取有效的措施,本公约各缔约国应视本国具体情况尽力做到以下几点:……4.采取为确定、保护、保存、展出和恢复这类遗产所需的适当的法律、科学、技术、行政和财政措施。"埃及批准申请人的项目是在 1976 年,而签署公约是在 1974 年 2 月 7 日(1975 年 12 月 17 日生效)。而且埃及直到 1979 年 2 月 26 日才提名将项目所在的"从 Giza 到 Dahshur 的金字塔领域"列入《UNESCO 公约》的世界遗产名录。SPP v. Egypt, ICSID Case No ARB/84/3,Award,20 May 1992,paras.150,153.

措施的正当性,也不能排除申请人求偿的权利。被保护遗址的选择不是外部强加的,相反,这是国家自愿提名的结果。因此,公约对被申请人生效的日期并不是被申请人受公约要求保护和保存金字塔高原文物的日期。只有在 1979 年被申请人提名'金字塔区域'且世界遗产委员会接受这一提名后,从公约所产生的相关国际义务才会约束被申请人。因此,只有在该日期之后,若假设申请人在文物保护地区继续活动而影响到该地区的文物才可以在国际法上被认为是非法的"①。

SPP v. Egypt 案裁决表明,在审理投资争端时,在具体案件的情况下,国际法不同领域产生的国际义务是可以具有相关性的。但因本案中埃及将金字塔区域列入公约保护名录的时间太晚了,所以仲裁庭无法进一步分析这种保护文化遗产的国际义务是否会影响国家行为的性质以及对赔偿数额计算的影响。

我们对 ISDS 仲裁缺乏一致性的问题并不陌生。在非 IIA 义务在 ISDS 仲裁中的相关性问题,仲裁庭也显示出不同的意见。

与 SPP v. Egypt 案肯定相关性不同,Santa Elena v. Costa Rica 仲裁庭倾向于认为非 IIA 国际义务与 ISDS 仲裁案件并不相关。仲裁庭认为,"虽然为了环境原因的征收可被视为是为了公共目的的征收,因此可能是合法的,但为公共目的而被征收的财产事实并不影响为征收而需支付赔偿的性质和数额。(因此,仲裁庭不会分析被申请人提交的其承担保护独特生态区的国际义务的详细证据。)也就是说,为保护环境的目的而征收财产并不能改变征收需要支付'充分赔偿'的法律性质。保护环境的国际义务来源也是无差别的。"②仲裁庭没有为保护国际环境义务的存在会对赔偿的性质和计算产生影响的观点留下讨论的空间,可以推测,仲裁庭认为,这种非 IIA 国际义务与补偿标准以及估价方法的适用均没有任何关系。③

此后的 Siemens v. Argentina 案,仲裁庭并没有拒绝考虑被申请人以

---

① SPP v. Egypt,ICSID Case No ARB/84/3,Award,20 May 1992,para.154.

② Compañia del Desarrollo de Santa Elena S. A. v. Republic of Costa Rica(Santa Elena v. Costa Rica),ICSID Case No. ARB/96/1,Final Award,17 Feb 2000,para.71.

③ LAHRA L. The Relevance of Non-Investment Treaty Obligation in Assessing Compensation[C]// DUPUY P. M. ,PETERSMANN E. U.,FRANCIONI F. Human Rights in International Investment Arbitration,New York:Oxford University Press,2009:558.

国际人权法为基础的抗辩,但在审理后以三项理由驳回了被申请人的抗辩主张。第一,阿根廷政府主张,当国家为了社会或经济原因进行征收时,不能适用"公平市场价值",因其会限制国家主权。但其没有进一步论述该观点,以何种基础认定阿根廷为一个贫穷的国家,也没有明确其执行改革的时间。第二,阿根廷以 Tecmed 案为例主张应考虑采取措施的目的和比例性,仲裁庭认为该比例方法是用于确定是否构成征收,而不是用于确定赔偿。第三,国际习惯法和德国—阿根廷 BIT 中均未规定《欧洲人权公约》第一议定书第 1 条所允许的裁量余地原则。①

　　仲裁庭还认为,由于缺乏进一步阐述和证明,从表面看,阿根廷援引的国际人权法和案件的是非曲直没有任何关系。这可能意味着,如果阿根廷政府能进一步详细说明和具体化这些观点,仲裁庭有可能得出不同的结论。②

第四节　IIA 赔偿规则的修正

　　由于 IIA 只就合法征收规定了相应赔偿标准,而未涉及非法征收和其他违反 IIA 义务行为的赔偿标准,这就赋予 ISDS 仲裁庭极大的自由裁量权。天价赔偿金的案件层出不穷,也让人们越发关注赔偿的问题,包括:应当根据什么原则或标准评估赔偿责任?是否要考虑例外条款情形下免予赔偿的问题?确定赔偿数额时,是否有相关的限制因素,在投资领域限制赔偿是作为原则还是例外呢?IIA 有必要就赔偿问题的原则和具体规则进行全面设计,明晰化处理相关问题。

一、"赔偿"术语的使用

　　从现有 IIA 和《国家责任条款草案》中有关"赔偿"术语的使用来看,就

---

　　①　Siemens v. Argentina,ICSID Case No. ARB/02/8,Award,17 Jan 2007,para. 354.

　　②　LAHRA L.The Relevance of Non-Investment Treaty Obligation in Assessing Compensation[C]// DUPUY P.M. ,PETERSMANN E.U.,FRANCIONI F. Human Rights in International Investment Arbitration,New York:Oxford University Press,2009:559-560.

给予一定数量的金钱义务可以表达为"补偿"（compensation）、"赔偿"（reparation）、"赔偿金"（indemnity）、"损害赔偿金"（damages）。这些术语的使用较为混乱，且可随意交替使用，没有与特定的法律主题事项相联系，缺乏区分度。

ILC 在《国家责任条款草案》"充分赔偿"原则使用的是赔偿（reparation）一词，而补偿（compensation）为三种赔偿方式中的一种。补偿（compensation）并不是区分合法与非法行为的后果，而是指金钱赔偿方式，以区别于恢复原状和抵偿的精神赔偿的赔偿方式。

而 IIA 就合法征收作出赔偿规定时，使用的都是"compensation"这一术语，多数学者和裁决认为补偿（compensation）和损害赔偿（damages）的区别在于，前者是合法（征收）行为的后果或救济，后者是非法行为（违反国际义务或合同义务的行为）的后果或救济。也有学者认为，二者的区别在于，前者是指可以金钱支付的补偿，后者可以是金钱损害也可以是精神损害。①

基于 IIA 中仅就合法征收规定了补偿（compensation）标准，没有规定非法征收和其他违反 IIA 义务行为的补偿问题，而 ISDS 中又有大量非法征收和其他违反 IIA 义务行为被提请国际仲裁而需要确定赔偿的问题，因此，就 ISDS 的赔偿问题可以，也有必要借鉴国家责任法的内容，可以使用赔偿（reparation）这个具有更宽泛含义的概念，以涵盖合法征收补偿和其他赔偿。

二、对合法征收赔偿规则的修正

虽然 IIA 对合法征收的赔偿规则有所规定，但从 ISDS 仲裁实践来看，"公平市场价值"作为具体估算方法的规定有一定局限性且需进一步澄清。

（一）"公平市场价值"标准的局限性

从"公平市场价值"的定义来看，其价格的确定是来自模拟交易，一个实际投资者的主观价值与"一个假设的自愿买方"的客观价值之间可能出现巨大的差异。"公平市场价值"是体现资产在市场中的价值，而非具体个人的

---

① MARBOE I. Compensation and Damages in International Law：The Limits of Fair Market Value［J］，Journal of World Investment & Trade，2006，7（5）：726；SABAHI B.Compensation and Restitution in Investor-State Arbitration：Principles and Practice［M］. New York：Oxford University Press，2011：6.

价值,被认为具有相当的客观性和公平性。

国际实践常常没有恰当地考虑"价值"不是一个客观性质的事物。价值是一个相对概念,具有不同需求、不同情感的人会有不同的价值观点。价值只能在一个特定的假设框架内进行确认,确定这一特定的评价框架是十分关键的。[①]

有学者将"公平市场价值"标准称为客观标准、客观评估方法,将"充分赔偿"标准称为主观标准、主观评估方法。[②] 根据这一分类,可以看到"充分赔偿"这一原则标准应该也可以适用于合法征收的赔偿标准,因为不论是哪一种行为,合法或非法,"充分赔偿"都体现出主观对客观的认知,也符合ISDS仲裁实践的真实裁决过程。仲裁庭对经济学家给出的所谓的客观数据,也并不是无条件完全照裁,仍然会有相应的考量限制,最后作出一个综合性的、主观的数据。

(二)澄清"公平市场价值"的估算方法

有关赔偿数额的估算原则和概念多源自经济学领域,ISDS 仲裁的许多律师对此并不熟悉。即使有经济学专家提供具体的数值,在最终数额确定上,法院、法官、仲裁庭对于这些概念的理解也是十分关键的。[③] 而已有ISDS 仲裁实践中就"公平市场价值"的估算方法有许多,在一定情况下,国家在缔结或修订新 IIA 时,可以对"公平市场价值"的估算方法作出一定澄清或者限制。例如,在合法征收的情况下,应依赖基于资产的估值方法(而不是基于未来现金流的方法),并且在任何情况下,裁决不得超过投资资本金额加上商业上合理的利率的利息。[④]

三、增加一般赔偿规则的规定

有学者认为,投资条约中的每一项实体义务都必须有一个明确的救济

① MARBOE I. Compensation and Damages in International Law: The Limits of Fair Market Value[J], Journal of World Investment & Trade, 2006, 7(5):729.

② MARBOE I. Compensation and Damages in International Law: The Limits of Fair Market Value[J], Journal of World Investment & Trade, 2006, 7(5):728.

③ MARBOE I. Compensation and Damages in International Law: The Limits of Fair Market Value[J], Journal of World Investment & Trade, 2006, 7(5):723-724.

④ UNCTAD. World Investment Report 2015: Reforming International Investment Governance[M]. New York and Geneva: United Nations Publications, 2015:145.

方法,而不应该混淆。① 就征收、违反国际义务、违反合同等方面,赔偿的评估原则和估算方法应是不同的。但要如此细分赔偿规则有很大难度,且略显僵硬,在现阶段并不太可行。

可以参考《国家责任条款草案》的做法,规定违反IIA义务的法律后果是要承担"充分赔偿"责任的一般原则,这样可以概括性针对非合法征收行为之外的违约行为适用。

四、增加赔偿估算限制的规定

同样可以借鉴国家责任法的规则及ISDS仲裁庭实践,在IIA规定"充分赔偿"的一般原则后,直接明确"充分赔偿"具体估算方法的限制因素,如因果关系、禁止双重赔偿、受害方促成损害、减轻损害义务、IIA例外条款和国家非投资条约义务等。这样做的好处,当然是避免了国际习惯法和ISDS仲裁实践的不确定性及对仲裁庭的非绝对约束力。

本章小结

国家责任的救济形式是国家责任法中的重要内容,在ISDS中,投资者就东道国违反IIA义务给其造成损害的诉请基本是金钱赔偿这种救济形式,东道国被裁决向投资者支付天价金钱赔偿金的情形已不在少数。在国际投资法可持续发展的进程中,保障国家的政策空间,同时规范国家的权力行使,达到国家权力与投资者权利的平衡,是一个重大而艰难的任务,而责任救济问题(主要是赔偿问题)是这个平衡化过程中的一个最终落脚点。

在IIA就责任救济形式(特别是赔偿具体规则)的问题缺乏特别法规定时,援引国家责任法就变得合理和必要,"充分赔偿"原则应作为ISDS仲裁庭确定东道国赔偿数额的标准。表面上看,适用"充分赔偿"原则,似乎会比"公平市场价值"标准更高,其实不然。从前述分析来看,国家责任法"充分赔偿"原则中"充分"一词的解读,并不同于南北国家就赫尔公式与适当赔偿的争议中对赫尔公式的"充分"标准的解读,这个原则要受到其他许多原则

---

① DOUGLAS Z. The International Law of Investment Claims[M]. Cambridge：Cambridge University Press，2009：103.

和因素的限制,如因果关系、禁止双重赔偿、受害方促成损害、减轻损害义务、IIA 例外条款和国家非投资条约义务等。因此,仲裁庭在 ISDS 案件中若能恰当地适用国家责任法的"充分赔偿"原则,定能更好地平衡东道国和投资者之间的利益。从条约文本平衡化、精确化的发展角度,可以在 IIA 中将国家责任法"充分赔偿"原则在 ISDS 仲裁实践中所体现的具体内容要素予以条约化处理。

第六章　国际投资法制的可持续发展改革 与中国 IIA 中国家责任规则的改革

　　ISDS 实践中,仲裁庭经常适用国家责任法来解决东道国的国家责任问题,这是因为 IIA 有关国家责任的规则缺乏明确规定,只能援引一般国际法上的国家责任法规则,但这个一般国际法规则本身不可能专注国际投资法制领域的特殊性,如何将一般法规则适用于 ISDS 中,需要仲裁庭予以解释,这就给了仲裁庭极大的自由裁量空间。如前所述,仲裁庭解释常常呈现出矛盾冲突和超越缔约国缔约意图等情形。因此,想要更好地解决 ISDS 情境下缔约国的国家责任问题,最为根本的是对 IIA 关涉国家责任的实体规则进行修订。

　　通过解读 ISDS 仲裁庭适用国家责任法确定国家责任的裁判法理,反思现有 IIA 规则的缺陷(不平衡性与不合理性),从而对 IIA 相关规则进行修正。UNCTAD《世界投资报告》自 2012 年起就持续关注 ISDS 和 IIA 改革,并提出了许多建议。国际社会也已达成重要的共识,就是国际投资法体制需要可持续发展,现有体制必须进行改革。其中重要的一点就是,平衡投资者权益与东道国政策空间和公共利益。可以说,IIA 的改革,以促进国际投资法的可持续发展为根本目的,而合理限制国家责任、保障东道国的政策空间是改革的重要一环。

第一节　国际投资法制的可持续发展改革趋势

　　国际投资法制正在经历一个反思、审查和修订的时期。国际社会掀起了 IIA 体制改革的浪潮,改革的总原则或者目标则是可持续发展。

一、**ISDS** 机制"正当性危机"与处于十字路口的国际投资法制

自 1959 年德国与巴基斯坦缔结世界上第一个 BIT 开始,国际投资法已经走过了 50 多年的历程。IIA 发展经历三代范式变迁,当前国际投资法正处于第三代的演变范式之中。[①] 逐渐庞大的 IIA 体系,加之其中 ISDS 条款,大量 ISDS 案件被提起,截至 2022 年年底,已知依 IIA 提起的案件数量达到 1257 件,146 个国家成为这些案件的被告。[②]而 ISDS 仲裁庭偏向保护投资者利益、严重冲击东道国主权的有失公平的做法、缺乏一致性或连贯性的仲裁裁决、天价赔偿金裁决的作出等,都引发了人们对 ISDS 机制的质疑,ISDS 机制因此陷入了"正当性危机"。大家已有的共识是,ISDS 仲裁与具备纯粹私法性质的国际商事仲裁有着显著的区别,带有国际公法性质,而现有的 ISDS 仲裁模式脱胎于传统国际商事仲裁模式,无法满足 ISDS 仲裁的公法裁判需求。[③] 若干国家表达了对目前 ISDS 机制的担忧,一些发展中

[①]　自 1959 年至 20 世纪 80 年代中后期(1988 年)签署的 IIA 可称为第一代 BIT,自 1988 年至 1995 年签订的 BIT 可称为第二代 BIT,自 1995 年至今签署的 IIA 可称为第三代 IIA。SKINNER M, MILES A C, LUTTRELL S. Access and advantage in investor-state arbitration: The law and practice of treaty shopping[J]. Journal of World Energy Law & Business, 2010,3(3):262-263.

[②]　数据来源于 UNCTAD 的投资争端解决数据库:https://investmentpolicy. unctad.org/investment-dispute-settlement.

[③]　对 ISDS 机制的缺陷的批判还包括,如仲裁庭对 IIA 关键条款的宽泛或矛盾的解释、对仲裁员资质的担忧、缺乏透明度、对 ISDS 机制的有效性的讨论等。UNCTAD. World Investment Report 2012 (Overview) [M]. New York and Geneva: United Nations Publications, 2012:20-21.

国家①相继退出《ICSID 公约》。各种改革建议不断涌现,②还有建议直接废除 ISDS 机制、设立国际投资法院的。③

然而,ISDS 机制属于程序规则,许多问题根源于国际投资法领域的实体规则问题,如 IIA 本身权利义务的不平衡、碎片化、规则标准模糊和弹性大等。可以说,IIA 体制正处于十字路口。④ 构建一个更加平衡的投资条约制度,以平衡投资促进和保护与监管灵活性,应对当今的挑战。一些发达国家如美国、加拿大、挪威等国开始重新调整本国 IIA 的内容,增加一些新条款以保证国家的监管权力和政策空间。2010 年以来,各国缔结的 IIA 开始增加一些新条款以平衡东道国和投资者之间的权利和义务并确保 IIA 和其

---

①　玻利维亚、厄瓜多尔和委内瑞拉等拉美国家。

②　如严格控制日益增长的 ISDS 案件数量、提升正当性、增加 ISDS 仲裁程序的透明度、处理对 IIA 关键条款的不一致解读和错误的条约解释的问题、提高仲裁员的资质和公正性、减少仲裁程序的期限和成本、帮助发展中国家处理 ISDS 案件、对 ISDS 系统功能的整体关注等。UNCTAD. World Investment Report 2012 (Overview) [M]. New York and Geneva:United Nations Publications,2012:21. 有的建议进一步完善投资程序,限定诉诸 ISDS 机制的范围,增加上诉机制、争端预防机制等,或者予以替代[如用 PCIJ、国家间争端解决机制(和/或)国内司法程序]。UNCTAD. World Investment Report 2015 (Overview) [M]. New York and Geneva:United Nations Publications,2015:xv.

③　HARTEN V G. Investment Treaty Arbitration and Public Law[M]. Oxford University Press,2007.从目前来看,ISDS 机制仍有意义,完全废除 ISDS 机制并不可取。相较于将 ISDS 完全在国内法院解决,寻求国际途径解决投资争端,最终会有利于国内投资环境的改善,促进国内政府机构效率的提高。但欧盟已经在设立国际投资法院的路上。欧盟和加拿大与各国讨论设立多边投资法院[EB/OL]. http://www.mofcom.gov.cn/article/i/jyjl/m/201612/20161202203652.shtml. 2016 年 10 月 30 日签署的欧盟—加拿大综合性经济贸易协议(CETA)之投资章第 8.29 条"Establishment of a multilateral investment tribunal and appellate mechanism"就表明各方要努力建立多边投资仲裁庭和上诉机制。

④　2011 年和 2015 年《世界投资报告》都提到 IIA 体制正处于十字路口(at the crossroads),迫切需要进行改革,并为这种改革提供了一份行动菜单。UNCTAD. World Investment Report 2011 (Overview) [M]. New York and Geneva:United Nations Publications,2011:ix. UNCTAD. World Investment Report 2015 (Overview) [M]. New York and Geneva:United Nations Publications,2015:27-32.

他公共政策之间的一致性。①

二、UNCTAD 之 IIA 改革建议与国家 IIA 实践

UNCTAD 在这个改革过程中起到了较为重要的作用,提供了许多框架和指南或行动菜单。这些框架和路线图得到了国家的认可,不论是在国家还是双边、区域、多边的层面,各国在评估现有 IIA 网络和进行 IIA 的具体修订时都会遵循这些建议,改革也已经初步取得成效。

(一)可持续发展已成为改革最终目标共识

2012 年发布的 UNCTAD《世界投资报告》的主题为"迈向新一代投资政策",报告指出,可持续发展已日益成为共识。一些新 IIA 包含很多特征,以保证 IIA 不阻碍各种侧重投资的环境和社会影响的可持续发展战略。报告最大的亮点是制订了《可持续发展投资政策框架》(Investment Policy Framework for Sustainable Development),由"可持续发展投资决策的核心原则"、"各国投资政策指南"和"国际投资协定要素:政策选项"三部分构成。《可持续发展投资政策框架》将可持续发展作为投资政策的首要目标,可持续发展特征包括了将国家发展战略与投资政策相结合、将可持续发展目标纳入投资政策中和确保投资政策的关联性和有效性。②

《可持续发展投资政策框架》重要的创新条款,主要表现在从"偏重保护外资权益"到"促进东道国可持续发展",从"偏重保护外资"到"平衡当事双

---

① UNCTAD. World Investment Report 2011 (Overview) [M]. New York and Geneva: United Nations Publications,2011:12.

② UNCTAD. World Investment Report 2012 (Overview) [M]. New York and Geneva: United Nations Publications,2012:24,31.一些国际组织发布的指南和国家 IIA 范本引入公司社会责任和 IIA 项下的投资者义务也体现了可持续发展的共识,如经济合作与发展组织(OECD)发布的《跨国公司指南》已倾向于强调投资者的责任,而不仅是保护投资者;挪威的 2007 年 BIT 范本草案第 32 条就包含了企业社会责任条款;2007 年 COMESA《东南非洲共同市场共同投资区条约》第 28(9)条包含了一项重大的革新,该条规定:"依据本条款,成员国在面临 COMESA 投资者提起的诉求时,可以主张提起诉讼的 COMESA 投资者没有履行本条约项下的义务(包括遵守所有可适用的国内措施或者是其未能采取一切合理措施以减轻可能的损害)而提出抗辩、反诉、抵销权或其他类似诉讼。"

方权利义务",保护外资和管制外资从"各行其道"到"一体化"三个方面。①
具体而言,该框架给出的 IIA 可持续发展的要素包括:(1)从保护政策空间
和限定国家赔偿责任的条款入手调整现有 IIA 条款(如序言部分增加可持
续发展的目标,澄清如征收、FET 这样的定义,限定投资的范围,例外条款
等),以便更有利于可持续发展。(2)增加新的可持续发展条款或新段落,包
括协调投资者的权利和义务、促进负责任的投资、加强母国对促进负责任投
资的支持力度。(3)对欠发达缔约方实行特殊差别待遇,使责任大小与国家
发展水平相符。②

　　此后每年发布的《世界投资报告》都一再提及可持续发展目标,《可持续
发展投资政策框架》已成为世界各国政府制定新一代投资政策的主要工具。

(二)UNCTAD 对 IIA 改革的重要指导和建议

　　2015 年 UNCTAD 对《可持续发展投资政策框架》进行更新,将 2012
年以来的新发展和经验教训纳入框架中,更新后的框架包括一个新的章节,
纳入了《行动计划》中的六套变革措施,旨在促进投资以实现可持续发展目
标。③ 2015 年《世界投资报告》提出 IIA 改革路线图,包括六项指导方针、五
个改革领域和四个层面决策的行动选项。具体而言,六项指导方针包括利
用 IIA 促进可持续发展、聚焦关键的改革领域、在各层面采取行动、为具体
的解决方案适当安排次序、确保包容性和透明的改革进程、加强多边支持结
构;关键的改革领域有五个,包括为推行可持续发展目标保障监管权、改革
投资争端解决机制、投资促进和便利化、确保负责任的投资和加强系统一致
性;决策的四个层面是指国家、双边、区域和多边层面。④

　　① 曾华群."可持续发展的投资政策框架"与我国的对策[J]. 厦门大学学报(哲学
社会科学版),2013(6):61-65.

　　② UNCTAD. World Investment Report 2012 (Overview) [M]. New York and
Geneva:United Nations Publications,2012:36-37.

　　③ UNCTAD.Investment Policy Framework for Sustainable Development:Execu-
tive Summary (2015) [M]. New York and Geneva:United Nations Publications,2015.
UNCTAD. World Investment Report 2015 (Overview) [M]. New York and Geneva:U-
nited Nations Publications,2015:31.

　　④ UNCTAD. World Investment Report 2016 (Overview) [M]. New York and
Geneva:United Nations Publications,2016:23. UNCTAD. World Investment Report
2015 (Overview) [M]. New York and Geneva:United Nations Publications,2016:
27-32.

2018 年,UNCTAD 发布《国际投资制度一揽子改革方案》,结合了《2015 年世界投资报告》(《IIA 改革路线图》)、《2017 年世界投资报告》(IIA 改革第二阶段的 10 个备选方案)以及《2018 年世界投资报告》(IIA 改革第三阶段指南)的研究和政策分析,提出 IIA 改革的理由和战略考虑、改革的一般准则以及改革的三个阶段(迈向新一代 IIA、使现有存量 IIA 现代化和提高投资政策的一致性和协同作用)。①

2020 年 11 月,UNCTAD 发布了《国际投资改革加速器》,在《可持续发展投资政策框架》的基础上,为每项条款确定了以可持续发展为导向的政策选择,并提出了反映这些选项的现成模型语言。这一工具为国家缔结新一代条约提供参考,是协助各国将老一代存量投资条约现代化的工具。该工具侧重于根据可持续发展目标和国家监管权对最需要改革的 8 项 IIA 关键条款(在 ISDS 案件中最常援引的条款)给出了建议:投资定义、投资者定义、国民待遇、最惠国待遇、公平公正待遇、充分保护与安全、间接征收、公共政策例外。②《国际投资改革加速器》进一步说明了最近的国际投资协定和双边投资条约范本如何使用这些备选方案,在示范案文的同时附有解释,以突出其目标,提供背景资料,并解释如何将各种改革备选方案结合起来,这些可以用于解释、修正或取代旧条约。

(三)国家 IIA 实践

越来越多的国家认识到改革 IIA 体系的必要性,参照 UNCTAD 建议重新修订现有 IIA,在谈判新一代 IIA 时引入如可持续发展条款等新条款。③

2016 年《世界投资报告》指出,UNCTAD 的《可持续发展投资政策框架》和改革路线图正对主要的 IIA 改革活动发挥重要作用,约有 100 个国家利用《可持续发展投资政策框架》重新评估其 IIA 网络和/或制定新的条约

---

① UNCTAD. UNCTAD's Reform Package for the International Investment Regime (2018)[M]. New York and Geneva: United Nations Publications, 2018.

② UNCTAD. International Investment Agreements Reform Accelerator (2020)[M]. New York and Geneva: United Nations Publications, 2020.

③ UNCTAD. World Investment Report 2013 (Overview) [M]. New York and Geneva: United Nations Publications, 2013:15.

范本,其中约有 60 个国家适用该框架拟定条约条款。① 2020 年《世界投资报告》指出,自 2012 年以来,超过 75 个国家和区域经济一体化组织受益于 UNCTAD 在拟定新的双边投资条约范本和开展国际投资协定审评方面提供的支持。②

新缔结的 IIA 至少都包含《可持续发展投资政策框架》建议的一项或两项改革特征的条款,其目的是在促进发展投资的同时保留监管空间(维护国家的监管空间成为最常见的改革领域),这些条款通常是关于保障东道国监管权,改善争端解决机制或促进负责任投资的新措辞。③

据 UNCTAD 统计,2021 年提起的 ISDS 案件约 95% 涉及根据 1980 年至 2010 年签署的旧一代 IIA 提出的索赔。④ 改革处理旧一代存量 IIA 仍面临许多挑战。

第二节　中国 IIA 中国家责任规则的现状

中国已由单纯的资本输入大国转变为兼具资本输出国与资本输入国的双重身份,随着我国自身情况的变更,也是顺应国际投资法制改革的浪潮,有必要重新评估中国 IIA 网络和 IIA 中国家责任规则条款,并予以修正。

一、中国 IIA 的发展概况

中国所签订的 IIA 中,以 BIT 为主,辅以自由贸易协定(Free Trade

---

① UNCTAD. World Investment Report 2016 (Overview) [M]. New York and Geneva：United Nations Publications，2016：23.

② UNCTAD. World Investment Report 2016 (Overview) [M]. New York and Geneva：United Nations Publications，2020：21.

③ UNCTAD. World Investment Report 2016 (Overview) [M]. New York and Geneva：United Nations Publications，2017：25. UNCTAD. World Investment Report 2016 (Overview) [M]. New York and Geneva：United Nations Publications，2019：12. UNCTAD. World Investment Report 2016 (Overview) [M]. New York and Geneva：United Nations Publications，2022：16.

④ UNCTAD. Review of 2021 Investor-State Arbitration Decisions：Insights for IIA Reform[M]. New York and Geneva：United Nations Publications，2023.

Agreement,FTA)中的投资章节。自 1982 年与瑞典缔结第一个 BIT 以来，迄今为止，中国对外签署的 BIT 数量为 123 项（其中生效的为 107 项），签署并生效的 FTA(包括一些经贸合作安排以及与港澳台签署的 CEPA 和 ECFA)有 25 项。[①]

中国 BIT 范本有四个，1984 年 BTT 范本、1989 年 BIT 范本、1997 年 BIT 范本和 2010 年 BIT 范本草案。相应地，可以将中国签署的 BIT 分为四代：第一代 BIT(1982 年至 1989 年)、第二代 BIT(1990 年至 1997 年)、第三代 BIT (1998 年以后)，以 2010 年 BIT 范本(草案)为节点进入第四代。[②]

中国从第三代 BIT 开始向投资自由化方向发展，一个表现就是突破了先前长期坚持的保留，全面接受 ISDS 机制。1998 年 7 月签订的中国—巴巴多斯 BIT 是第一个允许投资者将"任何投资争议"提交国际仲裁、全面接受 ICSID 管辖的 BIT。[③] 在此之前，中国缔结的 BIT 对 ISDS 机制的态度相对保守，或者完全排除 ISDS 机制[④]，或者要求用尽东道国救济才可以诉诸 ISDS 机制[⑤]，或不接受 ICSID 仲裁[⑥]，或是将 ICSID 或其他国际仲裁庭的管

---

① 数据源自 UNCTAD 国际投资协定数据库，https://investmentpolicy.unctad.org/international-investment-agreements.

② 单文华.诺拉·伽拉赫.和谐世界理念和中国 BIT 范本建设：一个"和谐 BIT 范本"建议案[C]//陈虹睿，王朝恩译，陈安.国际经济法学刊.北京：北京大学出版社，2010,17(1):152.韩秀丽.中国海外投资的环境保护问题研究[M].北京：法律出版社，2013:60.

③ 中国—巴巴多斯 BIT 第 9 条，1997 年中国—南非 BIT 就已经同意将所有投资争议提交国际仲裁，但不是提交 ICSID 仲裁庭。

④ 1982 年中国—瑞典 BIT 第 6 条仅规定了"缔约双方在解释或执行本协定中所发生的争端"的解决方法。但 2004 年两国颁布 BIT 议定书专门修订了第 6 条，增加了"缔约一方投资者和另一缔约方间的投资争端"解决的规定，全面接受 ISDS 机制。

⑤ 2007 年中国—法国 BIT 第 8 条。

⑥ 如中国—泰国 BIT、中国—意大利 BIT 在中国签署《ICSID 公约》前，有许多 BIT 的国际仲裁庭并没有提交 ICSID 仲裁。中国于 1990 年 2 月 9 日签署《ICSID 公约》，1993 年 1 月 7 日正式核准公约，公约自 1993 年 2 月 6 日起对中国生效。

辖范围限定在"涉及征收补偿额的争议"或"经争端双方同意的争议"①。第三代 BIT 也被认为"在主要方面都与由全世界约 2500 个 BIT 的标准条约实践"并无二致。② 这一时期的 BIT 大多规定,有关争议若在规定的时间内未能通过协商解决的,均可诉诸 ISDS 机制。③

　　中国第四代 BIT 以 2010 年 BIT 范本(草案)为节点,从该范本的内容来看,中国 IIA 已经进入范式变革的阶段,开始寻求一个更为平衡的 IIA 范式,关注平衡投资者私人权益和东道国公共利益与主权之间的关系。例如,在允许所有投资争议提交 ISDS 机制的同时,设立了一些重要的例外或程序以防止投资者滥用程序权利和保障国家公共管理政策空间。

　　随着"走出去"战略的实施,中国也越来越注重 IIA 为本国海外投资者提供保护的作用,表现为与相应投资目的地国缔结 BIT。④ 而作为资本输入国的情形也有所改变,中国吸引外资已经从以往的重视数量转变为强调外资引进的质量。以往对环境保护等问题重视不够导致引进外资过程中出现的资源浪费、环境恶化等诸多有损公共利益和社会持续发展的问题也必然有所转变,从原先的重准入审批到现如今的重经营管理,政府管理模式的变化势必对外资的经营会产生相应的影响。目前中国政府被诉的投资争端案件有 9 起,⑤中国作为签署 IIA 最为活跃的国家之一,且现有 IIA 普遍采纳对投资者全面保护和全面接受 ISDS 机制的自由化范式,而相关安全防范措施规定极为不足的情况下,极有可能导致投资仲裁增多及面临巨额的赔款诉求威胁。受 ISDS 仲裁实践发展趋势的影响,特别是 NAFTA 项

①　如 1984 年中国—挪威 BIT 议定书第 2 条第 2 款及第 3 款,1992 年中国—希腊 BIT 第 10 条第 2 款,1994 年中国—冰岛 BIT 第 9 条第 3 款,1998 年签署的中国—佛得角 BIT、中国—埃塞俄比亚 BIT 仍仅限"涉及征收补偿额的争议"提交国际仲裁。1998 年中国—也门 BIT 第 10 条规定,1993 年中国—塔吉克斯坦 BIT/1994 年中国—秘鲁 BIT 第 8 条,1994 年签订的中国—罗马尼亚 BIT 第 9 条。

②　SCHILL W.S.Tearing Down the Great Wall: The New Generation Investment Treaties of the People's Republic of China[J]. Cardozo Journal of International and Comparative Law,2007,15:73,76.

③　如 2009 年《中国—瑞士双边投资协定》第 11 条。

④　例见中国—埃及 BIT、中国—摩洛哥 BIT、中国—吉布提 BIT、中国—加纳 BIT 和中国—马达加斯加 BIT。

⑤　UNCTAD 投资争端解决数据库,https://investmentpolicy.unctad.org/investment-dispute-settlement.

下投资争端案件和阿根廷系列仲裁案的影响,也受美、加因 ISDS 实践而及时修订其 BIT 范本的影响,顺应国际社会的 IIA 改革趋势,我国也开始了新一代 IIA 范式的改革。本节仅就与国家责任问题相关的条款进行梳理讨论。

二、中国 IIA 有关国家责任援引的条款

国际投资法发展最重要的创举就是建立了 ISDS 机制,并且尽力摆脱外交保护中的用尽当地救济的义务。而 IIA 不断自由化的发展,在为投资者提供更为直接的保护的积极影响下,也产生了许多消极影响,如投资者"挑选条约"的行为,而仲裁庭的行为又进一步加剧了投资者滥诉的风险,让东道国面临着许多在签订 IIA 时完全没有预料到的投资争端。许多仲裁案件是经过精心设计的,如 Philip Morris 公司就利用不同的子公司的设置来攻击澳大利亚和乌拉圭政府出台的公共健康措施。[①] 中国作为签署 IIA 最为活跃的国家之一,完全可能面临因投资者"挑选条约"而导致大量投资争端仲裁的境况,因此,很有必要在相关防范措施条款上下功夫。[②]

(一)限定 ISDS 范围的定义条款

由于不存在全球统一的多边投资条约,各国签署的 BIT 或 FTA 的投资章中投资保护的内容虽大体类似,但仍有区别。因此,定义条款的意义就在于确定 IIA 保护的范围。其中,投资定义决定了条约中实体条款适用对象的范围,是 ISDS 仲裁庭确定管辖权时必须考察的"属物"事项。申请人是否属于特定 IIA 的适格"投资者",是仲裁庭确认管辖权时必须考察的"属人"事项。

1."投资"定义

中国 IIA 经历投资自由化发展后,普遍采取宽泛的、以资产为基础的

[①] Philip Morris (Switzerland) v. Uruguay, ICSID Case No. ARB/10/7.

[②] UNCTAD 的各种 IIA 改革建议中,就有省略 ISDS 机制这种选择。已有新的国家实践对 ISDS 机制作出抛弃或限制。例如,2018 年签署的《美墨加协定》的 ISDS 机制就出现各国各自选择的做法,美加之间不适用 ISDS 机制,美墨之间对提交 ISDS 作了许多条件限制。我国晚近签署的 IIA 中,《区域全面经济伙伴关系协定》和中国—柬埔寨 FTA 就没有 ISDS 机制。

"投资"定义,①随后附以"包括但不限于"的非穷尽式财产类型列举清单。而几代 BIT 所不同的就是清单中列举的财产范围不同。从最初的有形财产发展到目前包括合同、知识产权等无形财产,IIA 所保护的投资范围是极其广泛的,与国际实践并无多大差异。

2008 年以后签订的 IIA 在投资定义中加入"投资性质"(或译作"投资特征",the characteristics of an investment)这项内容,这些投资性质(或特征)包括"资本或其他资源投入、收益或利润的预期或风险的承担",如中国—哥伦比亚 BIT、中国—乌兹别克斯坦 BIT、中国—智利 FTA 关于投资的补充协定、中国—坦桑尼亚 BIT、中国—韩国 FTA 和中国—澳大利亚 FTA 都在投资定义中加入"投资性质"的限定条件,中国—纳米比亚 BIT 在定义条款中特别强调了"投资不具有投机性"这一判断投资的限制条件。这与美国 2004 年及 2012 年 BIT 范本中投资定义条款的规定是相同的。

而与美国 BIT 范本投资定义明显不同的一点是,我国前两代 BIT 的投资定义条款明确规定了投资必须符合东道国的法律和法规(in accordance with / subject to its laws and regulations)这一要求。这一要求是对我国管理外资权力的肯定,《MIGA 公约》第 12 条对于合格投资的规定也指出,MIGA 在承保前应考察投资是否符合东道国的法律。但从第三代 BIT 开始,一些 BIT"投资"定义却取消了"符合东道国法律和法规"要求的规定,如 2001 年中国—荷兰 BIT、2003 年中国—德国 BIT、2004 年中国—乌干达 BIT、2007 年中国—塞舌尔 BIT、2007 年中国—法国 BIT、2008 年中国—新西兰 FTA、2009 年中国—瑞士 BIT、2012 年中日韩投资协定。

"投资"定义中放弃"符合东道国法律和法规"要求的做法不值得提倡,特别是在现有 IIA 平衡化发展的大背景下。这种明确的定义限制,进一步增加了外国投资的社会责任从而限制了条约保护的投资范围以平衡东道国的公共利益。即使从保护我国海外投资者的角度看,要求我国对外投资符合东道国法律,也是为了更好地减少不必要的冲突,反过来减少投资风险的发生,促进投资的可持续发展。

2."公司投资者"定义

2010 年中国 BIT 范本(草案)中投资者定义条款在采用传统公司"成立

---

① 一般规定"投资"是指,"缔约一方投资者依照缔约另一方的法律和法规在缔约另一方领土内所投入的各种财产"。

地"标准和"住所地"标准之外,还采纳了"直接或间接控制"标准,体现了与国际做法的一致性。

而就中国的 IIA 实践来看,大多数 IIA 对"公司投资者"的定义采用传统的"成立地"标准和/或"住所地"标准,少数 IIA 采用了"控制"标准,如中国—塞舌尔 BIT、中国—古巴 BIT 议定书、中国—法国 BIT、中国—哥伦比亚 BIT、中国—新西兰 FTA、中国—新加坡 FTA、中国—瑞士 BIT、中国—秘鲁 FTA、中国—乍得 BIT、中国—哥斯达黎加 FTA、中国—乌兹别克斯坦 BIT、中国—加拿大 BIT、中国—坦桑尼亚 BIT、中国—瑞士 FTA、中国—韩国 FTA、中国—澳大利亚 FTA、《区域全面经济伙伴关系协定》等。而对法律控制(拥有、所有)和事实控制的判断标准,仅少数 IIA 有作进一步的规定,如明确规定,拥有是指实益拥有的股本超过 50%,控制是指拥有任命其大多数董事或以其他方式合法指导其活动的权力,如中国—新西兰 FTA 第 11 章第 103 条、中国—新加坡 FTA 第 10 章第 59 条第 5 款、中国—哥斯达黎加 FTA 第 9 章第 90 条第 3 款。只有极少数 BIT 规定控制只包括直接控制,如中国—乍得 BIT、中国—乌兹别克斯坦 BIT 和中国—坦桑尼亚 BIT。其余采用"控制"标准的 IIA 都规定控制包括直接控制和间接控制。间接控制含义的不确定给投资者"筹划国籍""挑选条约"提供了有利的条件。

(二)防止投资者"挑选条约"的拒绝授惠条款

2010 年中国 BIT 范本(草案)第 10 条规定了拒绝授惠条款,可以说,中国已经意识到公司投资者"筹划国籍"和"挑选条约"的问题,开始强调公司与国家的"真实联系",并且有所行动了。

中国最早有拒绝授惠条款的 IIA 实践始于 2008 年(中国—墨西哥 BIT、中国—新西兰 FTA、中国—新加坡 FTA),可以说,运用拒绝授惠条款的历史尚短,经验尚浅。[①] 我国 IIA 中已有的拒绝授惠条款存在以下问题:

首先,该条款的用语并不统一,有"利益的拒绝"(中国—东盟投资协议)、"利益的拒绝给予"(中国—澳大利亚 FTA、中国—秘鲁 FTA、中国—哥斯达黎加 FTA)、"拒绝授予利益"(中国—加拿大 BIT)以及"拒绝授惠"(中国—乍得 BIT,中国—乌兹别克斯坦 BIT,中日韩关于促进、便利和保护

---

① 中国—巴哈马 BIT 没有单列拒绝授惠条款,而是将该内容规定在第 11 条(适用)中。

投资的协定,中国—坦桑尼亚 BIT)等。

其次,拒绝授惠条款的规定也五花八门,表现在以下几个方面:

(1)拒绝授惠的对象。有的仅拒绝给予非缔约方投资者利益,如中国—墨西哥 BIT、中国—乌兹别克斯坦 BIT;有的则包括了非缔约方和拒绝缔约方控制的投资者,即包括本国国民返程投资的情况。

(2)拒绝授惠的权利范围。这是指条款的适用范围,是仅拒绝条约的部分利益(实体问题)还是拒绝条约的全部利益包括管辖权的程序问题。FTA 中的拒绝授惠条款适用范围有的限定在服务贸易章节而不是投资章节,如中国—新西兰 FTA、中国—秘鲁 FTA、中国—哥斯达黎加 FTA。有的则规定在投资章节,如中国—韩国 FTA 和中国—澳大利亚 FTA。而BIT 则涉及整个协定的利益。

(3)拒绝授惠的行使条件。拒绝授惠条款适用的实质要件是指,控制的含义及"实质性"和"非实质性"商业活动的判断标准;条款适用的程序条件是指,东道国使利益拒绝权之前是否必须进行合理通知及条款是否具有溯及力等。有些 IIA 只规定了实质要件,有些 IIA 则同时规定了实质要件和程序要件,后者如中国—新西兰 FTA 第 149 条,中国—东盟投资协议第 15条,中国—秘鲁 FTA 第 137 条,中国—智利 FTA 关于投资的补充协定第11 条等只是简单提到"经事先通知及磋商"的程序要件,中国—哥斯达黎加FTA 第 99 条第 2 款规定,"如另一缔约方书面申请,拒绝给予利益的一缔约方应就本条第一款中涉及的具体拒绝案例进行书面通知并与其进行协商",中国—加拿大 BIT 第 16 条规定"在包括按第三部分启动仲裁程序后的任何时间"。

如前所述,"投资者宽泛定义＋拒绝授惠条款"的模式是为了保证条约适用的灵活性,因此国家并未给出明确定义和具体的行使条件,也就没有给予仲裁庭任何指导或限制。仲裁实践中东道国援引拒绝授惠条款进行抗辩时,常因条款本身存在不足难以积极防御。[①]

(三)限制提交 ISDS 仲裁的程序条款

中国 IIA 在全面接受 ISDS 仲裁的情形下,对于限制提交 ISDS 仲裁的

---

① 漆彤. 论国际投资协定中的拒绝授惠条款[J]. 政治与法律,2012(9). 实践中,东道国利用拒绝授惠条款对抗 ISDS 仲裁庭的管辖权获得成功的案件非常罕见,如 Pac Rim Cayman v. El Salvador 案。

限制性规定并不多。

1.MFN 条款

IIA 中 MFN 条款或者规定在投资待遇条款或者单列一条。以往 MFN 的规定不论是简单还是复杂详细,多集中在最惠国待遇适用的实体事项(如投资及其有关的活动)和例外上。[①] 对一些特殊事项,如国有化与征收问题所引起的赔偿,在中国所签订的 IIA 中,在 MFN 条款或者另外的条款中,特别规定这些事项是否可以适用最惠国待遇,如中国—古巴 BIT 第 9 条将最惠国待遇排除在仲裁裁决的执行或取消的事项范围之外,中国—加拿大 BIT 第 8 条第 1 款将自由贸易协定项下的优惠待遇排除在外。中国—加拿大 BIT 还在最惠国待遇适用的时间效力方面规定了不溯及既往的时间节点。[②]

如前所述,我国几代 BIT 对待 ISDS 机制的态度是不同的,面对国际仲裁案件中出现的新问题——MFN 条款是否适用于 ISDS 机制的问题,如果按照国际仲裁庭的宽泛解释,MFN 条款可以适用于争端解决程序问题,那么我国面临的潜在投资争端数量将大大增加,那些限制仅将征收赔偿数额的争议提交国际仲裁的 IIA 将无法达成其缔约目的,而且只要有一个条约规定了更为宽松的提交 ISDS 机制条件,那么其他规定了再严格限制条件的 IIA 都将无效。

2008 年开始,中国签订的一些 IIA 对这一问题作出了积极的反应,明确规定了 MFN 待遇不适用于争端解决程序。

2.当地救济条款

中国 1997 年后缔结的 BIT 对用尽当地救济的规则的基本立场是:允许外国投资者将其与东道国政府的投资争议提交国际仲裁,其前提条件是:(1)用尽东道国国内的行政复议程序;(2)投资者未将争议提交东道国国内

[①]　如中国—新西兰 FTA 以及中国—东盟 FTA 开始扩大到准入前,中国—新西兰 FTA 例外规定几乎涵盖了最惠国条款的例外研究中所涉及的事项。

[②]　即缔约方"根据 1994 年 1 月 1 日前生效的任何双边或多边国际协定给予的待遇"并不依据本投资协定最惠国原则给予另一缔约方,显然这是作为 NAFTA 创始成员的加拿大方设计的,因为 NAFTA 就生效于 1994 年 1 月 1 日。据此,中国投资者享受不到加拿大在 NAFTA 下给予外资的优惠。

法院解决。^① 到目前为止,中国对外缔结的 IIA 基本保持这一立场。

而用尽国内行政复议程序又可分为以下两种类型:一种是缔约双方都可以要求用尽行政复议程序;另一种是中国单方面要求用尽国内行政复议程序。第一种类型是绝大多数,第二种类型是少数,如中国—荷兰 BIT 议定书中对第 10 条补充规定"……将争议提交国际仲裁之前用尽中华人民共和国的法律法规规定的当地行政复议程序"。中国—德国 BIT 和中国—加拿大 BIT 议定书规定了差异化的提交国际仲裁的程序要件,要求在中国进行投资的德国/加拿大投资者只有在已经根据中国法律把争议提交行政复议程序之后才可以把争议提交仲裁。这意味着,外国投资者起诉中国政府需要满足此前提条件,而中国投资者起诉外国政府则不需要此前提条件。

可以看到,我国 BIT 中对用尽当地救济的要求仅限于行政复议程序,^②且都规定了投资者诉诸国内救济措施的明确期限,若照前述四案件仲裁庭的解释路径,该附期限的当地救济要求对于外国投资者和投资仲裁庭的约束作用极其有限,很容易被规避,无实际效果。

三、中国 IIA 有关国家责任构成要件的规定

ISDS 实践中,仲裁庭通常援引《国家责任条款草案》第 4 条、第 5 条、第 8 条的规定,适用结构、功能、控制三种标准对国家机关进行定位分析,这种做法对中国而言,具有重大的现实启示意义。国家或者应注意非国家机关实体(行使政府权力要素或受国家控制的公司或机构)的设置与功能,或者在 IIA 规定特殊的归因规则来排除国际习惯法的适用。而针对仲裁庭对违反 IIA 义务的裁判分析做法,国家也有必要对相关 IIA 义务进一步明确含义和规定限制条件。

---

① 石静遐. 用尽当地救济规则与国际投资争议的解决[C]//国际经济法论丛. 北京:法律出版社,1999(2):326. 1997 年中国—南非 BIT 在 ISDS 条款中首次规定此类用尽当地救济条款,"在六个月内不能协商解决争议时,争议任何一方均可将争议提交国际仲裁庭仲裁,条件是涉及争议的缔约方可以要求投资者按照其法律、法规提起行政复议程序,并且投资者未将该争议提交该缔约方国内法院解决"。

② 我国不同意将提交中国司法解决的案件再提交国际仲裁解决的主要原因是,担心我国的司法判决受到国际仲裁庭的审查,对我国司法审判的独立性、严肃性和终局性造成损害。石静遐. 用尽当地救济规则与国际投资争议的解决[C]//国际经济法论丛. 北京:法律出版社,1999(2):326.

(一)特别归因规则之规定

中国 IIA 中没有如 NAFTA 第 15 章(专门监管垄断和国有企业的行为)这样特殊归因规则的规定,2009 年起开始有协定纳入非专门性归因条款,如在 IIA 定义条款、范围条款、总则条款中规定了国有企业等经授权行使政府职权的实体的归因问题。例如,2009 年生效的中国—新加坡 FTA 在第 14 章(总条款和最后条款)的第 109 条(国家、地区和地方政府)规定,在履行本协定项下的义务和承诺时,各方应保证……授权的非政府机构遵守这些义务和承诺。2014 年生效的中国—瑞士 FTA 在第 1 章(总则)第 1.4 条 "中央、区域和地方政府"中规定"每一缔约方应确保……授权的非政府机构在行使政府权力时,遵守本协定项下的所有义务和承诺"。2014 年生效的中国—加拿大 BIT 第 2 条 "范围和适用"的第 2 款规定"一缔约方在本协定项下的义务应适用于任何由该缔约方授权其行使监管职权、行政职权或其他政府职权的实体"。2020 年生效的《区域全面经济伙伴关系协定》第 10 章(投资)第 1 条(定义)第 8 款"一缔约方的措施"包括了"由该缔约方中央、地区或地方政府和主管机关授权行使职权的非政府机构"采取或维持的任何措施。

就我国的现状而言,上述这些被授权行使政府职权的非政府机构实体可以包括国有企业和各地高新技术开发区的管委会。① 这些国有企业或管委会等机构若在履行合同或管理经济活动过程中引发投资争端,若适用"职能测试""控制测试",这些国有企业或管委会等机构,毫无疑问享有一定公权力、行使政府职能,其行为是受国家机关指示或控制的,其行为可归因于国家,而投资者与它们之间发生的争端可归于国家,国家责任是无法完全抹除的。这意味着,政府必须改善和提高自己管理市场的方式和能力,逐步实行政企分开,减少这些情况下的国家责任。

---

① 20 世纪 90 年代末和 21 纪初,因电力产能过剩,全国不少地方的电力公司(电力局)调整与外商投资电厂在原合同中约定的电价,从而引发了大量的争端。徐崇利."保护伞条款"的适用范围之争与我国的对策[J]. 华东政法大学学报,2008(4):50,59.全国各地设立了许多高新技术开发区(高新区),一般采取管理委员会一揽子管理的组织体制,对这个区域内投资的各种工商企业给予土地使用或者税收等方面的优惠,同时提供政府管理、信贷支持、信息咨询、行业扶持等各方面的绿色通道。梁军.议国际投资争端中的国家责任及其归因:以 Emilio Agustin Maffezini V. The Kingdom of Spain 案件为例[J].理论导刊,2008(6):93.

(二)实体义务条款之规定

IIA 的实体义务包括了具体的投资保护标准,如间接征收、FET、MFN,还有就是可能会扩大 IIA 义务范围的保护伞条款。

1.FET 条款

中国缔结的 IIA 绝大多数规定 FET 都只在投资待遇条款中简单提及,如中国—德国 BIT(第 3 条第 1 款)、中国—西班牙 BIT(第 3 条第 1 款)和中国—巴基斯坦(第 48 条)。有些 IIA 将"公正和公平的待遇"和"完全/充分的保护和安全/保障"规定在一起,如中国—荷兰 BIT 第 3 条(投资待遇)第 1 款、中国—瑞士 BIT 第 4 条(保护及待遇)第 1 款和《区域全面经济伙伴关系协定》)第 10 章第 5 条(投资待遇)。一些 IIA 是以"最低待遇标准"为标题单独规定,"最低待遇标准"包括公正和公平待遇以及完全的保护和安全的待遇,如中国—墨西哥 BIT 第 5 条、中国—加拿大 BIT 第 4 条和中国—智利 FTA 关于投资的补充协定第 6 条。少数 IIA 是单独规定 FET 条款,如中国—法国 BIT 第 3 条、中国—乍得 BIT 第 3 条、中国—乌兹别克斯坦 BIT 第 5 条和 2013 年中国—坦桑尼亚 BIT 第 5 条。

除了条款模式的不同,IIA 通常没有对 FET 的含义进行解释,一般 FET 条款仅规定:"缔约一方的投资者在缔约另一方境内的投资应始终享受公平与公正的待遇。"仅有少数 IIA 进一步解释了 FET 的内涵,如中国—瑞士 BIT 规定"缔约一方不得以任何方式对该投资……采取不合理或歧视性的措施"。大多数 IIA 在关于 FET 标准的规定中未提及国际法,少数 IIA 中对 FET 含义解释提及依据普遍接受的国际法原则/规则,[①]将 FET 纳入"最低待遇标准"内涵的 IIA 中的规定相较于以往更加详细,作出了限制性的解释:一是"FET"和"全面保护和安全"的概念并不要求给予由国家实践和法律确信所确立之国际法要求给予外国人的最低待遇标准之外或额外的待遇;二是违反本协定的其他条款或其他国际协定的条款,不构成对本条的违反。如中国—墨西哥 BIT 第 5 条第 2 款,中国—加拿大 BIT 第 4 条

---

① 关于 FET 标准的规定中提及国际法的 BIT 如中国—哥斯达黎加 BIT 第 3 条第 1 款、中国与法国 BIT 第 3 条。有学者认为,FET 标准的规定中未提及国际法,这主要是因为担心西方国家会利用其将该待遇解释成一项抽象的、概括性的"国际最低待遇标准"。徐崇利. 公平与公正待遇标准:国际投资法中的"帝王条款"[J]. 现代法学,2008,30(5):131.

第 2 款、第 3 款,中国—智利 FTA 关于投资的补充协定第 6 条第 2 款、第 3 款和中日韩投资协定第 5 条(总体投资待遇)第 1 款关于 FET 的规定。

　　中国—乍得 BIT 第 3 条、中国—乌兹别克斯坦 BIT 第 5 条和中国—坦桑尼亚 BIT 第 5 条都是以"FET"为标题,对 FET 含义和解释限制也作出了详细的规定。它们的规定基本相同,①先给 FET 下一个基本定义,然后主张 FET 不应该以西方国家所谓的最低待遇标准来解释,而是要以东道国能够提供的国民待遇为限,而且要依据东道国法律和一般法律原则,列举构成违反 FET 措施的情形。这两项解释性规定大大限制了东道国可能被起诉违反 FET 的情形,也大大确定了东道国的条约义务内容,提高了东道国对其行为的预期。② 最后还规定违反 IIA 其他条款义务并不同时构成对 FET 条款的违反,这是防止投资者对东道国的一个违约行为提出多个诉求,防止多重诉讼。③

　　此外,中国—新西兰 FTA 第 143 条(FET)、中国—东盟投资协定第 7 条(投资待遇)、中国—秘鲁 FTA 第 132 条(FET 和完全的保护和安全)与中国—韩国 FTA 第 12 章(投资)第 5 条(最低标准待遇)的内容与上述规定基本相同。不同之处有:

　　(1)依据不同。这三项 FTA 均未提及东道国法律制度,中国—秘鲁 FTA 和中国—韩国 FTA 只提及习惯国际法原则,中国—新西兰 FTA 是基于一般法律原则,而中国—东盟投资协定则完全没有提及这一问题。

　　(2)行为类型不同。与"粗暴地拒绝公正审理,或实行明显的歧视性或专断性措施"的规定不同,中国—秘鲁 FTA 和中国—韩国 FTA 中提到的

---

　　① 关于"FET"的含义包括以下四方面:(1)缔约一方应该确保给予缔约另一方的投资者及在其境内的投资以公正与公平待遇,提供充分保护与保障,提供投资保护和保障时应采取合理及必要的治安措施。(2)在任何情况下都不意味着缔约一方应当给予投资者比该缔约国国民更优的待遇。(3)FET 是以东道国法律制度及一般法律原则为根据,缔约一方不得对缔约另一方投资者粗暴地拒绝公正审理,或实行明显的歧视性或专断性措施。(4)认定违反本协定其他条款或其他条约的条款,不构成对本条款的违反。

　　② 有学者曾指出,以国际习惯法中的具体规则来限定"国际最低待遇"的内容,东道国违反 FET 之情形,最多只可能是东道国政府不遵循正当程序和实行专断性或歧视性行为,可在相当大程度上克服国际仲裁庭滥用 FET 标准的问题。徐崇利. 公平与公正待遇:真义之解读[J]. 法商研究. 2010(3):58.

　　③ 中国—墨西哥 BIT 和中国—加拿大 BIT 中也有这一规定。

具体行为是"在刑事、民事或行政程序中拒绝司法",中国—新西兰 FTA 则是"相关的法律或行政程序中被拒绝公正对待,或受到不公平或不公正对待的义务",中国—东盟投资协定是"在任何法定或行政程序中有义务不拒绝给予公正待遇"。

2.保护伞条款

在中国—巴巴多斯 BIT 之后,中国对外缔结的一些 BIT 基本全面接受了 ISDS 机制。在这种情况下,仍采用"任何投资争议""投资产生的(任何)争议"这类宽泛措辞,可能会被一些 ISDS 仲裁庭解释为,即使没有"保护伞条款",但该 IIA 规定的争端解决机制仍可据此管辖"纯合同请求"。①

第二代 BIT 只是简单规定,只有"与本协定义务有关的投资争端"才能提交该条约规定的争端解决机制,如中国—希腊 BIT 第 10 条第 1 款和中国—阿根廷 BIT。第三代、第四代 BIT 中对提交国际仲裁的争端范围的限定更加明确,具体提及 BIT 的具体章节义务或者具体条款项下的义务。例如,中国—墨西哥 BIT 第 3 章第 11 条(目的)和第 13 条(仲裁:范围、资格和期限)将提交国际仲裁的争端范围限定在"违反本协定第 2 章规定之义务且造成损失或损害而产生的争端",中国—乍得 BIT 第 12 条(投资者与缔约一方争议解决)第 2 款、中国—乌兹别克斯坦 BIT 第 12 条(投资者与缔约一方争议解决)第 2 款、中国—坦桑尼亚 BIT 第 13 条(缔约一方与缔约另一方投资者间的争议解决)第 2 款都规定"违反本协定第 * 条下的义务而产生的争议"才可提交国际仲裁。中国—东盟投资协定、中国—智利 FTA 关于投资的补充协定、中国—韩国 FTA 和中国—澳大利亚 FTA 也都在争端解决章节限定范围是"本投资协定项下的义务"。中国—加拿大 BIT 对可诉诸国际仲裁的争议作了细致筛选并附加诸多例外,仅将违反 BIT 特定

---

① 徐崇利."保护伞条款"的适用范围之争与我国的对策[J]. 华东政法大学学报, 2008(4):58.

条款的条约义务纳入 ISDS 管辖范围,①这也就将东道国政府与外国投资者之间订立的纯粹的民商事合同排除在 ISDS 仲裁之外。

四、中国 IIA 的例外条款

陈安教授曾指出,中国在 BIT 中全面接受 ISDS 机制的做法舍弃了《ICSID 公约》赋予发展中东道国的四大"安全阀",即逐案审批同意权、当地救济优先权、东道国法律适用权和重大安全例外权,在没有附加"重大安全例外"的前提下全盘接受 ICSID 仲裁庭的管辖权,颇似"门户洞开"却"毫不设防"!② 这种做法不符合中国当前的现实国情,无视晚近发展中国家 BIT 缔约实践的沉痛教训,无视两类东道国的最新立法转轨。若普遍推广,势必对本国的司法主权和应变能力造成重大伤害和削弱,遗患无穷。③

而发达国家 BIT 范本的晚近变化也体现这一担忧并非杞人忧天,以美国、加拿大为例,它们的 BIT 范本显示了对投资自由化的拥护——高标准的实体义务和对 ISDS 机制的全面接受,但同时却规定了一系列例外事项,从最惠国待遇、国民待遇、高管人员、业绩要求的例外,到根本安全例外、税收例外、金融服务例外。这些例外条款相当于安全阀,是东道国"留权在手"的一种很好的手段,是平衡国家权力和利益与投资者利益的一种较好的方

---

① 第二十条 缔约一方投资者的诉请

一、缔约一方的投资者可依据本部分就另一缔约方违反如下义务的行为的诉请提请仲裁:

(一)违反第二条至第七条第二款,第九条,第十条至第十三条,第十四条第四款,或第十六条所规定的义务,如果该违反与投资者或投资者之涵盖投资相关,且第(二)分款不适用于该投资者或投资者之涵盖投资,或者

(二)违反第十条或第十二条所规定的义务,如果该违反与在另一缔约方领土内金融机构中的缔约一方投资者相关,或与该投资者在另一缔约方领土内的金融机构中的涵盖投资相关,并且由于该违反的原因或源于该违反,该投资者或投资者的涵盖投资遭受了损失或损害。

② 陈安.中外双边投资协定中的四大"安全阀"不宜贸然拆除:美、加型 BITs 谈判范本关键性"争端解决"条款剖析[C]//陈安.国际经济法学刊.北京:北京大学出版社,2006,13(1):13,17-18.

③ 陈安.区分两类国家,实行差别互惠:再论 ICSID 体制赋予中国的四大"安全阀"不宜贸然全面拆除[C]//陈安.国际经济法学刊.北京:北京大学出版社,2007,14(3):57.

式。中国现有 IIA 例外条款规定存在许多问题。

(一)例外条款所涉事项

我国对外签订的 BIT 遵循欧洲投资保护和促进的条约模式,条款数目较少(一般是 11~14 条,2010 后签订的 BIT 最多有 18 条)[①],内容相对简略,无附件,也较少规定例外条款或条款过于简单。而 FTA(其中一些还附有投资协议或补充协议)因签署的时间较晚(大多 2008 年以后),对国际投资实践中出现的问题有作出积极的反应,大多规定有例外条款且相对详细。

1.根本安全例外与公共利益

中国早期 IIA 中的根本安全例外和公共利益例外条款并不是必备条款,而且规定的模式也不统一。

旨在保护公共健康、安全及环境等在内的公共利益例外的规定最早出现在 1985 年中国—奥地利 BIT 议定书中,[②]此后,中国—德国 BIT 在议定书第 4 条第 1 款规定了公共利益例外,中国—加拿大 BIT 第 33 条(一般例外)第 2 款第 2 项和第 3 项规定了公共利益例外,第 5 款规定了根本安全例外。

2.投资待遇与征收等实体义务

早在我国对外签署的第一个 BIT——中国—瑞典 BIT 中,就有对最惠国待遇条款的实体含义进行例外规定,此后几乎所有 BIT 都有这一例外规定。[③] 但直到 2008 年中国签订的一些 IIA 中的最惠国待遇条款才有了不适用于争端解决程序事项的例外规定。

中国—德国 BIT 议定书中有 3 条(第 3 条、第 4 条、第 5 条)内容涉及例外规定,其中第 3 条规定了第 2 条第 3 款和第 3 条第 2 款的不符措施例外。

---

① 中国—墨西哥 BIT 和中国—加拿大 BIT 的条款较多,内容也更为详细。二者都采用了章节方式,2008 年中国—墨西哥 BIT 有四章,共 32 条,三个附件。中国—加拿大 BIT 有四部分,共 35 条,6 个附录。

② 议定书中指出,协定第 3 条第 4 款所述的"歧视措施"不包括"缔约一方因公共安全和秩序或国民卫生和道德原因而采取的措施"。

③ 中国—瑞典 BIT 第 2 条第 3 款,但中国—泰国 BIT 中的最惠国待遇没有规定例外事项。中国—英国 BIT 中投资待遇条款中例外规定在最惠国待遇基础上加入了国民待遇。中国—马来西亚 BIT 第 4 条的标题虽然是"例外",但实际上只规定了最惠国例外的内容。

中国—加拿大 BIT 第 5 条(最惠国待遇)第 3 款规定了最惠国待遇不适用于争端解决机制程序的例外,第 8 条例外条款就第 5 条最惠国待遇,第 6 条国民待遇和第 7 条高级管理人员、董事会成员与人员入境不适用的情形进行了规定。2006 年中国—印度 BIT 议定书第 3 条(关于对第 5 条中征收的解释)第 3 款首次规定了基于公共利益采取的非歧视的管制措施不构成间接征收的例外。此后,中国—哥伦比亚 BIT 第 4 条(征收和补偿)第 2 款第 3 项、中国—乍得 BIT 第 6 条(征收)第 3 款、中国—乌兹别克斯坦 BIT 第 6 条(征收)第 3 款、中国—加拿大 BIT 第 2 部分第 10 条的附录(征收)第 3 款和中国—坦桑尼亚 BIT 第 6 条(征收)第 3 款、中日韩投资协定议定书、中国—智利 FTA 关于投资的补充协定附件 1、中国—韩国 FTA 附件 12-B 都规定了此类例外。应该注意到,中国早期 BIT 中并没有征收例外规定,即使在 2010 年以后签订的 IIA 中,也没有全部规定有征收例外条款。①

3.税收和金融审慎事项

(1)税收事项

1985 年中国—丹麦 BIT 是最早规定税收例外的 BIT,第 3 条(投资保护)第 5 款规定:"本条规定不影响缔约任何一方签署的全部或主要是关于税收的国际协议。"晚近一般例外条款模式下的税收措施采用的是肯定清单模式,即"除非本条另有规定,本协定的规定不适用于税收措施",最早出现在 2008 年中国—新西兰 FTA 第 204 条(税收措施),此后还有中国—秘鲁 FTA 第 142 条(税收措施)、中国—东盟投资协议第 3 条(适用范围)第 4 款、中国—哥斯达黎加 FTA 第 161 条(税收)、中国—智利 FTA 关于投资的补充协定第 23 条(税收)、中国—韩国 FTA 第 21.3 条(税收)、中国—澳大利亚 FTA 第 16 章第 14 条(税收)等。这种模式的优点在于明确地列出税收事项的适用范围,令东道国所承担的条约义务处于较为确定的状态。还有一些 BIT 规定了税收否决机制,如中国—哥伦比亚 BIT 第 14 条、中国—东盟投资协议第 14 条第 9 款和第 10 款、中国—加拿大 BIT 第 14 条第 5 款。

---

① 有关征收例外的基本表述如中国 2010 年 BIT 范本(草案)第 6 条征收条款的规定:"缔约一方采取的旨在保护公共健康、安全及环境等在内的正当公共福利的非歧视的管制措施,不构成间接征收,但在个别情况下,如所采取的措施严重超过维护相应正当公共福利的必要时除外。"

（2）金融审慎事项

金融审慎措施例外条款首先出现在 2008 年中国—哥伦比亚 BIT 中第 13 条（金融部门的审慎措施），并用第 4 条（征收和补偿）和第 6 条（汇出）项下的义务限制其滥用。此后，还有一些 IIA 中规定了金融审慎例外条款，如中国—新西兰 FTA 第 203 条（审慎措施）、中国—秘鲁 FTA 第 16 章第 197 条（审慎措施）、中日韩投资协定第 20 条（审慎措施）、中国—韩国 FTA 第 9 章（金融服务）第 5 条（审慎例外）和中国—澳大利亚 FTA 附件 2（金融服务）第 3 条（国内法规）都规定了金融审慎例外。

（二）例外条款的适用范围

中国大多数 BIT 例外条款的适用范围都是特定条约义务条款，如中国—奥地利 BIT 议定书关于公共利益例外的规定仅针对特定的条约义务适用，而非整个协定。就投资待遇例外，如中国—波兰 BIT 第 3 条第 3 款，中国—俄罗斯 BIT 第 3 条（投资待遇）第 4 款、中国—韩国 BIT 第 3 条（投资待遇）第 4 款、中国—乌兹别克斯坦 BIT 第 4 条（最惠国待遇）第 2 款等。就税收例外，如中国—丹麦 BIT 的税收例外仅限于第 3 条的条约义务而非整个协定。①

少数 BIT 例外条款的适用范围是整个条约，如中国—新加坡 BIT 第 5 条（例外）第 2 款和中国—新西兰 BIT 第 5 条（例外）第 2 款规定了税收事项例外，②中国—印度 BIT 第 14 条（例外）、中国—东盟投资协议第 16 条（一般例外）第 2 款（金融审慎）和中国—加拿大 BIT 第 33 条（一般例外）第 3 款和第 4 款在一般例外条款中规定了金融审慎例外事项。

（三）存在问题

现有 IIA 中的例外条款规定存在以下四方面的问题：

---

①　这种只规定相应一些投资待遇不适用于相关税收协定或国内立法的例外规定明显属于特殊例外条款模式，也被称为"原则上适用，例外地不适用"的一般肯定模式。蔡从燕.国际投资条约实践中的税收措施问题[C]//黄进.武大国际法评论. 武汉：武汉大学出版社，2010，13(2)：130-131.

②　中国—新加坡 BIT 第 5 条（例外）第 2 款使用的措辞是"本协定的规定不适用于缔约任何一方领土内的税收事项。该类税收事项应受缔约双方间的避免双重税收条约和缔约一方国内法律的管辖"。中国—新西兰 BIT 第 5 条（例外）第 2 款规定，"本协定的规定不适用于缔约任何一方境内的税收事宜。税收应受制于缔约各方的国内法和缔约双方于一九八六年九月十六日在惠灵顿签订的关于对所得避免双重征税和防止偷漏税的协定"。可以看到，这种一般例外模式是完全排除了税收事项。

1.例外条款所涉事项不够全面。早期中国 IIA 对例外条款未给予足够的重视,例外条款事项多为投资待遇例外且不全面,有的只规定了最惠国待遇例外,有的则还包括国民待遇例外,还有的包括 FET。根本安全例外与公共利益例外事项并不是早期 IIA 的必备条款,有些只规定了公共利益例外而没有规定根本安全例外,有些则只有根本安全例外而没有公共利益例外。2008 年以后签订的 FTA 中,基本都含有根本安全例外条款且都使用了表明自裁决性质的术语"其认为"(it considers/deems),如中日韩 FTA 第 18 条(安全例外)、中国—瑞士 FTA 第 8.16 条(安全例外)、中国—加拿大 BIT 第 33 条(一般例外)第 5 款(根本安全例外)、中国—土耳其 BIT 第 4 条(一般例外)第 2 款(根本安全例外)、中国—毛里求斯 FTA 第 8.18 条(安全例外)。有关金融审慎例外的内容是 2008 年以后签订的 IIA 才有规定。

2.例外条款的适用范围不统一。如前所述,中国 IIA 中关于公共利益例外、税收例外的规定,有的是排除特定条约义务的适用,有的是排除整个条约义务适用,这种混乱不统一的方式并不利于最大限度地维护我国监管主权和空间。

3.例外条款的适用条件规定不够详细且不统一。例如,许多 IIA 中对根本安全利益、公共利益等范围并未作界定,或者有的范围限制太窄,如中国—芬兰 BIT 中将根本安全利益限制在战争、武装冲突或其他国际关系紧急状态下,没有考虑到经济危机的问题,这样很容易导致阿根廷系列案中的被动状态。又如,关于一般例外下措施实施的条件规定不一,如中国—土耳其 BIT 第 4 条(一般例外)仅规定"本协定不应解释为禁止缔约一方采取、维持或执行任何以下非歧视性的必要措施:……",而中国—加拿大 BIT 第 33 条(一般例外)则规定"只要相关措施不以武断或不合理之方式适用,或不构成对国际贸易或投资之变相限制,本协定中任何规定均不得被理解为阻止缔约方采取或维持下述措施"。此外,这些条款是否属于自裁决性质并没有统一明确,这样也难以成功援引抗辩。

4.没有明确例外条款的法律后果。由阿根廷系列案所引发的关注问题之一,就是若援引例外条款成功,是否可以免除东道国的赔偿责任。我国 IIA 中对这一问题无任何规定。

五、中国 IIA 有关国家责任救济的条款

与大多数国家 IIA 一样,我国 IIA 中也只对征收补偿问题进行相关规

定,对国家违反其他 IIA 义务的补偿问题未作规定。① 而就征收补偿的规定也存在许多问题,如仅简单规定补偿标准,对补偿额估算这一技术性的问题较少关注,学术界就这些问题的研究也并不多。

(一)仅规定合法征收的补偿标准

中国就合法征收一直坚持"适当"补偿标准。但是从 IIA 的具体措辞上看,稍显混乱,无法清晰表达其立场。中国对外签署的大多数 IIA 仅规定征收的条件之一是"给予补偿"(如中国—德国 BIT、所有 FTA),并无更多限定语。而即使有对补偿作出一定限定,也用语混乱,既有强调"适当"补偿标准的措辞,如"合理"(如中国—冰岛 BIT、中国—澳大利亚 BIT)、"适当"(如中国—法国 BIT)、"适当和有效"(如中国—老挝 BIT)、"合理、有效和非歧视"(如中国—阿联酋 BIT)、"公正"(如中国—希腊 BIT、中国—乌拉圭 BIT、中国—厄瓜多尔 BIT)、"公平合理"(如中国—科威特 BIT、中国—马来西亚 BIT、中国—菲律宾 BIT)、"公正和公平"(如中国—印度 BIT)等,也有使用无法与赫尔公式明确区别的"充分"(如中国—哥伦比亚 BIT 和中国—马耳他 BIT)这样的措辞。因此,想要就此表明,中国 IIA 中的"合理""适当""公正""公正与公平"的补偿与美国"赫尔公式"中的"充分"补偿是不同的,是不太具有说服力的。而条约随后对确定补偿额的规定,让二者更难区分。

中国 IIA 中通常规定,补偿(额)"应等于采取征收或征收为公众所知时中较早一刻被征收投资的价值",同"补偿"一样,"价值"的措辞也有不同,有的无任何限定语,如中国—丹麦 BIT、中国—巴基斯坦 FTA。有的则加上了"适当""真实""合理""公平市场"等限定语,包括"适当价值"(中国—泰国BIT)、"真实价值"(如中国—印度 BIT)、"真正价值"(如中国—冰岛 BIT、中国—法国 BIT)、"实际价值"(中国—白俄罗斯 BIT)、"真实经济价值"(中国—卡塔尔 BIT)、"合理市场价值"(中国—土耳其 BIT)、"市场价值"(如中国—瑞士 BIT)、"公平市场价值"(如中国—墨西哥 BIT、中国—哥斯达黎加

---

① 中国 IIA 中还常常有"损害与损失赔偿"的条款,内容基本相同,指"缔约一方的投资者在缔约另一方领土内的投资,如果由于战争、全国紧急状态、武装冲突、暴乱或其他类似事件而遭受损失,缔约另一方给予其恢复原状、赔偿、补偿或采取其他措施的待遇,不应低于它给予本国或任何第三国投资者的待遇"。但这也不属于违反其他条约义务的赔偿。

BIT、中国—韩国 FTA、《区域全面经济伙伴关系协定》)"。其中，"公平市场价值"的措辞在中国 IIA 的规定中已是一种主流，2010 年 BIT 范本（草案）也是采用这一措辞。多数 IIA 中使用的是无限定语的补偿，用公平市场价值来解释补偿额的计算，而中国—哥伦比亚 BIT 对"充分赔偿"的解释也是"被征收投资的公平市场价值"。

可以说，中国现有 IIA 中有关征收补偿标准的"公平市场价值"规定已经趋同于（甚至等同于）"赫尔公式"中的"充分"补偿，因为后者也是确定被征收投资的公平市场价值。

（二）补偿估算方法的规定

确定了补偿标准之后，如何对被征收投资的"公平市场价值"进行估算，成为案件审理的关键所在，也是投资者提起诉请的终极目的。

中国 IIA 对如何确定"公平市场价值"这一问题的规定也不统一。有的没有再作任何解释，有的规定对被征收投资价值的估算是"应根据普遍承认的估价原则确定"，如中国—刚果 BIT、中国—博茨瓦纳 BIT、中国—贝宁 BIT、中国—芬兰 BIT、中国—马里 BIT、中国—马耳他 BIT 和中国—巴哈马 BIT 等。有的 BIT 对"普遍承认的估价原则"进一步作出解释，"即按照不考虑征收问题时，将该投资作为运营中的企业在公开市场上出售时的价值确定"，如中国—圭亚那 BIT。中国—哥斯达黎加 BIT 在"根据普遍承认的估价原则确定"被征收投资价值之外还加了一个条件"应按照缔约方的法律法规"。还有的 BIT 规定"若市场价值不易确定，补偿应根据公认的估价原则和公平原则确定，应把投入的资本、折旧、已汇回的资本、更新价值和其他有关因素考虑在内"，如中国—科威特 BIT、中国—澳大利亚 BIT、中国—马来西亚 BIT。

补偿数额除了"公平市场价值"之外，还"应包括（从征收之日）直至付款之日/支付日的利息"。而利息计算的利率又有各种规定，包括按初始投资所有货币适用的通行利率计算（中国—阿联酋 BIT）、按伦敦银行间同业拆借利率为基础计算（中国—俄罗斯 BIT）、按通用商业贷款利率计算（中国—荷兰 BIT）、按正常市场利率计算（中国—莫桑比克 BIT、中国—尼日利亚 BIT）、按正常商业利率计算（中国—比利时-卢森堡经济联盟 BIT、中国—西班牙 BIT）、按公平和公正的利率计算（中国—印度 BIT）等。

第三节 中国 IIA 中国家责任规则的改革建议

限制投资者提起 ISDS 仲裁,改革 IIA 范式,促进国际投资法的可持续发展。中国 IIA 的改革刻不容缓。我国 IIA 的签订及发展必须在吸引外资和对外投资两方面找到平衡点,既要避免不合理地限制国家外资管理权和经济主权,又要更好地保护我国海外投资者的合法利益。我国 IIA 改革应呼应晚近 IIA 改革追求平衡发展的政策与价值取向,增加限制国家责任、保留政府政策空间的条款。

一、中国 IIA 中国家责任援引条款的修正

2013 年 UNCTAD《世界投资报告》提出三种改革建议:(1)减少 ISDS 的标的范围;(2)限制有资格从条约中获益的投资者的范围;(3)引入寻求国际仲裁前用尽地方救济的要求。① 这些建议都有相应的国家在 IIA 体系重构的过程中予以实践,中国也相应跟进,但仍需进一步统一化和精细化。

(一)厘清投资和投资者的定义

限定投资和投资者定义,就是限制了提交 ISDS 的争议范围。

1."投资"定义的限定

在继续保持现有宽泛的投资类型以保持投资范围的灵活性、适应复杂且多样的经济活动的同时,可以增加"投资"的限定条件,从而限制"投资"争端的范围。如明确排除了某些不应受保护的资产类型,如间接投资、商业合同、某些类型的贷款、债务证券以及用于非商业目的的资产等。② 美国 2012 年 BIT 范本排除了普通的商事合同和不具备"投资特征"的合同,③2018 年

---

① UNCTAD. World Investment Report 2013:Global Value Chains:Investment and Trade for Development[M]. New York and Geneva:United Nations Publications,2013:114-115.

② UNCTAD. Scope and Definition[M]. New York and Geneva:United Nations Publications,2011:29-34.

③ 范本列举了合同的具体类型,包括"交钥匙、建设、管理、生产、特许、收入分享及其他类似合同"。单文华,王璐.美国 2012 年 BIT 范本中的投资定义条款及中国的对策研究[C]// 陈安.国际经济法学刊.北京:北京大学出版社,2013,20(3):87.

签署的《美墨加协定》第 14.1 条"投资定义"就排除了两种投资：一是司法或行政行动中作出的任何命令或判决；二是一缔约方境内的自然人或企业向另一缔约方境内的自然人和企业销售货物或服务的商业合同以及与此类合同有关的信贷。还可以明确限定条约提供的保护仅涵盖直接投资，而不涵盖间接投资。①

可以在 2010 年 BIT 范本（草案）将投资风险以及其他普遍的经济特征等客观标准作为投资特征纳入投资定义②的做法上进一步修正：一种方式是将期限要求和对可持续发展的贡献作为投资的特征，这种做法有助于保护各国免受持有不利于东道国持久发展的资产投资者的挑战。另一种方式是增加"符合东道国法律"要求的规定，将通过腐败或欺诈等方式违反东道国法律进行的投资排除在 IIA 保护范围之外，更加明确和缩小 IIA 保护的资产范围。③ 此外，可以在 IIA 序言中统一规定缔约国的非经济性政策目标，以明确缔约国的缔约目的。④

通过明确投资特征（包括可持续发展贡献）、排除的资产类型、投资合法性要求等方式来明确限定"投资"的含义与范围，增加 IIA 缔约目的中的非经济政策目标，明确表达缔约国意图，这些明晰化改革都将有助于中国在面对 ISDS 时援引相关条款积极抗辩，限制仲裁庭的自由裁量权。

2."投资者"定义的限定

从投资者定义来讲，有必要对旧有仅采"成立地"或/和"住所地"标准的 IIA 进行完善，主要就是普及"控制"标准。而"控制"标准的适用可以根据

---

①　例如基于企业的定义，只向投资者拥有或控制（或持有一定最低份额）的企业提供保护，这将涵盖最典型的投资方式（包括通过并购交易），但会将许多其他类型的资产从条约覆盖范围中删除。UNCTAD. International Investment Agreements Reform Accelerator (2020) [M]. New York and Geneva：United Nations Publications，2020：12.

②　该条规定，"投资"一词系指缔约一方投资者依照缔约另一方的法律和法规在缔约另一方领土内所投入的具有投资特征的各种财产，包括但不限于：……投资特征包括资本或其他资源的投入、对收益或利润的期待、对风险的承担等。温先涛.《中国投资保护协定范本》（草案）论稿（一）[C]//陈安.国际经济法学刊.北京：北京大学出版社，2011，18（4）：174.

③　UNCTAD. International Investment Agreements Reform Accelerator (2020) [M]. New York and Geneva：United Nations Publications，2020：12-13.

④　如中国—加拿大 BIT 第 18 条（磋商）第 3 款规定："缔约双方承认，通过豁免、宽松或其他违背国内健康、安全或环保措施以鼓励投资是不合适的。"

具体的情况决定是累加适用还是替代适用,以此来限制或扩大条约的保护范围。因为中国现有 BIT 范本体现出平衡东道国和投资者利益的趋向(对中国而言,IIA 也需要对进行海外投资的本国投资者进行保护),用"控制"标准可以给 IIA 增添一些平衡性和灵活性。有学者建议参考双重征税条约对于如何防止滥用税收条约进行避税的十分具体的规定,引入"居民"、"导管公司"和"受益所有人"(beneficial owner)等术语,借鉴透视法、排除法、征税法、渠道法等阻止税收协定滥用的具体方法,以更精确地界定受保护的合格投资者范围。[①]

(二)明晰拒绝授惠条款的实施条件

在 IIA 中普及拒绝授惠条款的同时,要注意对现有条款实施条件的修正,增加可操作性。

一是明晰拒绝授惠条款的实质要件,增加"控制"和"实质性商业活动"的可操作性规定。具体而言包括:(1)控制的解释,如控制的含义是否包括法律控制和事实控制,现有条约中的控制包括了直接和间接控制的情况下,对真实联系的审查到何种层面(间接控制者如何确定)? 哪些情况下只考虑直接控制? (2)"实质性商业活动"的判断标准。可以要求"实质性商业活动"的持续时间,不仅仅是在东道国设立之初需要提交的相关证明,还要求投资者在争端发生之时都要持续在东道国进行持续性商业活动,这样就可以更好地避免投资者规避条约的要求;可以明确列举属于"实质性商业活动"的标准,如税务清单、银行的日结账单、与员工的长期雇佣关系等。

二是明确拒绝授惠条款的程序要件,建议将 2012 年中国—加拿大 BIT 和其他 BIT 的规定方式结合,拒绝授惠作出的时间可以在包括按第三部分启动仲裁程序后的任何时间,程序上要予以通知。规定拒绝授惠条款可以"追溯性"援引,即在仲裁程序启动之后也可以援引。[②] 这是因为,随着 IIA 谈判向着投资准入国民待遇方向发展,东道国在接纳外资时不再采取实质审查批准的方式,对于投资者"筹划国籍"的行为很难在争端发生之前就一

---

① 漆彤.论国际投资协定中的拒绝授惠条款[J].政治与法律,2012(9):107.

② 《国际投资系协定改革加速器》中还提到可以加入反规避条款,排除在争议发生或可预见发生后提交 ISDS 索赔而获得或重组的投资者/投资。UNCTAD. International Investment Agreements Reform Accelerator (2020) [M]. New York and Geneva: United Nations Publications,2020:14-15.

一详细核查。而允许东道国在仲裁程序启动之后对该项问题进行核查,使其有更加充裕的时间和机会,对东道国来说更加公平。

(三)适当限制 MFN 条款与修正当地救济条款

MFN 条款和当地救济条款主要涉及限制提交 ISDS 机制的程序性问题。

1.MFN 条款适用范围厘清的推广

明确规定 MFN 条款不能适用于争端解决事项,明确表达缔约国意图,有效遏制 MFN 条款被肆意解释和滥用的可能。应将中国的最新缔约实践中的做法予以推广、保持立场的一致。

如中国—新西兰 FTA 第 11 章(投资)第 139 条"最惠国待遇"条款明确规定 MFN 待遇不适用于基础条约生效前签订或有效的所有国际协定赋予的待遇。但这些改变仅存在晚近签署的 IIA 中,面对旧的未有此类明确限制的 MFN 条款,中国政府与外国投资者的争端仍然有被仲裁庭扩大管辖的风险。这就需要我国政府在往后的缔约实践中保持一贯做法,以便在仲裁中予以佐证自己的国家意志,积极抗辩。

2.附期限当地救济要求条款术语的选择

对附期限当地救济要求选择恰当的措辞以明确其限制国际仲裁庭管辖权的意图。正如 Wintershall v. Argentina 案仲裁庭在裁决中专门论证了阿根廷—德国 BIT 第 10 条第 2 款(附期限当地救济要求)中使用"应该"这一强制性术语的重要意义。① 若意图使附期限当地救济要求构成管辖的前提条件,就应该使用强制性术语,如"应、应该、必须"(should、shall)等,而不用非强制性术语,如"可以"(may)。还有一个措辞问题并未引起关注,有必要在未来 IIA 签署或修订过程中予以强调。现有生效的 IIA 中要求投资者用尽缔约方当地行政复议程序时,绝大多数使用的术语是"可以",只有少部分 IIA 使用了"应当""应"这样表明强制性的术语,如中国—加拿大 BIT(第 3 部分第 21 条的附录)和中国—土耳其 BIT 第 9 条,这表明提交国内行政复议不仅仅是一个程序步骤,更是构成管辖权的条件。

---

① Wintershall v. Argentina,ICSID Case No ARB/04/14,Award,8 Dec 2008,paras.119-122.

二、中国 **IIA** 中国家责任构成要件条款的修正

中国 IIA 可以规定特别归因规则，并就行为要件所涉及的 IIA 具体义务条款进行修正。

(一)特别归因规则的修正

虽然可以从政府管理模式和能力方面进行自我完善，以应对仲裁庭适用"功能"和"控制"标准对非国家机关实体进行归因判断。也可以依据"特别法优先原则"来排除国际习惯法的适用，给东道国留下一定的空间。这一点可以借鉴 NAFTA 的做法——NAFTA 第 15 章专门监管垄断和国有企业的归因问题，从而排除国家责任法上一般归因规则对 NAFTA 第 11 章的适用。

(二)IIA 实体义务条款的修正

就 IIA 实体义务条款的修正比较关键的是 FET 条款和保护伞条款。

1.FET 条款

基于 FET 本身概念含义模糊以及 ISDS 仲裁中仲裁庭扩大解释的问题，IIA 完全有必要对这一概念进行一定程度的明确，以此限制仲裁庭的自由裁量权，也尽可能确定缔约国的义务范围。2008 年起中国签订的 IIA(如中国—新西兰 FTA、中国—乍得 BIT、中国—乌兹别克斯坦 BIT、中国—坦桑尼亚 BIT、中国—韩国 FTA)已经作出了积极的回应，如限定 FET 解释的依据是东道国法律和国民待遇标准，而非国际最低待遇标准，列举违反 FET 义务的措施类型、违反其他 IIA 义务不构成违反 FET 义务等。[①] 但这些新的修订并不统一，且仍有改进之处。

2016 年 10 月 30 日签署的《欧盟—加拿大全面经济贸易协定》(European Union-Canada Comprehensive Economic and Trade Agreement)第 8 章"投资"第 10 条就 FET 问题作出了更加精确化处理的规定。第 10 条第 2 款规定，缔约国采取的一项或一系列措施在以下六种情形中构成对第 1 款 FET 义

---

① 《区域全面经济伙伴关系协定》第 10 章附件 1 对于给予 FET 以及充分保护和安全的"习惯国际法"上外国人最低待遇标准的解释是，包括与外国人待遇有关的习惯国际法最低待遇标准，是源于各国对法律义务的遵循而产生的普遍和一致的实践。

务的违反,^①第 10 条第 3 款和第 4 款还明确规定了联合委员会有权确定 FET 义务的内容,并建议仲裁庭考虑缔约国是否给投资者创造合理期待却又使该期待落空的情形。^② 相较于晚近 IIA 对 FET 条款已进行的严格和具体限定的做法,欧盟这种更精细化的立法方式更有利于减少对 FET 条款的混乱解释。^③

因此,在进一步统一中国已有 IIA 对 FET 作出的最新限定解释的基础上,可以考虑借鉴《欧盟—加拿大全面经济贸易协定》的做法,明确缔约方对 FET 义务解释的决定权,对仲裁庭审查权的限制等。

2.保护伞条款

为了防范或限制仲裁庭对保护伞条款进行扩大解释,在保护伞条款中应避免使用宽泛措辞,将争端提交范围明确限定为条约的哪些具体条款义务,或至少使用"与本协定义务有关的投资争端"这样的表述。中国—加拿大 BIT 第 20 条有关 ISDS 条款的规定值得推广,该条款明确违反条约第 2 条至第 7 条第 2 款(有关投资待遇和高管人员)、第 9 条(业绩要求)、第 10 条至第 13 条(征收补偿、转移、代位)、第 14 条第 4 款(构成征收的税收措施),或第 16 条(拒绝授予利益)所规定的义务可以提交仲裁,这也就意味着,对于东道国与投资者间的合同违约争端,只有东道国行为同时违反了 IIA 相关义务的情形下,才可提交 ISDS 仲裁,纯合同争端是不可提交的。

---

① 六种情形包括:(1)在刑事、民事或行政程序中拒绝司法;(2)在司法和行政程序中根本违反正当程序;(3)明显的武断;(4)基于明显错误理由的歧视,如性别、种族或宗教信仰;(5)虐待投资者,如胁迫和骚扰;(6)违反缔约双方根据本条第 3 款所采取的有关 FET 义务的任何其他要素。第 10 条第 3 款规定:缔约双方应当定期或者应一缔约方的要求,审查提供 FET 义务的内容。根据第 26.2.1(b)条设立的服务和投资委员会(专业委员会),可能会在这方面提出建议,并将建议提交给 CETA 联合委员会作出决定。

② 第 10 条第 4 款规定:建议仲裁庭在适用 FET 义务时要考虑一缔约方是否向投资者作出特定陈述以吸引投资,从而创造一个合理期待,在投资者依此期待作出投资决定或维持投资的决定后,缔约国又使该期待落空。

③ 但有观点认为,FET 含义的模糊性利于灵活解释,有助于更好地达到中国现有 IIA 兼顾保护海外投资者利益的目的。《国际经济法法学》编写组.国际经济法学[M]. 2 版. 北京:高等教育出版社,2019:258.

三、中国 **IIA** 中例外条款的修正

ISDS 仲裁实践表明，例外条款要想发挥其应有的作用与价值，必须进行更加明确的规定，包括例外条款的性质、适用条件以及法律后果等，以限制仲裁庭的自由裁量权。

(一)例外条款的性质选择

根本安全例外条款应强调其自裁决性质，即加上"其认为必要"的措辞，东道国由此可拥有较大的自由裁量权，且有效排除仲裁庭的实质审查。

(二)例外条款的适用条件设计

1.义务例外的适用范围

中国正处在身兼资本输入国和输出国双重身份的巨大转变当中，既有维护本国国家主权及公共利益的需求，又有保护海外投资的需求，采用"原则上不适用，例外适用"的一般例外模式更加合适。因为它给了缔约国更大的主动权，将一些事项的条约义务限定在可以接受的范围之内，也适当地兼顾投资者的利益保护。

我国应该尽可能地改变现有 IIA 中例外条款模式规定混乱、不统一的现状。根本安全例外、公共利益例外、税收例外、金融审慎措施例外这些都应当设置为一般例外模式。例如，税收例外条款用肯定清单的一般例外模式设置，允许少数条约条款可适用于税收事项，结合本国与缔约相对方的具体情况相应地扩大或缩小其范围。用肯定清单例外的方式让条约义务处于明确的状态，又对东道国行使权力施以一定限制，更好地平衡投资者和国家间的利益。

2.适用条件的分类设计

基于例外条款有多种类型，需要根据不同类型设计有所区别的细节条件，以更好地实现各自例外条款的不同政策目的。

(1)联系要求的区分使用

针对不同类型的例外条款，应通过措辞的区分来表明措施与政策目标之间正当性联系的紧密度。对根本安全例外、公共利益例外，可以采用"必要的"(necessary for/to)这样表现紧密联系的措辞显示较高的适用门槛。其他例外条款可采用相对宽松的术语表明较低的适用门槛，如"为"(for)或者"相关"(related to)。这样有所区分的措辞，也为不同类型例外的措施实施的正当性测试区分不同的条件。

（2）恰当明晰相关概念

中国—加拿大 BIT 将根本安全例外措施限定在与军事、核能、紧急状态以及维护国际和平与安全有关的极窄范围内。这一规定就比中国—芬兰 BIT 中将根本安全利益限制在战争、武装冲突或其他国际关系紧急状态下的规定更合理。紧急状态没有将经济危机排除在外，留有一定的空间。

（3）区分不同类型例外的实施条件

税收和金融审慎措施问题相较于一般 IIA 义务，一是更关涉国家主权，二是属于更为复杂而专业的问题，要判断这些措施是否必要和是否过当，应更加尊重一国相关当局的自我裁量。例如，中国—加拿大 BIT 第 20 条第 1 款就金融审慎措施例外明确规定"……仲裁庭不得就上述条款能否以及在何程度上对投资者的诉请构成有效抗辩进行裁定"①。

有必要针对涉及税收和金融审慎措施的争端解决设置专门的审查程序，统一规制详尽而严谨的"否决机制"，对东道国和投资者均有裨益。在程序方面，可以规定税务机关、金融部门的积极作用，对税收问题的前置审查权，将争议措施是否属于税收措施、投资争端是否涉及税收问题、引发争议的税收措施是否构成征收等问题交由缔约双方税收、金融当局联合裁定，裁定解释对仲裁庭具有约束力，或规定缔约双方当局有权以法庭之友介入相关争端；还可以要求投资者必须履行用尽当地救济的义务。

（4）明确自裁决性质例外的审查标准

针对 IIA 自裁决性质的根本安全例外条款，可以明确规定仲裁庭只能适用善意原则审查标准以尊重国家主权，而针对非自裁决性质的其他例外条款，也应力主适用公法裁决审查标准。

（三）明确援引例外条款的法律后果

可在 IIA 中明确规定，若援引例外条款成功，可以免除东道国的赔偿责任，但仅限于例外条款中所涉及的事件发生期间，这能在很大程度上防止国际仲裁庭作出矛盾的裁决。

---

① 中国—加拿大 BIT 第 20 条还将缔约国间仲裁作为投资者将有关金融审慎措施争议提交 ISDS 仲裁的先决条件，第 20 条第 2 款和第 3 款规定，当投资者与东道国就金融审慎措施发生争议时，应先由投资者母国与东道国金融服务主管部门进行磋商，如未达成共识，则提交国家与国家间仲裁庭，仲裁员应均为金融专家，"国家与国家间仲裁庭的裁定应转交至投资者与国家间仲裁庭，并对投资者与国家间仲裁庭具有约束力"。

四、中国 IIA 中国家责任救济条款的修正

鉴于 ISDS 实践，投资者有关国家责任救济的选择主要是金钱赔偿这一形式，因此，IIA 有必要对有关赔偿的问题进行更加系统的修正。

（一）增加责任救济的一般原则规定

可以概括性规定违反 IIA 义务的法律后果是要承担"充分赔偿"责任的一般原则，这样将原有的责任救济的对象从合法征收行为扩大到所有的违反 IIA 义务的行为，弥补无法可依之遗憾。

（二）具体细化赔偿内容

从现有的 IIA 条款规定情况来看，补偿标准是"合理"还是"充分"并不是最关键的，因为都是以被征收投资的"公平市场价值"为准。因此，关键在于具体的补偿数额的估算方法，即确定"公平市场价值"的方法。这个问题由于条约没有更为详细的规定，只能从 ISDS 仲裁实践中予以把握。

对我国而言，我们应该避免仲裁庭采取现金流量贴现方法估价"持续经营企业"来计算赔偿数额，避免漫天要价。①

（三）增加赔偿估算限制之规定

直接规定因果关系、禁止双重赔偿、受害方促成损害、减轻损害义务、IIA 例外条款和国家非投资条约义务等因素作为估算赔偿数额的限制因素；还可以规定排除惩罚性或精神损害赔偿的可追偿性，或规定确保赔偿数额与国家发展水平相称。②

---

① 徐崇利.外资征收中的补偿额估算［C］//陈安.国际经济法学刊.北京：北京大学出版社，2006，13（1）：102.2023 年《世界投资报告》在促进可持续能源投资的国际投资协定工具箱中澄清有关损害赔偿规定时有提到，各国可能希望将迅速发展的能源环境中的补偿限于沉没成本，而不是根据预计的未来现金流量进行估值。UNCTAD. World Investment Report 2023：Investing in sustainable energy for all［M］. New York and Geneva：United Nations Publications，2023：95.

② UNCTAD. Investment Policy Framework for Sustainable Development［M］. New York and Geneva：United Nations Publications，2015：109.

本章小结

　　法的最高任务就是平衡利益,国际投资法制也不能例外,应合理地体现利益平衡原则。东道国需要寻求一种微妙和复杂的平衡:一方面利用 IIA 吸引外国直接投资,另一方面保留追求国家发展目标所需要的灵活性。投资政策是一国整体发展战略的一个组成部分,是与一国经济、政治及其他政策一起作用,追求一种更好、更平衡和可持续的资源分配。而这就需要给国家采取投资政策和管理保留一定的空间和灵活度。

　　2015 年《世界投资报告》中提到的五大改革领域之一是为推行可持续发展目标保障监管权。由于 IIA 能限制缔约方在国内决策方面的主权,因此,IIA 改革必须确保这种限制不过度制约合法的公共决策和追求可持续发展目标。UNCTAD 陆续发布《可持续发展投资政策框架》(2015)、《国际投资制度一揽子改革方案》(2018)和《国际投资改革加速器》(2020),进一步厘清新一代 IIA 的目标、内涵以及改革关键的 IIA 条款,为各国改革 IIA 提供了具体详细的指导,这些建议也陆续被各国采纳。仲裁庭无视 IIA 文本及缔约国意图的做法会产生寒噤效果,会让国家不再愿意签署 BIT 文件并将争端提交 ISDS 仲裁,而 UNCTAD 的建议中也包括取消 ISDS 机制,也已经有众多国家在新签订的 IIA 中取消了 ISDS 机制。

　　中国 IIA 对外资保护的态度历经谨慎、自由化、限制的变化,也算是紧跟国际投资法的总体发展趋势和改革浪潮。进一步完善和界定 IIA 的保护标准(如 FET、间接征收、最惠国待遇等)以及加强"安全阀"——普及、增补例外条款(如国家根本安全利益、公共利益、税收、金融审慎例外),厘清"投资"和"投资者"定义以及普及拒绝授惠条款,引入限制 ISDS 仲裁的当地救济规则,将 MFN 条款的适用范围限制在实体义务上,同时可以增加投资者责任条款。还可以借鉴 NAFTA 自由贸易委员会①这一机制,建立缔约国条约解释的强制性机制,从而对仲裁庭解释 IIA 相关条款进行指导和限制,对主权国家而言,这种模式是最为灵活和主动的,也易起到拾遗补漏的作用。限制国家责任,为政府采取符合国家发展目标所必需的措施保留必要空间,平衡国家与投资者利益。

---

　　①　该委员会最具影响力的行为就是 2001 年对有关 FET 的含义作出解释声明。

结　论

　　无论是国际投资法实体规则所呈现的国家单方面承担义务而无相应的权利,还是程序规则上借用私法领域的商事仲裁机制而设立 ISDS 机制,无一不凸显国际投资法制与一般国际公法领域法制的不同与特殊性。然而,国际投资法及 ISDS 的公法属性不可磨灭,这从其最初产生就具有南北矛盾的烙印可见一斑。ISDS 仲裁被形象地称为国际的"民告官",ISDS 机制实际上是国际仲裁庭对东道国行为进行审查并追究东道国责任的机制,明显具有公法审判的性质。ISDS 案件中争端各方及仲裁庭援引适用国家责任法的情形不断增多,也证明,作为国际法大家庭中的一员,国际投资法这个特别法的发展,不能完全脱离国际法一般法的影响和适用。

　　ISDS 案件中,涉及东道国的国家责任的判定,会涉及国家责任法中四个方面问题。首先,就国家责任的援引条件问题(在 ISDS 仲裁中体现为管辖权确定问题),IIA 的相关援引规则较国家责任法有了较大改变,"投资者"取代"受害国"获得援引责任的主体资格,且因"投资"定义与"国籍"确定标准而大大扩张了投资者作为申请人的范围,国籍持续和国籍真实联系原则以及用尽当地救济规则在 IIA 中被弱化或抛弃,国家责任法上的相关规则是否还可援引以及如何解释,IIA 中已有的一些限制性修改(如投资者定义和拒绝授惠条款及 MFN 适用范围条款)又存在哪些问题? 其次,就国家责任的构成要件问题,就"归因"要件的判定,旧式 IIA 几乎没有规定专门的归因条款,晚近虽有一些 IIA 有关于归因规则的特殊规定,但是否属于可排除国家法的特别法也存在争议。而就"行为"要件的判定,往往涉及 IIA 具体待遇标准义务的解释问题,这些问题涉及的实体义务规则更加复杂。再次,就国家责任的免除问题,主要是源于阿根廷系列案的矛盾裁决引发的重大关切。IIA 例外条款与国家责任法之间的关系如何? 如何判定相关 ISDS 案件中例外条款的适用条件? 援引示例条款的法律后果是否仍需赔偿？这些问题也需要厘清。最后，就国家责任的救济问题，在 ISDS 中主要涉及赔偿问题，但 IIA 就赔偿标准及限制的规定都有欠缺，国家责任法上的赔偿及限制规则要如何适用于 ISDS 案件也是值得思考的问题。现有 ISDS 仲裁实践显示，仲裁庭对国家责任法的认知还不够全面和深刻，对其适用显混乱，出现众多矛盾的裁判结果。

IIA 范式的先天失衡（传统 IIA 范式只专注保护投资者利益，只让东道国单方面承担义务，投资者并未承担对等的义务[①]），加上 ISDS 机制的先天缺陷（完全借用商事仲裁机制来对具有公法性质的 ISDS 案件进行裁判），最终爆发了 ISDS 机制"正当性危机"。可以说，国际投资法制已处在十字路口，亟须进行改革。国际社会在探讨 ISDS 机制改革的同时，也深刻意识到，ISDS 机制属于程序领域，是"标"，治"标"还需治"本"，而这个"本"正是 IIA 体制。国际投资法制要实现可持续发展，ISDS 机制与 IIA 体制必须同时进行改革，要实现投资者权利与义务的平衡以及东道国政策空间、公共利益与投资者利益的平衡。

这场 IIA 范式或体制的改革，让人们重新审视国际投资法与国际法的关系，思考国际投资法这个"特别法"对一般国际法（特别是国际公法规则）的援引适用问题，思考国际投资法中公法规则的增添及平衡问题。因此，有必要更好地了解国家责任法的性质、地位与 IIA 的关系，熟悉编纂历史和相关草案文本是仲裁庭更好适用国家责任法的出发点。还应特别注意国家责任法中"特别法优先原则"，如果 IIA 中存在特殊的国家责任规则，则可排除习惯法的适用。[②] 这一原则将为我们提供一个有用的基准，若想改革 IIA 的具体相关国家责任规则，必须用详细、明确的措辞，表达强烈的排除国家责任法的意图，才能保证 IIA 这个特殊法在具体的 ISDS 仲裁中得到更好的适用。

UNCTAD 在 2012 年《世界投资报告》中制订了《可持续发展投资政策框架》，对于 IIA 范式的改革提出了框架建议。主要包括：增加可持续发展目的，平衡东道国、投资者及投资利益相关者的权益，增加投资者的义务，限

[①]　DOLZER R, SCHREUER C. Principles of International Investment Law[M]. 2nd ed. Oxford: Oxford University Press, 2012:20-21.

[②]　国家责任法将特别法区分为"强""弱"形式且只有"强"的特别法才可以排除习惯法，这也是 IIA 规定特殊规则时需要注意的地方。

定国家责任的范围等,从而保证国家必要的治理政策空间。2015 年UNCTAD 对《可持续发展投资政策框架》进行了更新,2015 年《世界投资报告》提出了包括六项指导方针、五个改革领域和四个层面决策的行动选项在内的 IIA 改革路线图。2018 年 UNCTAD 发布的《国际投资制度一揽子改革方案》,提出改革的三个阶段:迈向新一代 IIA、使现有存量 IIA 现代化和提高投资政策的一致性和协同作用。2020 年 UNCTAD 发布《国际投资改革加速器》,对在 ISDS 案件中最常援引的、最需要改革的 8 项 IIA 关键条款提出了改革建议,这些具体详细的备选建议方案可以用于解释、修正或取代旧条约。

虽然已有许多国家签署新的 IIA 都体现出 UNCTAD 的这些保证国家政策空间、限制国家责任的可持续发展改革方案,但现有 ISDS 案件所依据的 IIA 仍是旧范式 IIA,这也意味着,ISDS 仲裁庭对于旧范式 IIA 的解释仍极为重要,值得关注,仲裁庭是否会参考国家责任法上有关限制国家责任的规则作合理解释,抑或遵循 UNCTAD 对 IIA 可持续发展改革的建议方案?就改革处理旧一代存量 IIA 来说,仍面临着许多挑战。

中国 IIA 历经四代发展,从第一、二代的保守限制到第三代的自由化高标准,再到第四代的平衡化发展。在现有 IIA 范式可持续发展改革的大背景下,更有必要重新设置相应的“安全阀”,限制相关实体义务条款,平衡投资者和东道国的权利义务。从援引条件、构成要件、免责事项和责任救济四个方面进行 IIA 国家责任限制的条款设计。具体包括:(1)厘清“投资”和“投资者”定义,普及拒绝授惠条款,引入提交 ISDS 仲裁的当地救济限制条件,限制 MFN 条款的适用范围。(2)设立特殊归因规则为国有企业问题留足一定空间,尽可能明晰限制 IIA 保护标准义务(特别如 FET 条款和保护伞条款)的具体内容。(3)完善国家根本安全利益、公共利益、税收、金融审慎等例外条款。(4)增加责任救济的一般性原则规定,具体细化赔偿标准和赔偿限制规定。提升 IIA 文本的精确度,达到明确表达缔约国限制国家责任的意图,限制仲裁庭的自由裁量权,为政府保留必要的政策空间,完成 IIA 的可持续发展改革。

参考文献

一、著作

(一)中文著作(包括译著)

[1]《国际经济法学》编写组. 国际经济法学[M]. 2 版. 北京:高等教育出版社,2019.

[2]白桂梅. 国际法[M]. 2 版. 北京:北京大学出版社,2010.

[3]蔡从燕. 私人结构性参与多边贸易体制[M]. 北京:北京大学出版社,2007.

[4]陈安. 国际投资法的新发展与中国双边投资条约的新实践[M]. 上海:复旦大学出版社,2007.

[5]程晓霞,余民才. 国际法[M]. 5 版. 北京:中国人民大学出版社,2015.

[6]单文华. 欧盟对华投资的法律框架:解构与建构[M]. 蔡从燕,译. 北京:北京大学出版社,2007.

[7]国际法委员会. 2001 年国际法委员会年鉴(第 2 卷第 2 部分)(A/56/10)[R]. 纽约:联合国,2001.

[8]国际法委员会. 2006 年国际法委员会年鉴(第 2 卷第 2 部分)(A/61/10)[R]. 纽约:联合国,2006.

[9]韩秀丽. 中国海外投资的环境保护问题研究[M]. 北京:法律出版社,2013.

[10]贺其治. 国家责任习惯法及案例浅析[M]. 北京:法律出版社,2003.

[11]邵津. 国际法[M]. 2 版. 北京:北京大学出版社,2005.

[12]石慧. 投资条约仲裁机制的批判与重构[M]. 北京:法律出版社,2008.

[13] 王贵国. 世界贸易组织法[M]. 北京:法律出版社,2003.

[14] 王铁崖. 国际法[M]. 北京：法律出版社,1995.

[15] 杨泽伟. 国际法析论[M]. 3 版. 北京：中国人民大学出版社,2012.

[16] 曾华群. 国际经济新秩序与国际经济法的新发展[M]. 北京:法律出版社,2009.

[17] 张庆麟. 公共利益视野下的国际投资协定新发展[M]. 北京:中国社会科学出版社,2014.

[18] 郑斌.国际法院与法庭适用的一般原则[M]. 韩秀丽,蔡从燕,译. 北京:法律出版社 ,2012.

[19]尤瓦·沙尼. 国际法院与法庭的竞合管辖权[M]. 韩秀丽,译.北京:法律出版社,2012.

[20] 何塞·E.阿尔瓦雷斯. 作为造法者的国际组织[M]. 蔡从燕,译. 北京:法律出版社, 2011.

[21]路易斯·亨金. 国际法:政治与价值[M]. 张乃根,等译.北京:中国政法大学出版社,2005.

[22]约翰·H. 杰克逊. 国家主权与 WTO——变化中的国际法基础[M]. 赵龙跃,等译. 北京：社会科学文献出版社, 2009.

[23]安东尼奥·卡塞斯. 国际法[M]. 蔡从燕,等译. 北京：法律出版社, 2009.

(二)英文著作(包括论文集)

[1]ALVAREZ E J, SAUVANT P K, AHMED G K, VIZCAINO P G. The Evolving International Investment Regime：Expectations, Realities, Options [M]. New York：Oxford University Press,2011.

[2]ALVAREZ E J. The Public International Law Regime Governing International Investment[M]. Martinus Nijhoff Publishers / Brill Academic,2011.

[3]BISHOP R, CRAWFORD J, REISMAN W. Foreign Investment Disputes：Cases, Materials and Commentary[M]. Hague：Kluwer Law International, 2005.

[4]DOUGLAS Z. The International Law of Investment Claims[M]. Cambridge：Cambridge University Press，2009.

[5]DOLZER R, SCHREUER C. Principles of International Investment Law[M].2nd ed. Oxford: Oxford University Press, 2012.

[6]EVANS M. International Law[M]. 2nd ed. Oxford: Oxford University Press, 2006.

[7]GALLAGHER N, SHAN W H. Chinese Investment Treaties: Policies and Practice[M]. New York: Oxford University Press, 2009.

[8]HARTEN V G. Investment Treaty Arbitration and Public Law [M]. New York: Oxford University Press, 2007.

[9] MONTT S. State Liability in Investment Treaty Arbitration: Global Constitutional and Administrative Law in the BIT Generation[M]. Portland: Hart Publishing, 2009.

[10]ORTINO F, HUGO W, SHEPPARD A, LIBERTI L. Investment treaty law: current issues I[C]. London: British Institute of International and Comparative Law, 2006.

[11]SABAHI B. Compensation and Restitution in Investor-State Arbitration: Principles and Practice [M]. New York: Oxford University Press, 2011.

[12]SASSON M. Substantive Law in Investment Treaty Arbitration: The Unsettled Relationship Between International Law and Municipal Law [M]. Hague: Kluwer Law International, 2010.

[13]SCHILL W S. International Investment Law and Comparative Public Law[C]. New York: Oxford University Press, 2010.

[14] SCHILL W S. The Multilateralization of International Investment Law[M]. Cambridge: Cambridge University Press, 2009.

[15]SCHREUER H C. The ICSID Convention: A Commentary[M]. 2nd ed. Cambridge: Cambridge University Press, 2009.

[16] SHAW N M. International Law [M]. 6th ed. Cambridge University Press, 2008.

[17] SORNARAJAH M. The International Law on Foreign Investment[M].2nd ed. Cambridge: Cambridge University Press,2004.

[18]SORNARAJAH M. The Settlement of Foreign Investment Disputes[M] Hague: Kluwer Law International, 2000.

[19]SUBEDI P S. International Investment Law：Reconciling Policy and Principle［M］. Oxford：Hart Publishing，2008.

[20]TUDOR I.The Fair and Equitable Treatment Standard in the International Law of Foreign Investment［M］. Oxford：Oxford University Press，2008.

[21]WAIBEL M，KAUSHA A，CHUNG L K H，BALCHIN C.The Backlash against Investment Arbitration：Perceptions and Reality，Hague：Kluwer Law International，2010.

二、论文
(一)中文论文

[1]安佰. WTO"必要性测试"规则探析[J]. 财经法学，2015(2).

[2]本尼迪克特·金斯伯里,斯蒂芬·希尔. 作为治理形式的国际投资仲裁：公平与公正待遇、比例原则与新兴的全球行政法[C]//李书健，等译. 陈安.国际经济法学刊.北京：北京大学出版社，2011,18(2).

[3]蔡从燕. 风险社会与国际争端解决机制的解构与重构[J]. 法律科学(西北政法大学学报)，2008(1).

[4]蔡从燕. 国际法的财产权逻辑[J]. 法律科学(西北政法大学学报). 2011(1).

[5]蔡从燕. 国际投资协定实践中的税收措施问题[C]//黄进.武大国际法评论.武汉:武汉大学出版社，2010,13(2).

[6]蔡从燕. 国际投资仲裁的商事化与"去商事化"[J]. 现代法学,2011(1).

[7]蔡从燕. 效果标准与目的标准之争:间接征收认定的新发展[J]. 西南政法大学学报，2006，8(6).

[8]陈安,谷婀娜."南北矛盾视角"应当"摒弃"吗:聚焦"中—加 2012 BIT"[J]. 现代法学，2013(2).

[9]陈安. 中外双边投资协定中的四大"安全阀"不宜贸然拆除:美、加型 BITs 谈判范本关键性"争端解决"条款剖析[C]//陈安.国际经济法学刊. 北京：北京大学出版社，2006,13(1).

[10]陈安.区分两类国家,实行差别互惠:再论 ICSID 体制赋予中国的四大"安全阀"不宜贸然全面拆除[C]//陈安.国际经济法学刊. 北京：北京

大学出版社,2007,14(3).

[11]陈丹艳.国际投资条约中的间接征收:理论与实践的新发展(硕士学位论文)[D].厦门:厦门大学,2006.

[12]陈丹艳.论"国籍真实联系"标准在国际投资法实践的适用[C]//陈安.国际经济法学刊.北京:北京大学出版社,2015,22(2).

[13]陈丹艳.附期限当地救济条款的解释新路径阐析[J].武大国际法评论,2017(2).

[14]陈丹艳.霍茹夫工厂案充分赔偿标准在国际投资仲裁中的适用与限制[J].武大国际法评论,2020(1).

[15]陈欣.论国际投资条约中的金融审慎例外安排[J].现代法学,2013(4).

[16]单文华,张生.美国投资条约新范本及其可接受性问题研究[J].现代法学,2013(5).

[17]单文华.诺拉·伽拉赫.和谐世界理念和中国 BIT 范本建设:一个"和谐 BIT 范本"建议案[C]//陈虹睿,王朝恩,译.陈安.国际经济法学刊.北京:北京大学出版社,2010,17(1).

[18]单文华,王璐.美国 2012 年 BIT 范本中的投资定义条款及中国的对策研究[C]// 陈安.国际经济法学刊.北京:北京大学出版社,2013,20(3).

[19]单文华.卡尔沃主义的"死亡"与"再生":晚近拉美国家对国际投资立法的态度转变及其对我国的启示[C]//陈安.国际经济法学刊.北京:北京大学出版社,2006,13(1).

[20]高云龙.国家责任上的"危急情况"原则与国际人权公约的克减条款[C]//北大国际法与比较法评论.北京:北京大学出版社,2004,3(1).

[21]韩秀丽.论比例原则在有关征收的国际投资仲裁中的开创性适用[J].甘肃政法学院学报,2008(6).

[22]韩秀丽.论国际投资协定中的"根本安全利益"与"公共目的"[J].现代法学,2010(3).

[23]韩秀丽.双边投资协定中的自裁决条款研究:由"森普拉能源公司撤销案"引发的思考[J].法商研究,2011(2).

[24]韩秀丽.寻找 WTO 法中的比例原则[J].现代法学,27 (4).

[25]黄惠康.国际法委员会的工作与国际法的编纂与发展[J].湖南师

范大学社会科学学报，1998(6).

[26]黄涧秋.论外交保护中的用尽当地救济规则:兼评2006年联合国《外交保护条款草案》[J].江南大学学报(人文社会科学版)，2008，7(5).

[27]黄世席.国际投资仲裁中的挑选条约问题[J].法学，2014(1).

[28]李凤琴.论裁量余地原则在国际投资仲裁中的运用[J].西部法学评论，2012(6).

[29]李庆灵.国际投资协定框架下的税收问题研究[J].税务与经济，2012(1).

[30]李庆灵.国际投资协定中的税收条款研究[C]//陈安.国际经济法学刊.北京:北京大学出版社，2011，18(2).

[31]李洋桦.东道国当地救济规则在ICSID仲裁领域的运用研究:兼论中国双边投资条约的应对策略[J].法律科学(西北政法大学学报)，2015(3).

[32]李尊然.国际投资仲裁中的损害赔偿与计算模式及其启示[J].学术交流，2015(1).

[33]梁丹妮.论双边投资协定中的不排除措施条款:以ICSID专门委员会撤销Sempra案与Enron案裁决为视角[J].西北大学学报(哲学社会科学版).2011，41(5).

[34]梁丹妮.国际投资条约最惠国待遇条款适用问题研究:以"伊佳兰公司诉中国案"为中心的分析[J].法商研究，2012(2).

[35]梁丹妮.国际投资协定一般例外条款研究:与WTO共同但有区别的司法经验[J].法学评论，2014(1).

[36]梁丹妮.论国籍继续原则在国际投资争端仲裁中的适用:以洛文诉美国案为起点[J].西北大学学报(哲学社会科学版)，2009(5).

[37]梁军.议国际投资争端中的国家责任及其归因:以Emilio Agustin Maffezini V. The Kingdom of Spain案件为例[J].理论导刊，2008(6).

[38]林笑霞.国际投资仲裁中危急情况的适用:以阿根廷所涉国际投资仲裁为例[C]//陈安.国际经济法学刊.北京:北京大学出版社，2009，16(3).

[39]刘京莲.国际投资条约根本安全例外条款研究[C]//陈安.国际经济法学刊.北京:北京大学出版社，2010，17(1).

[40]刘京莲.国际投资仲裁正当性危机之仲裁员独立性研究[J].河北

法学,2011(9).

[41]刘笋.国际法的人本化趋势与国际投资法的革新[J].法学研究,2011(4).

[42]刘笋.国际投资仲裁引发的若干危机及应对之策述评[J].法学研究,2008(6).

[43]马迅.国际投资条约中的"利益拒绝"条款研究[J].中国海洋大学学报(社会科学版),2013(1).

[44]彭岳.例外与原则之间:金融服务中的审慎措施争议[J].法商研究,2011,(3).

[45]漆彤.论国际投资协定中的利益拒绝条款[J].政治与法律,2012(9).

[46]石静遐.用尽当地救济规则与国际投资争议的解决[C]//国际经济法论丛.北京:法律出版社,1999(2).

[47]孙世彦.欧洲人权制度中的"自由判断余地原则'述评[J].环球法律评论,2005(3).

[48]王贵国.从 Saipem 案看国际投资法的问题与走势[J].中国政法大学学报,2011(2).

[49]王楠.危急情况之习惯国际法与投资条约中的不排除措施条款:兼论 CMS 案和 LG & E 案[J].比较法研究,2010,24 (1).

[50]温先涛.《中国投资保护协定范本》(草案)论稿(一)[C]//陈安.国际经济法学刊.北京:北京大学出版社,2011,18(4).

[51]温先涛.《中国投资保护协定范本》(草案)论稿(二)[C]//陈安.国际经济法学刊.北京:北京大学出版社,2012,19(1).

[52]温先涛.《中国投资保护协定范本》(草案)论稿(三)[C]//陈安.国际经济法学刊.北京:北京大学出版社,2012,19(2).

[53]温先涛.孰南?孰北?妥协还是共识?:评中国—加拿大投资保护协定[C]// 曾令良.武大国际法评论.武汉:武汉大学出版社,2014,16(2).

[54]徐崇利."保护伞条款"的适用范围之争与我国的对策[J].华东政法大学学报,2008(4).

[55]徐崇利.从实体到程序:最惠国待遇适用范围之争[J].法商研究,2007(2).

[56]徐崇利.公平与公正待遇:真义之解读[J].法商研究.2010(3).

[57]徐崇利.公平与公正待遇标准:国际投资法中的"帝王条款"？[J].现代法学,2008,30(5).

[58]徐崇利.外资征收中的补偿额估算[C]//陈安.国际经济法学刊.北京:北京大学出版社,2006,13(1).

[59]徐崇利.晚近国际投资争端解决实践之评判:"全球治理"理论的引入[J].法学家,2010(3).

[60]徐树.国际投资仲裁中投资者的"条约选购"问题研究[C]// 陈安.国际经济法学刊.北京:北京大学出版社,2013,20(2).

[61]徐昕.区域贸易协定中的金融审慎例外条款分析[J].上海对外经贸大学学报,2015(2).

[62]衣淑玲.国际投资仲裁上诉机制探析[J].甘肃社会科学.2007(6).

[63]衣淑玲.论国际投资中的国家责任问题[J].甘肃政法学院学报.2003(4).

[64]余劲松.国际投资协定仲裁中投资者与东道国权益保护平衡问题研究[J].中国法学.2011(2).

[65]余劲松.外资的公平与公正待遇问题研究:由 NAFTA 的实践产生的几点思考[J].法商研究.2005(6).

[66]曾华群."可持续发展的投资政策框架"与我国的对策[J].厦门大学学报(哲学社会科学版),2013(6).

[67]曾华群.论双边投资条约实践的"失衡"与革新[J].江西社会科学,2010(6).

[68]曾建知.国际投资条约一般例外条款研究:兼论我国的选择[C]//曾令良.武大国际法评论.武汉:武汉大学出版社,2015,18(1).

[69]曾建知.习惯国际法上的危急情况与国际投资条约一般例外条款之比较研究[J].国际经济法学刊,2018(1).

[70]曾炜.论 WTO 法中必要性检验的判断标准[J].政治与法律,2013(6)

[71]张磊.从国际直接投资的演变审视跨国公司国籍的成立地标准[J].现代经济探索,2013(3).

[72]张磊.论外交保护的国籍持续要求及其例外规则[J].复旦学报(社会科学版),2012(4).

[73]张金矜.论 IIA 中"国有企业行使政府授权"条款对国家责任范围

的限缩[J].国际经济法学刊,2021(4).

[74]张乃根.试析《国家责任条款》的"国际不法行为"[J].法学家,2007(3).

[75]张庆麟,张晓静.国际投资习惯规则发展状况分析:以双边投资条约为考察对象[J].法学评论,2009(5).

[76]张晓静.投资条约中的利益否决条款研究:由"艾美特公司诉乌克兰案"引发的思考[J].法商研究,2012(6).

[77]张志铭.欧洲人权法院判例法中的表达自由[J].外国法译评,2000(4).

[78]赵建文.国际法上的国家责任(博士学位论文)[D].北京:中国政法大学,2004.

[79]朱明新.国际投资法中间接征收的损害赔偿研究[C]//曾令良.武大国际法评论.武汉:武汉大学出版社,2012,15(1).

[80]朱明新.国际投资法中违反非征收投资条约义务的损害赔偿研究[J].甘肃政法学院学报,2012(3).

[81]朱明新.最惠国待遇条款适用投资争端解决程序的表象与实质:基于条约解释的视角[J].法商研究,2015(3).

(二)英文论文

[1]ACCONCI P. Requirements of Continuous Corporate Nationality and Customary International Rules on Foreign Investments[J]. Italian Y. B. Int'l L., 2004,14.

[2] ALVAREZ J. Contemporary Foreign Investment Law: An "Empire of Law" or the "Law of Empire"? [J]. Alabama Law Review, 2009, 60(4).

[3]ALVAREZ J. Kathryn Khamsi. The Argentine Crisis and Foreign Investors: A Glimpse into the Heart of the Investment Regime [J]. Yearbook on International Investment Law & Policy, 2009.

[4]ALVAREZ J. The Return of the State [J]. Minnesota Journal of International Law, 2011.

[5]BROWER N C, SCHILL W S. Is Arbitration a Threat or a Boon to the Legitimacy of International Investment Law? [J]. Chicago Journal of International Law, 2009.

[6]BURKE-WHITE W W,STADEN V A. Investment Protection in Extraordinary Times: The Interpretation and Application of Non-Precluded Measures Provisions in Bilateral Investment Treaties [J]. Virginia Journal of International Law, 2008, 48(2).

[7]BURKE-WHITE W W,STADEN V A. Private Litigation in a Public Law Sphere: The Standard of Review in Investor-State Arbitrations[J]. Yale Journal of International Law, 2010.

[8]BURKE-WHITE W W. The Argentine Financial Crisis: State Liability under BITs and the Legitimacy of the ICSID System[J]. Asian Journal of WTO & International Health Law and Policy, 2008(3).

[9]BURKE-WHITE W W, STADEN V A. The Need for Public Law Standards of Review in Investor-State Arbitrations[M]//SCHILL W S. International Investment Law and Comparative Public Law, New York: Oxford University Press, 2010.

[10]CABROL M D. The Imminent Death of the Calvo Clause and the Rebirth of the Calvo Principle: Equality of Foreign and National Investors [J]. Law & Policy in International Business, 1995(26).

[11]CHENG T H, TRISOTTO R. CASE COMMENT:Urbaser SA and others v. Argentine Republic and Teinver SA and others v. Argentine Republic, A Workaround to the Most-Favoured-Nation Clause Dispute [J]. ICSID Review, 2014, 29(2).

[12]CHENG T H, TRISOTTO R. Testing Urbaser's Approach to the Availability of Local Remedies: Urbaser S.A. and Consorcio de Aguas Bilbao Bizkaia Ur Partzuergoa v. Argentine Republic[J]. The Journal of World Investment and Trade, 2014(15).

[13]CHENG T H. Developing Narratives in International Investment Law[J]. Santa Clara Journal of International Law, 2011(9).

[14]CRAWFORD J. Investment Arbitration and the ILC Articles on State Responsibility[J]. ICSID Review, 2010, 25 (1).

[15]CRAWFORD J. Treaty and Contract in Investment Arbitration [J]. Arbitration International, 2008, 24(3).

[16]D'AGNONE G. Recourse to the "Futility Exception" within the

ICSID System: Reflections on Recent Developments of the Local Remedies Rule[J]. The Law and Practice of International Courts and Tribunals, 2013. 12(3).

[17] DUCHESNE S M. Continuous-Nationality-of-Claims Principle Its Historical Development and Current Relevance to Investor-State Investment Disputes[J]. George Washington International Law Review, 2004, 36(4).

[18] FRANCK D S. The Legitimacy Crisis in Investment Treaty Arbitration Privatizing Publlic International Law through Inconsistent Decisions[J]. Fordham Law Review, 2005, 73(4).

[19] GALLUS N. An Umbrella Just for Two? BIT Obligations Observance Clauses and the Parties to a Contract[J]. Arbitration International, 2008, 24(1).

[20] HAPP R. The Nykomb Case in the Light of Recent ICSID Jurisprudence[A]. in Clarisse Ribeiro(ed.). Investment Arbitration and the Energy Charter Treaty[C]. New York: JurisNet, 2006.

[21] HARTEN V G, LOUGHLIN M. Investment Treaty Arbitration as a Species of Global Administrative Law[J]. European Journal of International Law, 2006.

[22] JAGUSCH S, DUCLOS N. Compensation for the Breach of Relative Standards of Treaty Protection[J]. The Journal of World Investment & Trade, 2009(4).

[23] KURTZ J. The Paradoxical Treatment of the ILC Articles on State Responsibility in Investor-State Arbitration[J]. ICSID Review, 2010, 25 (1).

[24] LAHRA L.The Relevance of Non-Investment Treaty Obligation in Assessing Compensation[C]// DUPUY P M, PETERSMANN E U, FRANCIONI F. Human Rights in International Investment Arbitration, New York: Oxford University Press, 2009.

[25] LAUTERPACHT H. Restrictive Interpretation and the Principle of Effectiveness in the Interpretation of Treaties[J]. Brit. Y.B. Int'l L., 1949(26).

[26]LEE J L. Barcelona Traction in the 21st Century: Revisiting its Customary and Policy Underpinnings 35 Years Later[J]. Stanford Journal of International Law, 2006(42).

[27]MARBOE I. Compensation and Damages in International Law: The Limits of Fair Market Value[J], Journal of World Investment & Trade, 2006,7(5).

[28]MARTIN A. International Investment Disputes, Nationality and Corporate Veil: Some Insights from Tokios Tokelés and TSA Spectrum De Argentina [J]. Transnational Dispute Management, 2011, 8(1).

[29]MILLS A. Antinomies of public and private at the foundations of international investment law and arbitration[J]. Journal of International Economic Law, 2011.

[30]MISTELIS A L, BALTAG M C. Denial of Benefits and Article 17 of the Energy Charter Treaty[J]. Penn State Law Review, 2009.

[31]MOLOO R, KHACHATURIAN A. The Compliance with the Law Requirement in International Investment Law [J]. Fordham International Law Journal, 2011, 34(6).

[32]MOON J W. Essential Security Interests in International Investment Agreements[J]. Journal of International Economic Law, 2012, 15 (2).

[33]MUCHLINSKI P. Corporations and the Uses of Law: International Investment Arbitration as a "Multilateral Legal Order" [J]. Oñati Socio-Legal Series, 2011, 1 (4).

[34]SCHILL W S.Enhancing International Investment Law's Legitimacy: Conceptual and Methodological Foundations of a New Public Law Approach[J]. Virginia Journal of International Law, 2011, 52(1).

[35]SCHILL W S. Multilateralizing Investment Treaties Through Most-Favored-Nation Clauses[J]. Berkeley Journal of International Law, 2009, 27(2).

[36] SCHILL W S. Tearing Down the Great Wall: The New Generation Investment Treaties of the People's Republic of China[J]. Cardozo Journal of International and Comparative Law, 2007, 15.

［37］SCHNEIDERMAN D. Legitimacy and reflexivity in international investment arbitration: a new self-restraint? ［J］. Journal of International Dispute Settlement.2011,2(2).

［38］SCHREUER C. Calvo's Grandchildren: The Return of Local Remedies in Investment Arbitration［J］. Law & Prac. Int'l Cts. & Tribunals, 2005(4).

［39］SIDDIQUE S B. To What Extent Is the Law of State Responsibility Regarding Attribution Adequate? ［EB/OL］. https://ssrn.com/abstract= 2406287 or http://dx.doi.org/10.2139/ssrn.2406287, 2014-3-9/ 2015-6-25.

［40］SKINNER M, MILES A C, LUTTRELL S. Access and advantage in investor-state arbitration: The law and practice of treaty shopping［J］. Journal of World Energy Law & Business, 2010,3(3).

［41］SLOANE D R. On the Use and Abuse of Necessity in the Law of State Responsibility［J］. The American Journal of International Law, 2012, 106(3).

［42］SMUTNY C A. Some Observations on the Principles Relating to Compensation in the Investment Treaty Context［J］. ICSID Review, Foreign Investment Law Journal, 2007 (1).

［43］STEFANO D C. Attributing to Sovereigns the Conduct of State-Owned Enterprises: Towards Circumvention of the Accountability of States under International Investment Law［J］. ICSID Review, 2017, 32 (2).

［44］THORN R, DOUCLEFF J. Disregarding the Corporate Veil and Denial of Benefits Clauses: Testing Treaty Language and the Concept of "Investor"［C］// WAIBEL M, KAUSHA A, CHUNG L K H, BALCHIN C. The Backlash against Investment Arbitration: Perceptions and Reality,Hague: Kluwer Law International, 2010.

［45］VANDEVELDE K.. Rebalancing through Exceptions［J］. Lewis & Clark Law Review, 2013, 17(2).

［46］VOON T, MITCHELL A, MUNRO J. Legal Responses to Corporate Manoeuvring in International Investment Arbitration［J］. Journal of

International Dispute Settlement，2014，5(1).

[47] WALDE W T. Contract Claims Under the Energy Charter Treaty's Umbrella Clause：Original Intentions Versus Emerging Jurisprudence[C]//RIBEIRO C. Investment Arbitration and the Energy Charter Treaty，New York：JurisNet，2006.

[48]YOUROW C H.The Margin of Appreciation Doctrine in the Dynamics of the European Human Rights Jurisprudence[J]. Connecticut Journal of International Law，1987(3).

三、报告

[1]OECD. International Investment Law：Understanding Concepts and Tracking Innovations[M]. Paris：OECD Publishing，2008.

[2]UNCTAD. International Investment Agreements Reform Accelerator (2020) [M]. New York and Geneva：United Nations Publications，2020.

[3]UNCTAD. International Investment Policies and Public Health [M].New York and Geneva：United Nations Publications，2021.

[4]UNCTAD. Investment Policy Framework for Sustainable Development：Executive Summary (2015) [M]. New York and Geneva：United Nations Publications，2015.

[5]UNCTAD. Preserving Flexibility in IIA：the Use of Reservations [M]. New York and Geneva：United Nations Publications publication，2006.

[6]UNCTAD. Review of 2021 Investor-State Arbitration Decisions：Insights for IIA Reform[M]. New York and Geneva：United Nations Publications，2023.

[7]UNCTAD. Scope and Definition：UNCTAD Series on Issues in International Investment Agreements II[M]. New York and Geneva：United Nations Publications，2011.

[8]UNCTAD. Taking of Property[M]. New York and Geneva：United Nations Publications，2000.

[9]UNCTAD. The protection of national security in IIA[M]. New York and Geneva：United Nations Publications，2009.

[10]UNCTAD. World Investment Report 2011 (Overview) [M].

New York and Geneva：United Nations Publications，2011.

［11］UNCTAD. World Investment Report 2012（Overview）［M］. New York and Geneva：United Nations Publications，2012.

［12］UNCTAD. World Investment Report 2013（Overview）［M］. New York and Geneva：United Nations Publications，2013.

［13］UNCTAD. World Investment Report 2013：Global Value Chains：Investment and Trade for Development［M］. New York and Geneva：United Nations Publications，2013.

［14］UNCTAD. World Investment Report 2014（Overview）［M］. New York and Geneva：United Nations Publications，2014.

［15］UNCTAD. World Investment Report 2014：Investing in the SDGs：An Action Plan［M］. New York and Geneva：United Nations Publications，2014.

［16］UNCTAD. World Investment Report 2015（Overview）［M］. New York and Geneva：United Nations Publications，2015.

［17］UNCTAD. World Investment Report 2015：Reforming International Investment Governance［M］. New York and Geneva：United Nations Publications，2015.

［18］UNCTAD. World Investment Report 2016（Overview）［M］. New York and Geneva：United Nations Publications，2016.

［19］UNCTAD. World Investment Report 2023：Investing in sustainable energy for all［M］. New York and Geneva：United Nations，2023.

［20］UNCTAD.UNCTAD's Reform Package for the International Investment Regime（2018）［M］. New York and Geneva：United Nations Publications，2018.

［21］UNCTAD.World Investment Report 2012：Towards a New Generation of Investment Policies［M］. New York and Geneva：United Nations Publications，2012.

四、网站资源

［1］http://tfs.mofcom.gov.cn/.（商务部条约法律司）

［2］http://fta.mofcom.gov.cn/index.shtml.（中国自由贸易区服务网）

［3］https://investmentpolicy. unctad. org/investment-dispute-settle-ment.(UACTAD 投资争端解决数据库)

［4］https://www.italaw.com/.［安得烈纽康(Andrew Newcombe)教授主持的投资条约裁决网站］

［5］http://icsid.worldbank.org/.(解决投资争端国际中心网站)

［6］http://www.un.org/law/ilc/.(联合国国际法委员会网站)

五、外文案例

(一)PCIJ 和 ICJ 案例

［1］Barcelona Traction , Light and Power Company, Limited (Belgium v. Spain) (New Application: 1962),ICJ Judgment of 5 February 1970, Second Phase.

［2］Factory at Chorzow (Claim for Indemnity) (Germany v. Poland), Judgment(Merits),PCIJ Series A, No. 17(1928),13 September 1928.

［3］Elettronica Sicula S.p.A. (ELSI) (United States of America v. Italy), Judgment of 20 July 1989, ICJ Reports 1989.

［4］Gabčíkovo-Nagymaros Project (Hungary/Slovakia), Judgment, ICJ Reports 1997.Interhandel (Switzerland v. United States of America), Judgment of 21 March 1959, ICJ Reports 1959.

［5］Military and Paramilitary Activities in and against Nicaragua (Nicaragua v. United States of America), Merits, Judgment, ICJ Reports,1986.

［6］Nottebohm (Liechtenstein v. Guatemala), Second Phase, Judgment of April 6th, ICJ Reports 1955.

(二)WTO 案例

［1］Korea—Definitive Safeguard Measure on Imports of Certain Dairy Products,WT/DS98/AB/R.

［2］United States—Standards for Reformulated and Conventional Gasoline, WT/DS2/AB/R.

［3］United States—Measures Affecting the Cross-Border Supply of Gambling and Betting Services，WT/DS285/AB/R.

（三）ISDS 案例

［1］Abaclat and others（formerly Giovanna A. Beccara and others）v. Argentine Republic，ICSID Case No. ARB/07/5.

［2］ADC Affiliate Limited and ADC & ADMC Management Limited v Republic of Hungary，ICSID Case No ARB/03/16.

［3］Adel A Hamadi Al Tamimi v. Sultanate of Oman，ICSID Case No. ARB/11 /33.

［4］Aguas del Tunari，S.A. v. Republic of Bolivia，ICSID Case No. ARB/02/3.

［5］Ambiente Ufficio S.p.A. and others v. Argentine Republic，ICSID Case No. ARB/08/9.

［6］Amco Asia Corporation and others v. Republic of Indonesia，ICSID case No. ARB/81/1.

［7］Autopista Concesionada de Venezuela，C. A. v. Bolivarian Republic of Venezuela，ICSID Case No. ARB/00/5.

［8］Azurix Corp.v. The Argentine Republic，ICSID Case No. ARB/01/12.

［9］Bayindir Insaat Turizm Ticaret VE Sanay A.S. v. Islamic Republic of Pakistan，ICSID Case No. ARB/03/29.

［10］BP America Production Company，Pan American Sur SRL，Pan American Fueguina，SRL and Pan American Continental SRL v. The Argentine Republic，ICSID Case No. ARB/04/8.

［11］CME Czech Republic B.V. v. The Czech Republic，UNCITRAL.

［12］CMS Gas Transmission Company v. The Republic of Argentina，ICSID Case No. ARB/01/8.

［13］Compañiá de Aguas del Aconquija S.A. and Vivendi Universal S. A. v. Argentine Republic，ICSID Case No. ARB/97/3.

［14］Compañia del Desarrollo de Santa Elena S.A. v. Republic of Costa Rica，ICSID Case No. ARB/96/1.

［15］Continental Casualty Company v. The Argentine Republic，ICSID Case No. ARB/03/9.

［16］Desert Line Projects LLC v. The Republic of Yemen，ICSID

Case No. ARB/05/17.

[17]El Paso Energy International Company v. The Argentine Republic, ICSID Case No. ARB/03/15.

[18]Emilio Agustín Maffezini v. The Kingdom of Spain, ICSID Case No. ARB/97/7.

[19]EnCana Corporation v. Republic of Ecuador, LCIA Case UN3481.

[20]Enron Creditors Recovery Corporation (formerly Enron Corporation) and Ponderosa Assets, L.P. v. Argentine Republic, ICSID Case No. ARB/01/3.

[21]Eudoro Armando Olguín v. Republic of Paraguay, ICSID Case No. ARB/98/5.

[22]Eureko B.V. v. Republic of Poland, Ad Hoc Arbitration, Partial Award,19 Aug 2005.

[23]Generation Ukraine, Inc. v. Ukraine, ICSID Case No. ARB/00/9.

[24]Impregilo S.p.A. v. Islamic Republic of Pakistan, ICSID Case No. ARB/03/3.

[25] International Thunderbird Gaming Corporation v. United Mexican States,UNCITRAL.

[26]Jan de Nul N.V. and Dredging International N.V. v. Arab Republic of Egypt, ICSID Case No. ARB/04/13.

[27] Joy Mining Machinery Limited v. Arab Republic of Egypt, ICSID Case No. ARB/03/11.

[28]Lanco International Inc. v. The Argentine Republic, ICSID Case No. ARB/97/6.

[29]LG&E Energy Corp., LG&E Capital Corp., and LG&E International, Inc .v. The Argentine Republic, ICSID Case No. ARB/02/1.

[30] Limited Liability Company Amto v. Ukraine, SCC Case No. 080/2005.

[31]Metalclad Corporation v. United Mexican States , ICSID Case No. ARB(AF)/97/1.

[32]Methanex Corporation v. United States of America, UNCITRAL, Final Award, 3 Aug 2005.

〔33〕Middle East Cement Shipping and Handling Co. S. A. v. Arab Republic of Egypt, ICSID Case No. ARB/99/6.

〔34〕Mobil Corporation and others v. Bolivarian Republic of Venezuela, ICSID Case No ARB/07/27.

〔35〕Mondev International Ltd. v. United States of America (Mondev v. USA), ICSID Case No. ARB(AF)/99/2.

〔36〕MTD Equity Sdn. Bhd. and MTD Chile S. A. v. Republic of Chile, ICSID Case No. ARB/01/7.

〔37〕Noble Ventures, Inc. v. Romania, ICSID Case No. ARB/01/11.

〔38〕Nykomb Synergetics Technology Holding AB v. The Republic of Latvia, Arbitration Institute of the Stockholm Chamber of Commerce, Award, 16 Dec.2003.

〔39〕Occidental Exploration and Production Company v. The Republic of Ecuador, LCIA Case No. UN3467.

〔40〕Pac Rim Cayman LLC v. Republic of El Salvador, ICSID Case No ARB/09/12.

〔41〕Pan American Energy LLC and BP Argentina Exploration Company v. The Argentine Republic, ICSID Case No. ARB/03/13.

〔42〕Petrobart Limited v. The Kyrgyz Republic, SCC Case No.126/ 2003, Award, 29 Mar 2005.

〔43〕Philip Morris Asia Limited v. The Commonwealth of Australia, UNCITRAL, PCA Case No. 2012-12.

〔44〕Philip Morris Brands Sàrl, Philip Morris Products S.A. and Abal Hermanos S.A. v. Oriental Republic of Uruguay, ICSID Case No. ARB/ 10/7.

〔45〕PSEG Global, Inc., The North American Coal Corporation, and Konya Ingin Electrik Üretim ve Ticaret Limited Sirketi v. Republic of Turkey, ICSID Case No. ARB/02/5.

〔46〕Robert Azinian, Kenneth Davitian, & Ellen Baca v. The United Mexican States, ICSID Case No. ARB (AF)/97/2.

〔47〕Ronald S. Lauder v. The Czech Republic, UNCITRAL, Final Award, 3 Sep 2001.

［48］S. D. Myers, Inc. v. Government of Canada, UNCITRAL, Partial Award.

［49］Saipem S. p. A. v. The People's Republic of Bangladesh, ICSID Case No. ARB/05/07.

［50］Salini Costruttori S. p. A. and Italstrade S. p. A. v. Kingdom of Morocco, ICSID Case No. ARB/00/4.

［51］Salini Costruttori S.p.A. and Italstrade S.p.A. v. The Hashemite Kingdom of Jordan, ICSID Case No. ARB/02/13.

［52］Saluka Investments B.V. v. The Czech Republic, UNCITRAL, Partial Award, 17 Mar 2006.

［53］Sempra Energy International v. The Argentine Republic, ICSID Case No. ARB/02/16.

［54］SGS Société Générale de Surveillance S.A. v. Islamic Republic of Pakistan, ICSID Case No. ARB/01/13.

［55］SGS Société Générale de Surveillance S. A. v. Republic of the Philippines, ICSID Case No. ARB/02/6.

［56］Siemens A.G. v. The Argentine Republic, ICSID Case No. ARB/02/8.

［57］Southern Pacific Properties (Middle East) Ltd v. Egypt, ICSID Case No ARB/84/3.

［58］Técnicas Medioambientales Tecmed, S. A. v. The United Mexican States, ICSID Case No. ARB (AF)/00/2 , ICSID Case No. ARB (AF) /00/2.

［59］Teinver S.A., Transportes de Cercanías S.A. and Autobuses Urbanos del Sur S. A. v. The Argentine Republic, ICSID Case No. ARB/09/1.

［60］The Loewen Group, Inc. and Raymond L. Loewen v. United States of America, ICSID Case No. ARB(AF)/98/3.

［61］The Rompetrol Group N.V. v. Romania, ICSID Case No. ARB/06/3.

［62］Tokios Tokelés v. Ukraine, ICSID Case No. ARB/02/18.

［63］TSA Spectrum de Argentina S.A. v. Argentine Republic, ICSID

Case No. ARB/05/5.

[64]United Parcel Service of America Inc. v. Government of Canada, UNCITRAL.

[65]Urbaser S.A. and Consorcio de Aguas Bilbao Bizkaia, Bilbao Biskaia Ur Partzuergoa v. The Argentine Republic, ICSID Case No. ARB/07/26.

[66]Veteran Petroleum Limited v. The Russian Federation, PCA Case No. AA 228, Final Award, 18 July 2014.

[67]Waste Management, Inc. v. United Mexican States (Number 2), ICSID Case No. ARB(AF)/00/3.

[68]Wintershall Aktiengesellschaft v. Argentine Republic, ICSID Case No ARB/04/14.

后 记

　　本书是在笔者的博士论文基础上修改而成的,此次获得所在单位的资助得以出版。选题源自投资者—国家争端解决机制的"正当性危机"和国际投资法制改革讨论的大背景,如何选择合适的切入点(视角)对这个整体性改革进行研究是选题时的困扰,笔者最终选择从公法视角的国家责任入手进行探寻,并主要以《国家责任条款草案》的相关问题点进行比较研究。本书是在厘清博士论文答辩组老师们提出的问题基础上对博士论文进行了部分修改,调整了部分论述结构,更新了部分案例和数据。笔者在修改过程中也对相关问题有了更深入的理解,探寻到值得进一步研究的东西。

　　在厦门大学度过的硕士和博士求学时光,是笔者人生弥足珍贵的记忆。厦大不仅有优美的校园,更有学养丰厚、德识兼备的老师们。特别感谢笔者的博士导师曾华群教授,曾老师在学术上给予笔者研究自由和悉心指导,更用他严谨治学的学术态度、宽厚待人的生活态度以及培养下一代的教书育人精神和行动给了笔者最好的身教。感谢笔者的硕士导师陈辉萍教授在笔者博士求学期间和论文写作过程中的悉心指导以及生活上的关心。感谢厦门大学法学院徐崇利教授、蔡从燕教授、廖益新教授、李国安教授、于飞教授、韩秀丽教授等老师们在笔者求学期间的指导,让笔者受益匪浅。

　　感谢笔者在厦门大学博士求学期间的同窗们,感谢学院的同事们,感谢笔者的家人一直以来对笔者求学和工作生活的支持,感谢厦门大学出版社和编辑们,本书的顺利出版也来自他们的共同支持。

　　笔者自知本书的缺陷和错误不少,祈望学界同人批评指正。